LES NARCOS FRANÇAIS BRISENT L'OMERTA

Frédéric Ploquin

LES NARCOS FRANÇAIS BRISENT L'OMERTA

Albin Michel

« On n'a pas le courage de le dire aux citoyens et le politique ne veut pas l'entendre, mais il faut être honnête : en matière de lutte contre la drogue, de lutte contre la criminalité et le blanchiment, il n'y a pas de guerre à gagner. Tous ceux qui ont l'expérience du terrain le savent, il n'y a que des batailles à mener. Elles sont petites ou grandes et se déroulent à l'infini. Ceux qui manient le mot "guerre" comme un slogan doivent en avoir conscience, la lutte contre le trafic de drogue est une succession de batailles sans arrêt renouvelées, sans arrêt. »

Bernard Petit,
ancien chef de l'Office central
pour la répression du trafic illicite
de stupéfiants.

Vous pensez peut-être qu'un livre sur la drogue ne vous concerne pas, je vais vous démontrer le contraire

La drogue irrigue l'économie souterraine à coup de milliards d'euros, blanchis dans l'immobilier, les commerces de proximité ou les sociétés de location de voitures de luxe, pourquoi pas dans l'enseigne de restauration rapide ou le salon de massage qui vient d'ouvrir en bas de chez vous. Elle vampirise une grande partie de l'énergie de nos services de police et de renseignement, au détriment de leur investissement pour notre sécurité. Elle sème le chaos dans les zones où poussent les plants, dans celles par lesquelles elle transite, avant de déstabiliser les lieux de distribution, ces cités qui aimantent les consommateurs dans le moindre recoin de l'Hexagone. Des territoires où les acteurs du commerce illicite ont vite fait de considérer la police de la République comme une force occupante, et de riposter au harcèlement des forces de l'ordre comme si le territoire leur appartenait. La drogue corrompt nos élus, nos flics, nos douaniers, et par conséquent pollue notre démocratie. Elle nourrit les terroristes, qui en vendent pour survivre avant de laisser libre cours à leur haine et semer la mort.

La drogue est enfin le principal ennemi de la tranquillité publique et le cœur du crime, alimentant la flopée des délits qui vous importunent, sans oublier les coups et blessures, les enlèvements et les règlements de comptes.

Fruit des confidences de narcotrafiquants français, ce livre dévoile la drogue de l'intérieur, dans la continuité de la série documentaire *Trafics*[1]. Du vendeur de barrettes de shit ou d'herbe au pied de la cité au grossiste qui manie le produit à la tonne, ils brisent l'omerta et révèlent à la fois les routes de la drogue et les circuits du blanchiment de l'argent sale. Pour compléter le tableau, les policiers français les mieux renseignés sur le commerce de stupéfiants passent eux aussi à table pour retracer l'histoire d'une « guerre » entamée il y a un demi-siècle et ponctuée d'autant de succès que d'échecs.

« J'veux du cash, villa et piscine », chante le rappeur parisien Lacrim[2]. Les marges réalisées par les trafiquants de stupéfiants ont de quoi faire se pâmer les cadors du CAC 40 et du Dow Jones, puisqu'elles peuvent atteindre 15 000 %, si l'on s'en tient au coût de production. Net d'impôt, dans la mesure où ces entrepreneurs, par nature, ne sont pas enclins à déclarer leurs revenus ni à verser de charges sociales, sans parler de la retraite – qu'ils seront, au demeurant,

1. Une collection de Frédéric Ploquin et Julien Johan, réalisée par Julien Johan, produite par Fanny Glissant pour la Compagnie des phares et balises et diffusée par France Télévisions.

2. Dans la chanson *Mon glock te mettra à genoux* sur l'album *Corleone* (du nom d'un fief de la mafia sicilienne), sorti en 2014.

un certain nombre à ne jamais goûter, poussés trop tôt vers le cimetière.

Toute tentative de chiffrer ce marché clandestin est forcément sujette à caution, mais l'Observatoire européen des drogues et des toxicomanies et Europol s'y sont essayés. En 2008, le marché de la drogue en France a ainsi été évalué à 2 milliards d'euros, dont un milliard pour le seul cannabis – soit deux fois le budget d'une ville comme Lyon. C'est aussi ce même montant que l'État dépensait à l'époque pour lutter contre la drogue, suivi médical des toxicomanes inclus. Deux ans plus tard, les mêmes sources ont avancé le chiffre de 3,2 milliards d'euros. En 2019, le directeur de la police judiciaire a parlé de 3,5 milliards d'euros. Les projections réalisées par les services d'Europol laissent penser que le cap des 4 milliards a été désormais franchi dans l'Hexagone. À l'échelle européenne, on oscille selon les sources entre 24 et 50 milliards, pour 425 à 650 milliards de dollars dans le monde. Largement de quoi attiser la gourmandise des banques, même de celles qui ont pignon sur rue.

Si l'on regarde de plus près, ce sont quatre cent soixante-quinze tonnes de cannabis qui seraient mises en circulation chaque année en France, soit quarante tonnes par mois : plus d'une par jour. Un produit dont la qualité moyenne ne cesse par ailleurs de s'améliorer grâce aux efforts des planteurs et aux nouveaux engrais qu'ils emploient, ce qui se traduit par une hausse régulière du taux de THC (la substance active, multipliée par quatre entre 2000 et 2017). De quoi rendre captifs un nombre sans cesse croissant de fumeurs quotidiens, une clientèle évaluée à 550 000 personnes en 2014 par le *think tank* libéral Terra Nova, puis réévaluée à 700 000 en 2017, sans compter les 4,6 millions de fumeurs occasionnels[1]. Un trafic qui fournirait du « travail » à près de 240 000 personnes dans l'Hexagone, parmi lesquelles une dizaine de milliers de trafiquants intermédiaires et près d'un millier de semi-grossistes.

« Il y a ceux qui comptent leur argent et ceux qui le pèsent », aurait dit du temps de sa splendeur le baron de la cocaïne Pablo Escobar. Un poids et un encombrement aussi délicats à gérer que le stockage du produit, les deux étant destinés à stagner le moins longtemps possible entre les mêmes murs, pour échapper à la police. Comment la jeune génération gère-t-elle ses espèces ? Comment s'est-elle adaptée à la montée en flèche des saisies de biens « mal acquis » ? Comment des agences bancaires dédiées au blanchiment ont-elles fleuri dans les Balkans, aux États-Unis ou au Liban ? Le criminologue Alain Bauer évoquait une « entreprise criminelle mondialisée » devenue l'un des tout premiers opérateurs économiques de la planète. « La finance mondiale n'est plus seulement la victime des attaques à main armée ou des détournements informatiques, expliquait-il. Une partie d'elle-même a choisi de pactiser avec le crime et parfois d'investir dans les activités criminelles. » Les conseillers financiers et les circuits bancaires ne sont-ils pas les mêmes que ceux empruntés par les fraudeurs fiscaux, ces criminels en col blanc ? Une couverture

1. Ils seraient 22 millions au sein de l'Union européenne.

idéale pour les trafiquants, qui aiment par-dessus tout se fondre parmi les notables[1].

*

Pour pénétrer les arcanes du trafic de drogue, nous nous sommes tournés vers les meilleures sources : les trafiquants eux-mêmes, ceux d'hier et ceux d'aujourd'hui.

Les figures du grand banditisme traditionnel ont désormais statut de pionniers. Surfant dès les années 1950 sur les colonies et les comptoirs français, ils ont tracé la route de l'opium, avant de se lancer dans la transformation de l'héroïne dans les laboratoires marseillais. À leur manière, ils ont inventé la mondialisation avant l'heure : un pied en Turquie, l'autre en Argentine ou au Paraguay, ils ont balayé toutes les frontières. Les bandits corso-marseillais tenaient alors le haut du pavé. Ils ont abusé de l'hospitalité de divers dictateurs, de Franco en Espagne à Stroessner au Paraguay, passant au fil des ans de l'artisanat à l'échelle industrielle. Une saga où l'on voit les braqueurs de banques des années 1970 flancher tour à tour pour la poudre, attirés par ce commerce qui allait devenir le plus lucratif des crimes. Une filière moins risquée que le hold-up, où l'on tombait facilement, quand on ne se faisait pas truffer de plomb par

1. Dans la clientèle du cabinet d'avocats Mossack Fonseca, basé au Panama et au cœur d'un scandale international, se croisaient des barons de la drogue mexicains, guatémaltèques, comme des proches du Hezbollah libanais, du régime nord-coréen ou de dictateurs africains, et des fraudeurs de toutes origines.

la police. Moins risquée aussi sur le plan des peines, à l'époque très légères, loin des lourdes condamnations prononcées aujourd'hui par les tribunaux en matière de drogue.

Cette génération a cédé peu à peu le terrain, dépassée par les nouvelles figures issues des cités, comme l'écrit cet analyste de la police judiciaire : « On constate aujourd'hui l'apparition d'une nouvelle forme de criminalité organisée, à la fois plus structurée que le néo-banditisme éclaté des années 2000 et plus transversale du fait de la diversité de ses membres : le narcobanditisme. Sur l'ensemble du territoire, des équipes de jeunes malfaiteurs de cité sont ainsi progressivement sorties de la petite et moyenne délinquance pour s'investir dans les formes les plus graves de la criminalité : vols à main armée en bande organisée, trafic international de stupéfiants avec organisation de convois de type "go-fast" depuis l'Espagne, trafics d'armes et de véhicules au sein des quartiers, extorsions, règlements de comptes. » Et le policier de pointer une forme de passage de flambeau entre anciens et modernes : « L'émergence de ce néo-banditisme a, de fait, coïncidé avec la perte d'influence progressive du banditisme traditionnel français, qui ne subsiste encore que dans quelques régions, notamment sur l'arc méditerranéen et en Corse. »

La courte diète imposée par le confinement généralisé pour cause de Covid-19, au printemps 2020, a prouvé l'inventivité et l'adaptabilité de ces entrepreneurs à l'ego souvent surdimensionné et à l'ambition tueuse. La fermeture momentanée des frontières a ralenti l'approvisionnement en produits frais. Plus d'avion régulier reliant Cayenne à la métropole. Plus de go-fast entre l'Espagne et la France. Plus que le fret routier et maritime pour alimenter la demande. Les restrictions de tous ordres ont en même temps augmenté le risque pris par les vendeurs, plus visibles, et freiné le flux des clients. Elles ont mis le marché sous tension et durci l'ambiance autour des points de vente, mais les trafiquants ont su répondre en misant sur de nouvelles formes de commercialisation, via les réseaux sociaux, WhatsApp ou Snapchat, avec livraison à domicile, au détriment du deal de rue. Avec un avantage indéniable, puisque la Plateforme nationale des interceptions judiciaires (qui centralise les écoutes) n'a pas les moyens de déchiffrer les échanges sur ces réseaux, pas plus que sur Facebook ou Instagram : vue par le client, la photo publiée sur Snapchat disparaît aussitôt, le vendeur peut donc montrer le produit sans risque, comme s'il s'agissait de robes ou de cordes à sauter.

Avoir toujours un temps d'avance sur leurs poursuivants, qu'ils soient flics ou voyous, c'est la règle n° 1 des narcos. Et depuis les années 1960, début de l'envol du trafic, ça leur a plutôt réussi. Dernière innovation : plus personne ne stocke le produit. À peine le semi-remorque débarqué sur zone, des petites mains vont chercher les voitures des acheteurs, puis leur ramènent chargées, évitant ainsi à trop de témoins de connaître le lieu de stationnement du camion.

*

Les trafiquants innovent tous les jours, ceux qui les pourchassent s'adaptent pour leur courir après. Lancée en 1961 par le président américain Richard Nixon, en proie à l'arrivée massive d'héroïne en provenance de Marseille, la lutte contre le trafic de drogue remplit toujours plus les commissariats, les tribunaux et les prisons, pour un coût évalué, à l'échelle de la planète, à 90 milliards par an[1]. Ce livre donne, pour finir, la parole à ceux qui montent au front tous les jours dans les rues et aux frontières : les policiers.

La hausse du nombre de trafiquants mis en cause en France est aussi régulière que spectaculaire depuis 1969, année pour laquelle le tout nouvel Office central pour la répression du trafic illicite de stupéfiants (OCRTIS) a déclaré 495 affaires et 1 200 arrestations. En 1979, on était passé à 4 800 affaires et 11 000 arrestations. En 2019, cinquante ans après l'ouverture des hostilités, pas moins de 16 400 trafiquants ont été interpellés, soit une moyenne de 300 procédures par semaine ! Quant à la justice, elle ne reste pas aussi inactive qu'on le croit : pour la seule année 2017, 21 679 années de prison ferme ont été distribuées pour trafic de stupéfiants.

Peine perdue ? La lutte a-t-elle atteint ses limites ? « La revente multi-produits, l'utilisation des moyens de communication cryptés (call center, darknet) ou l'essor de la cannabiculture indoor[2] contribuent à renouveler un marché dont la rentabilité attire sans

1. Dont 568 millions d'euros dépensés chaque année dans l'Hexagone pour combattre la drogue, si l'on en croit l'étude de Terra Nova.
2. La culture de cannabis dans des fermes clandestines.

cesse de nouveaux trafiquants », constate une note du service d'information, de renseignement et d'analyse stratégique sur la criminalité organisée. « En fractionnant sans arrêt les réseaux, à l'infini, on a multiplié les métastases », appuie un commissaire, convaincu qu'il faut à la fois réduire l'offre et innover, sur le plan législatif, pour contenir la demande. « La guerre contre la drogue est faite pour rassurer mémé et ses hortensias », assène un pilier de la police judiciaire, pas convaincu que tout le monde ait intérêt à voir cette manne financière se tarir. N'a-t-il pas fallu attendre 2017 pour voir les officiers de police judiciaire habilités à consulter le fichier national des comptes bancaires ? Un progrès « considérable », mais tardif, regrette ce spécialiste...

Les ministres de l'Intérieur, de droite comme de gauche, n'économisent pas les déclarations belliqueuses. « La dépénalisation serait une grande faute, déclarait Nicolas Sarkozy en juin 2002, prononçant un discours devant des élèves commissaires. De mon point de vue, les mots "drogue" et "doux" sont incompatibles et ils le seront toujours. » « Ce ne sont pas les petites crapules qui vont faire la loi dans les quartiers, relayait Brice Hortefeux en avril 2010, à l'occasion d'un déplacement à Villepinte (93). Ce n'est pas parce que le combat que nous avons engagé contre la drogue dérange les activités de quelques voyous que nous allons y renoncer. » « On ne peut pas accepter que des habitants de quartiers plus favorisés viennent tranquillement s'approvisionner en produits prohibés, perturbant la vie locale et contribuant à la dégradation de l'ordre et de la tranquillité publique, affirmait

Bernard Cazeneuve en mai 2015, lors d'une visite en Seine-Saint-Denis. Il faut cibler les consommateurs. »

Prenant à son tour la parole sur le sujet en mai 2018, Emmanuel Macron s'est astreint au réalisme. « Ce qui est clair, c'est qu'on a perdu la bataille du trafic dans les cités, admet ce jour-là le président de la République. Des organisations au moins nationales, et bien souvent internationales, sont derrière ces trafics et conduisent au pire des crimes. » « Il faut reprendre le combat avec de nouvelles méthodes, éviter notamment que les policiers, les gendarmes, les juges soient complètement thrombosés, aller plus vite sur celui qui détient pour se concentrer sur celui qui trafique », ajoutait le président de la République en février 2019, avant de laisser son ministre de l'Intérieur, Christophe Castaner, poser sept mois plus tard son diagnostic :

« À la fondation de l'Office central de répression du trafic de stupéfiants, en 1953, on comptait environ 600 toxicomanes en France et le trafic de drogue était un phénomène extrêmement marginal en Europe. En soixante-six ans, tout a changé. Le trafic s'est industrialisé, il s'est mondialisé. Il a touché tous nos territoires : des plus grandes villes aux villes moyennes et petites qui, même elles, ont bien souvent un point de vente notoire. Les méthodes des trafiquants, aussi, ont changé. Elles sont plus violentes, plus perfectionnées, moins traçables et s'inspirent de celles du grand banditisme ou du terrorisme. Les technologies, enfin, ont changé. En soixante-six ans, tout a changé, sauf notre organisation. Les textes régissant l'OCRTIS n'ont pas évolué en plus de six décennies. Nous devons nous adapter, anticiper. Nous devons gagner en lisibilité et en coordination. Nous devons être stratèges, partir de l'état de la menace, piloter notre action à partir d'une cartographie précise. »

Son successeur, Gérald Darmanin, vacciné par ses années d'élu local à Tourcoing, s'est fendu sur le sujet d'une déclaration fracassante au *Parisien*, le 7 septembre 2020 : « La drogue, c'est de la merde, ça finance le crime organisé, ça tue la vie de milliers de personnes et ça peut concerner toutes les familles de France. Le rôle d'un responsable politique, ce n'est pas d'accompagner tout doucement la mort d'une société. […] Il faut sanctionner tout le monde, y compris dans les beaux quartiers de Paris. »

Une parole politique flamboyante que remettent à sa place nos témoins, policiers de tous grades ayant tous un point commun : les mains dans le cambouis, un cambouis blanc comme la cocaïne, gras comme le haschich, odorant comme un plant de marijuana à maturité, mortel comme l'héroïne.

PARTIE 1

L'ARGENT SALE EST PARTOUT AUTOUR DE NOUS

« Pour moi, il y a deux sortes de dealers, celui qui bouffe ses ronds en se disant que ça va continuer à rentrer et celui qui garde le billet au cas où ça s'arrêterait. La fourmi s'en sort mieux que la cigale, mais il faut quand même en profiter. Il y a des mecs, il leur faut un visa pour aller à Paris ! On leur sert un Sidi Brahim, ils ont l'impression de boire un grand cru ! »

Kamel, 35 ans,
dealer depuis l'âge de 14 ans.

1

« Tu veux faire beaucoup d'argent »

« Dans le business de la drogue, tout le monde mange », témoigne Youssef, 39 ans, trafiquant de cannabis désormais concentré sur le semi-gros et le gros, néanmoins propriétaire d'un ou deux bars à chicha[1] en région parisienne : « Même les petits boulots sont rétribués grassement. Un mec qui fait le guet toute la journée en fumant du cannabis, avec son petit scooter de merde, touche 100 euros, soit 3 000 euros par mois sans impôt. Qui gagne ça ? Ils s'y retrouvent tous, personne ne me fera croire que j'ai exploité les gens. Mes lieutenants, qui vendaient pour moi, avaient tous de quoi payer leur loyer et s'acheter une voiture. Ils m'adoraient ! Il y a toujours des gars qui ne savent pas gérer et vont investir les 100 euros gagnés dans leur consommation personnelle, mais ce n'est pas propre à ce business : il y a des imbéciles partout. »

Comme dans l'économie officielle, on croise sur le marché de la drogue des PME florissantes et d'autres

1. Bars où l'on fume le narguilé en buvant des boissons généralement non alcoolisées.

qui tirent la langue, des distributeurs millionnaires et des petites mains qui triment, des ouvriers payés au lance-pierres et des caïds aux poches pleines, sans oublier les derniers venus, toujours les plus mal lotis : les jeunes migrants, corvéables à merci et sans papiers. On « croise » aussi Chris... enfin le mot n'est pas le plus adapté puisque ce jeune garçon joufflu – pourquoi se priver de kebabs ? –, encore mineur, est d'un naturel fuyant. Il finit cependant par se présenter au rendez-vous et accepte de dévoiler, dans un débit verbal proche de celui de la mitraillette, des bribes de sa vie au milieu de ces tours et de ces barres qu'il connaît comme sa poche, au cœur de la Seine-Saint-Denis.

S'est-il un jour demandé s'il devait opter pour le trafic ou une autre voie pour gagner sa vie ? S'est-il interrogé sur le fait de basculer du bon ou du mauvais côté du chemin ? « Faut y aller, tranche Chris. On n'a pas le choix. Si on attend que quelqu'un nous aide, on n'aura rien en fin de compte. Le temps, c'est de l'argent. » À quel âge a-t-il opté pour le côté obscur ? « Entre 11 et 12 ans, c'est là qu'on s'intéresse au business, à l'argent, au bénéfice. J'ai grandi dans une famille où on était neuf garçons et une fille. Comme argent, j'avais zéro. Tout le monde doit se démerder. Chacun pour soi et Dieu pour tous. À un moment, les grands du quartier viennent te voir et te demandent : "Tu veux faire beaucoup d'argent ?" J'ai dit oui. Ils m'ont trouvé un "plavon", ça veut dire un plan, un truc qui rapporte gros [en d'autres termes : un braquage]. Si t'es un bonhomme, tu montes sur le plan. Si tu montes pas, t'es une tapette. Tu dois prouver tout le temps qui tu es. T'es pas une danseuse. Tu donnes pas tes fesses à n'importe qui. » Dès lors qu'il avait fait ses preuves, il était bon pour le service aux yeux des cadres.

« C'est pas le quartier qui fait l'homme, c'est l'homme qui fait le quartier », lance Chris, content de sa petite phrase, avant de revenir à l'essentiel, l'argent : « Je voyais mes grands frères brasser des liasses de billets. Je me suis dit : il faut que je fasse la même chose, mais en mieux. Plus d'argent. Toujours plus. Le premier argent que j'ai gagné, je l'ai claqué dans les habits. Ça part vite en fin de compte. J'ai acheté cinq ensembles, du Lacoste, et une tenue du PSG. J'ai investi le reste dans le produit, d'abord le cannabis, plus tard la cocaïne. »

« Bicraver » (langage manouche), c'est devenu son métier. En d'autres termes : dealer. Ce qui comporte quelques exigences, comme la ponctualité : « On te dit viens à midi, tu viens à midi, pas à midi une, midi deux, midi trois. » Tenue requise : des vêtements de couleur noire, censés rendre moins repérable. Assistant obligatoire, le « pu », « celui qui surveille s'il y a la police », rémunéré environ 50 euros par jour pour crier « Pu, pu, pu ! » ou « Jo t'es mort ! Jo t'es mort ! » quand un policier met pied à terre (chaque quartier a inventé ses expressions).

« À partir du moment où tout est en place, le "bicraveur" vend. Il fait du midi-minuit. Temps plein. À la pause, on lui donne sa gamelle. Il peut avoir un grec [un kebab], qu'il consomme là où il bosse, ou se retrouver chez la nourrice, la "maman", une dame qui garde le produit et qui lui fera à manger.

C'est le gérant qui paye. Dix euros le repas. Pas plus. Pas onze euros. C'est inclus dans la paye. »

Chris n'expose pas son visage pendant les heures de travail. Il « bicrave » avec une cagoule sur la tête, été comme hiver, pour limiter le risque d'être identifié : « Pas le choix. […] C'est un boulot dur. Il faut avoir de l'adrénaline. On regarde toujours derrière soi, au cas où le "pu" commette (*sic*) une faute. La police débarque dans le secteur ? Il faut courir se cacher. Si on se fait attraper, le soir on peut être en prison. Mais si on est correctement entouré, on peut faire quelque chose de bien. Quand j'ai charbonné toute la journée, j'ai 100 euros si j'ai vendu du shit ou de la beuh [de l'herbe], 550 euros si j'ai vendu de la C. La C, c'est la cocaïne. 100 euros, c'est déjà bien. Sur une semaine, si je calcule bien, ça fait 700 euros. Quand tu as 15 ans, tu fais en une semaine ce que d'autres font en un mois. Ou même en une journée avec la C. Je ne peux pas directement donner ça à ma mère, car c'est de l'argent sale. Je vais dans un Franprix, j'achète une cannette, des chips, des gâteaux pour 10 euros et je donne la monnaie à ma mère. Tu ne peux pas ouvrir un compte en banque, la police te repère tout de suite. Il faut avoir une bonne cachette, c'est pour ça qu'il y a la nourrice. On compte l'argent le soir, on note et on donne le paquet à la nourrice. »

Le jeune dealer n'est pas beaucoup allé à l'école, il sait néanmoins compter. Il profite de son argent mais pense surtout à réinvestir le bénéfice pour passer de 150 à 1 500, puis de 1 500 à 3 000 :

« Mon père, il se cassait le dos. Il allait sur les chantiers. Moi, je bosse juste en bas du hall. Je donne des doses et je fais plus que lui. Plus c'est facile, mieux c'est !

– Tu parles d'argent "facile", mais il y a tout de même des contraintes, non ?

– Tu peux tomber sur des patrons gentils. Tu fais une perte, c'est pas grave. On rigole. Tu peux aussi tomber sur des durs. Avec ceux-là, ça peut mal tourner. On peut se prendre des gifles, des coups. On peut même ne pas être payé à la fin de la journée. On n'aime pas ça, ne pas être payé. On veut l'argent le soir même ! Si le patron te prend pour un petit con, il faut montrer qu'on est dur.

– Les patrons, ce sont les grands ?

– Oui. Ils ont 19, 20 ans.

– Tu tiens une comptabilité ?

– On peut dire ça comme ça. Comme un épicier. On veut rien perdre, même pas 5 euros, même pas 1 centime. On veut tout garder.

– À 15, 16 ans, quand on a autant d'argent en poche, on fait parfois la fête ?

– La fête, chez nous, c'est faire de la moto et crier dans la cité. Le reste ne nous intéresse pas, à part l'argent. La cité, c'est un autre monde. Ce n'est plus la même mentalité. Dehors, on va me parler d'aller travailler, alors que moi, je suis assis toute la journée et je touche plus que les autres.

– Quel est ton rapport avec les clients ?

– Avec les clients ? Aucun rapport avec eux. Parce qu'ils peuvent te dénoncer. Faut être méchant avec eux. Tu veux quelque chose ? "Tiens, casse-toi !" Faut être froid, faire peur, mais il ne faut jamais arnaquer un client. Parce qu'un client perdu égale deux clients perdus. Il va dire à son pote : "Va pas là-bas, je me suis fait arnaquer." Donc, il ne faut jamais couiller [rouler] un client. Tout le temps la bonne dose. S'il faut ajouter, on ajoute. Mais on ne fait pas ami-ami.

– Tu consommes, toi ?

– Non. C'est de la merde. De la merde qui me rapporte de l'argent. »

Pas encore adulte, mais parfaitement dans le bain, avec le brin de cynisme qui convient pour subsister dans l'univers du trafic de stupéfiants. D'autres goûtent le produit pour lui afin de faire la différence entre la « caille » et la « frappe », le bas de gamme et la qualité. Chris a ses habitudes. Comme un bon boucher sait d'où provient sa viande, il privilégie le shit concocté dans la région de Ketama, au nord du Maroc. Il n'a jamais été déçu, dit-il. La marchandise remonte en voiture à travers l'Espagne, avant d'être livrée dans la cité par le grossiste. Jamais il n'a été en rupture de stock, dans l'incapacité de servir ses clients. « J'ai toujours de quoi fournir, assure-t-il. Toujours. C'est un réseau en fin de compte. C'est comme l'électricité, ça tourne, ça tourne, ça tourne. »

Comment passe-t-on de simple dealer à gérant, puis de gérant à patron ? La promotion sociale ne va pas forcément de soi dans la chaîne des stupéfiants. « Si on voit que t'es un bonhomme, que tu mets tes couilles, tu vas passer gérant. Quand tu es gérant, tu viens à midi apporter la recharge. Tu reviens à 18 heures pour voir si le dealer a écoulé le produit. Tu prends l'argent et tu lui redonnes une nouvelle recharge. Et à 23 h 30, tu viens récupérer le reste. Prendre la place du boss, ça risque d'être plus difficile. Il va falloir le braquer avec une arme. Faut être *déter* [déterminé]. Faut avoir faim. Faim d'argent. Chez nous, c'est pas comme chez Lidl. C'est celui qui a la plus grosse couille qui couille tout le monde. C'est la loi du plus fort. »

La testostérone a toujours colonisé le vocabulaire des voyous, les plus jeunes comme les anciens. « Oui, j'ai des couilles », insiste Chris, qui précise sa pensée : « J'estime être quelqu'un de haut. » Bagarres de cité, vols, il a été un élève assidu à l'école de la rue. Drogué à l'argent, il s'est offert les scooters et les motos de ses rêves ; l'argent sale part vite. Pas encore majeur, il a cependant eu le réflexe d'investir « au bled », « là-bas la police n'est pas comme en France ». Fuyant les précisions, on le comprend, il concède avoir acheté « trois parcelles et deux commerces », dont une crêperie, le tout sans trop se creuser la tête pour transférer les espèces, puisque certaines banques du pays d'origine de ses parents, situé en Afrique centrale, ont pignon sur rue en France et ne craignent pas les liquidités. « Tant qu'on leur donne de l'argent, les banques n'ont rien vu, rien entendu, assure-t-il. Elles prennent leur bénéfice. »

Le quartier est à la fois sa maison et son lieu de travail, un espace où il puise les ressources humaines nécessaires au commerce et trouve des lieux de stockage sécurisés. « Le quartier, c'est ma vie ! lance Chris. Tu fais tout au quartier. Tu peux jouer au quartier, tu fais ton business au quartier, tu manges au quartier, tu as une voiture au quartier, tu peux rouler au quartier, tu peux baiser au quartier, il y a des endroits pour ça, dans les caves. » Tu peux aussi te retrouver en « GAV » (ainsi qu'on nomme la garde à vue) ; Chris y a eu droit un après-midi, vers 18 heures, alors qu'il était « en train de bosser ». Dans la foulée, perquisition au domicile familial. « Ils pensaient que j'avais quelque chose chez moi, les cons. [...] Comme ils ont vu que je ne voulais pas balancer mes potes, j'ai fait quarante-huit heures en GAV et ils m'ont déféré devant la juge, poursuit-il. Elle m'a mis du sursis, six mois. » L'obligation de pointer une fois par mois au commissariat a moins énervé le jeune homme que le fait que les policiers aient mis l'appartement familial sens dessus dessous « en sachant qu'ils n'allaient rien ranger ». Un moindre mal cependant, dans ce monde où l'on peut tomber sur un client récalcitrant qu'il faut « taper », parce que « c'est le nerf de la guerre », où l'on se fait autant de bénéfices que d'ennemis, où le grossiste est un personnage dangereux qui peut « t'arracher un ongle, te couper un doigt, un membre, juste pour que tu souffres, pour montrer qui il est et que tu tiennes à carreaux ».

En réalité, Chris a moins peur de la police que sa propre hiérarchie. Il considère le flic comme un égal, ou presque : « Le policier est un humain comme moi. S'il fait le malin, ça part en tête à tête [ou plutôt corps à corps]. De toute façon, il ne rentre pas comme ça dans la cité. » La prison non plus ne l'effraie pas, il la considère même comme un passage obligé, et plutôt utile, puisque à l'entendre, on en sort plus fort et plus dur. « La prison, c'est le centre de formation en fait. Quand tu passes par-là, t'es directement pro. »

Ce n'est pas ce qui stoppera son ambition de devenir un jour « une grosse tête », d'avoir toujours plus, et pourquoi pas, de compter parmi les « milliardaires » des stupéfiants. Pour se payer quoi, au juste ? « Le monde. Je veux tout. Tous les quartiers et tout ce qui va avec. Les filles. Les voitures. Je veux que tout soit à moi. La vie, c'est la réussite. J'étais rien. C'était dur. Maintenant, je veux prouver à tous que je suis quelqu'un dans ce monde. »

*

Dans la galaxie des garçons enrôlés par le grand marché de la drogue, on croise aussi Sadio. Un brin plus âgé que Chris, il n'a jamais posé le pied en Casamance, territoire sénégalais enchâssé dans la Gambie, d'où vient sa famille. La Thaïlande et le Brésil, il connaît mieux. Comme touriste. Il avait six ans lorsque son père est décédé, laissant derrière lui cinq enfants et une veuve. Il aurait pu devenir plombier, mais les loyers familiaux impayés l'ont poussé à devenir vigile, puis livreur. Jusqu'au moment où un jeune du quartier l'allèche : « Arrête de travailler pour l'épicerie, viens avec nous, on a un terrain de stups. »

Sadio touche ses premiers 800 euros, en donne 500 à sa mère, s'achète une paire de baskets et se paye un ciné. « Tu vas manger de l'argent », lui promet son ami. « J'ai compris qu'il y avait une mine d'or en bas de chez moi ! » se souvient le jeune homme. Pour y avoir accès, encore faut-il peser quelque chose, disons avoir du répondant. Sadio dispose d'un atout, un grand frère qui a « fait des bêtises » et effectué un séjour en prison. Voleur généreux, il a surtout « mis des gens bien » dans le quartier, autrement dit : il les a gâtés. Les bénéficiaires s'en souviennent en cas de besoin et lui viennent en aide sans rechigner. Reste à se faire un prénom sur le pavé, ce que s'emploie à faire le jeune homme, 18 ans, en remportant quelques combats de boxe thaïe, victoires qui agrémentent utilement sa carte de visite.

L'argent rentre, de quoi acheter bientôt une moto. Et bien se nourrir, Sadio mange un « grec » (sandwich décidément en vogue) tous les jours à 16 heures et un tiramisu à la tombée de la nuit. Le stress contracte son estomac, du moins était-ce le cas au début ; les nouvelles agréables ont au contraire l'heur de le détendre. « La rue est bizarre, observe-t-il après quelques années de pratique, tout de marques habillé. Plus tu sens bon, mieux tu es coiffé, plus on vient vers toi, te proposer du produit. » En l'occurrence de l'herbe venue des Pays-Bas, très prisée par les consommateurs sur la plaque parisienne.

En guise de « nourrice », le garçon a convaincu une voisine du quartier avec laquelle il rigole bien. C'est elle, à l'entendre, qui lui a ouvert la porte : « Tu sais pas où mettre les affaires ? Tu peux tout laisser à la maison. » « Je lui donne un pourcentage, raconte-t-il. Je lui amène à manger. C'est ma deuxième maison. J'ai mon box à l'intérieur de l'immeuble, un cagibi avec une clef. Je paye les vacances et les habits des enfants. »

« Niquer 200 ou 300 euros par jour, ça devient banal, poursuit le jeune majeur. J'achète des chaussures et j'en change deux fois par jour. J'achète des pulls, des caleçons, des manteaux. Ma mère, intriguée, m'a même demandé un jour si je comptais ouvrir un magasin ! Je vais manger une glace quand je veux. Je fais un crochet par un resto chic avant d'ouvrir le terrain, vers 11 h 30. Les mecs qui veulent travailler sont là. Ils se lèvent quand j'arrive. Tu as tes chouchous. Les guetteurs et le portier (celui qui tient la porte si la police arrive, le temps de se replier) prennent 80 euros par jour, le vendeur et le "tartineur" (celui qui recharge en produit) 100 euros, plus un pochon [d'herbe] chacun. S'il y en a un qui vole, tu descends et tu règles le problème. Ça m'est arrivé une fois. Un client est venu me demander pourquoi j'étais passé de 50 à 60 euros le pochon. Mon vendeur vendait plus cher pour rembourser une dette. Il n'est plus jamais revenu. Quand tu les frappes, il faut que les autres voient. Faut être un chien. J'en ai eu un autre qui vendait son propre produit. Faut être méchant. Faut pas avoir de cœur. Faut le mettre tout nu dans la neige. On ne peut pas te manquer de respect. Je faisais ce que j'avais vu dans les films de flics. Ça marche par la peur, mais faut pas abuser sinon le mec revient avec un calibre et te fume. »

Un jour, Sadio est arrivé trop tard : à la faveur d'un contrôle, les flics du coin avaient dépouillé son vendeur de tout l'argent qu'il avait en poche. « Ils te chopent avec 800 euros, ils en déclarent 100, affirme le dealer. Cette fois, ils ont tout gardé. » Un classique, si l'on s'en tient à sa version.

La suite de sa journée de petit trafiquant est réglée comme du papier à musique : un tour au bar à chicha, quelques longueurs à la piscine avec son protégé (un de ses vendeurs), retour sur le terrain pour vérifier l'état du stock et prendre le pouls auprès des clients, parfois leur offrir une cannette, constater que le personnel est bien positionné hors du champ de vision des caméras de la municipalité, même si « personne ne les regarde ». Sadio effectue tous les déplacements en taxi, se lâche encore en dépenses compulsives, arborant l'arrogance de celui qui gagne bien sa vie et que personne ne peut contredire. Avec une maturité au-dessus de la moyenne de celle des garçons de son âge, lui qui est parfaitement conscient que « tout peut arriver du jour au lendemain ».

Le « terrain » ne lui appartient pas. Sadio verse aux propriétaires (ils sont trois, des « Arabes », « c'est eux qui tiennent tout ») un loyer et une partie du bénéfice (acheté entre 5 500 et 6 000 euros, le kilo d'herbe s'écoule au détail autour de 10 000 euros). Pour fidéliser le client, il a piqué une idée à des « collègues » : accrocher un jeu à gratter de la Française des jeux derrière chaque pochon – 20 euros pour deux grammes, 50 euros pour cinq grammes. « Sylver Ace », « 613 diamant », « Purple », « White Widow », quand la qualité est là, l'acheteur revient. La hollandaise est plus réputée que l'espagnole, souvent récoltée avant la date de maturation.

« À force, tu ne vois plus ça comme un truc illégal. Tu gères comme une sandwicherie. Tu fais les pochons avec les gants en latex, une bonne balance et une agrafeuse. La seule différence, c'est que tu achètes un calibre au bout d'un moment, parce qu'il faut être craint », concède Sadio. Pour le reste, il profite pleinement des boîtes de nuit parisiennes les plus en vue, le *Crystal*, le *Milliardaire*, le *Baroque*, le *Vendôme*. Ses fournisseurs le font entrer en évitant la queue. Il commande des magnums de vodka, « tranquille mon petit frère », sa vie rêvée.

Le mauvais côté, quand on grossit et que l'on achète des quantités de plus en plus importantes, c'est la dette que l'on contracte. Sadio s'est un jour retrouvé avec une ardoise de 90 000 euros sur le dos. « C'est le risque du jeu », dit-il. Et l'on se retrouve du jour au lendemain obligé de « jongler » pour retrouver de la marge. Traduction : de trouver un autre fournisseur, de lui prendre dix kilos d'herbe à 2 500 euros le kilo, « de le payer vite pour qu'il t'en redonne », jusqu'au jour où « tu lui demandes un délai de dix, vingt jours. Tu as trop joué. Tu dois vendre en gros, quitte à voir fondre ta marge. Tu traques celui qui te doit de l'argent. C'est ton copain. C'était. Le mec ne te répond pas. Il te vend du rêve. Tu vas voir un autre mec. Tu n'as pas le choix. Tu jongles. Au bout d'un moment, tu n'as plus de quilles. Tout le monde t'attend. Tu commences à te cacher. Les mecs sonnent à ta porte. Ils ont eux aussi une réputation à tenir. Tu es dans un trou ».

Cette fois-là, son grand frère a calmé le jeu. Et Sadio a remboursé tout le monde, seule façon de poursuivre ses affaires sans y laisser sa peau (sur le marché de la drogue, on risque plus gros que sur celui de la fraise). Il sait qu'il ne tiendra pas éternellement ce terrain, son « bébé ». Il a compris que dans ce monde, on montrait ce qu'on avait envie de montrer, mais que derrière, c'était « la jungle ».

Un petit séjour sous les verrous a achevé de le former. Il s'est plutôt bien entendu avec la lieutenante et s'est senti « comme à la maison ». Il y a surtout rencontré un voyou « cultivé », de quoi aborder avec plus de sérieux la suite de sa carrière. Remis en liberté, il s'est rendu compte que ceux qu'il avait laissés aux manettes « aimaient trop l'argent » : ils jouaient sur le poids des pochons au risque de mettre en péril la « mine d'or ». Vacciné, Sadio a décidé de limiter les risques en se méfiant davantage des « balances », des concurrents, des voisins et des jaloux, non sans renouer avec la clientèle. Avec succès puisqu'il assure que « ça vend à toute patate ». La mine était sauve. Jusqu'à nouvel ordre.

2

« La drogue est le seul business sale qui se travaille proprement »

« L'argent physique, quand tu le gardes, ça brûle les mains, lâche Eddy, 35 ans, parfaite incarnation du jeune narcocapitaliste. Tu as un million sous ton lit, c'est comme si tu avais une bombe à retardement. Quand ils vont venir te péter parce que tu as semé les erreurs, ils vont te les prendre, ces sous, et ils seront perdus. Pertes et profits. Si c'est ton trésor de guerre, t'auras plus rien. Garder son argent dans ses coussins, ce sont de vieilles techniques qui ne portent pas leurs fruits, alors que tu peux envoyer de l'argent par le biais de passeurs, mais quand c'est sérieux, il y a une autre méthode. Tu te rends avec l'argent à un endroit précis, on va rester un peu flou, tu vois. Tu apportes une somme, disons 500 000 euros en liquide. Tu la remets en mains propres au gars, qui compte les sous devant toi à la compteuse. Au téléphone, il annonce la somme à un collègue installé dans un autre pays, qui remet l'argent en direct à ton débiteur, moins les 10 % de la commission. Et hop, c'est payé ! Après, le mec va poser l'argent ailleurs. Il peut le transférer à

Dubaï, en Chine, à Hong Kong, ou en Espagne, où il va faire tourner l'économie. »

Eddy s'étonne de croiser ces derniers temps sur le marché de la drogue des gens « normaux », « stables », « qui ont fait des études », « parlent correctement » et veulent profiter de cette manne étourdissante. « Ce sont des personnes fragiles, qui ont peur », observe-t-il, avant de mettre en garde ces novices : « Les stups, c'est un monde assez violent, où on se fait facilement dessouder, parfois juste pour une question d'orgueil et de fierté. Quand vous êtes "normal", vous risquez d'être écrasé. Ces étudiants, ces travailleurs se retrouvent à devoir fricoter avec des voyous sans se rendre compte que tout cela est éphémère. La loyauté, dans le métier de trafiquant, il faut la prendre au second degré. Tu construis des liens d'amitié autour de l'argent. Quand tu n'es plus là, il reste l'argent, tu vois. Le banditisme ressemble au capitalisme, on est comme un grand groupe de BTP, sauf qu'on a les armes à la main. On tue les plus petits pour prendre leur place. On sacrifie un petit trafiquant là où ils font couler un sous-traitant devenu gênant. L'autre différence, c'est qu'on peut se retrouver en prison. Elle fait partie du circuit. On en sort brisé ou en colère, une arme à la ceinture. »

Les grands voyous du siècle dernier n'y ont pas échappé. Le but de ces pionniers, pour l'écrasante majorité née dans un milieu populaire, était rarement de thésauriser et beaucoup sont morts sans le sou, constate sans la moindre amertume Gianni, 75 ans, du sang italien dans les veines et un notable accent provençal. Rattrapé sur le tard par « la patrouille » pour trafic international de stupéfiants, « un business au ras des pâquerettes », cet ancien braqueur de banques n'avait pas toujours pensé aux lendemains, lui qui gamin volait ce qu'il pouvait dans les cales des cargos amarrés dans le port de Marseille, charbon, cigarettes ou café. « La retraite, ça n'a jamais été mon truc, dit ce séducteur hyperactif, que seule la mort empêchera de se regarder dans l'œil des femmes. La vie de voyou, c'est du risque, de la passion, du désir et tellement d'aléatoire ! Tu dépenses des fortunes ! C'est pas des petits billets qui rentrent, ce sont des gros sous. Tu penses quand même à ta famille, à prendre des commerces et à les mettre à leur nom. »

Gianni avait investi dans un magasin de fleurs et un cabinet d'assurance, mais ces placements n'ont pas résisté à ses longs séjours en prison : sa femme de l'époque a tout flambé au jeu. « Je serais né dans un milieu un peu bourge, avec des parents pas trop cons, je serais devenu chirurgien ou dentiste, avec la volonté que j'ai », poursuit l'ancien, néanmoins à l'abri du besoin et riche de sa notoriété. « Mais je suis devenu voyou. Le voyou, dans sa tête, est toujours un peu fou. Encore aujourd'hui, je ne reste pas en place, j'ai horreur de ça. Il y en a qui font tous les jours la même chose, à la même heure, moi je ne peux pas. La vie pépère, c'est la mort. La plupart des mecs de mon âge ont un ventre d'un mètre devant eux et marchent à petits pas. Les années de prison m'ont conservé, au point de vue santé. Je me paye une forme pas possible… »

Un jour, alors que Gianni festoyait dans un cabaret quelque part en Amérique du Sud, une fille l'a questionné sur sa profession, intriguée de le voir prendre si souvent l'avion. « Je suis industriel », a-t-il répondu. Pas si naïve, elle ne l'a pas cru. « Les industriels passent leur vie au téléphone à donner des ordres et à se faire chier, toi tu fais ce que tu veux, quand tu veux », a-t-elle répliqué. C'est peu dire qu'il a apprécié le compliment : elle venait de résumer la vie de malfrat, sans compte en banque, mais des billets qui lui brûlent les mains, comptant sur ses amis pour garantir son train de vie pendant les périodes d'incarcération (car pas question de se priver de foie gras ni de saumon pour les fêtes).

Ce n'est pas William Perrin, aujourd'hui décédé, qui aurait dit le contraire. « Si j'étais né riche, je n'aurais jamais fait le voyou, répétait cet abonné au fichier du banditisme, né en 1931. Après, on n'a plus rien à voir avec les gens ordinaires. On est à part. Quand tu as de l'argent, tu peux faire comme tu veux. J'ai voyagé. J'ai fait toute l'Amérique, du sud au nord. J'ai eu une vie de milliardaire, sans les impôts, ni rien du tout. Une vie libre. »

Ayant grandi dans une famille ouvrière où l'on buvait du calva plus que de raison et où l'on n'avait pas encore découvert le réfrigérateur (quand il en a offert un à sa mère, elle y a rangé ses vêtements), William Perrin s'était retrouvé docker à la journée à 14 ans, avant d'empocher ses premiers dollars (et quelques boîtes de corned-beef) en fournissant des filles aux soldats américains venus libérer la Normandie ; spécialiste du chalumeau à 17 ans, capable de découper les épaves des navires coulés au fond de la mer, il s'est ensuite concentré avec un succès certain sur les coffres-forts des grandes surfaces et des banques avant de basculer dans la French Connection à la fin des années 1960, pour l'« oseille », comme le racontait ce voyou du siècle dernier :

« Je me suis mis dans la came parce que tu gagnes cent fois plus d'argent. On prenait un kilo d'héroïne en Thaïlande, on le payait 7 000 dollars. Arrivés à New York, on le revendait 120 000 dollars. Est-ce que tu te rends compte de la différence ? 113 000 de bénéfice sur un kilo. Le dollar étant à dix balles, ça faisait 100 millions pour un kilo. C'est tellement facile ! On arrivait toujours à trouver un passage. Avec un kilo, les Américains en faisaient cinq. Il faut voir l'oseille qu'ils se prenaient ! »

Quand les billets s'accumulaient, William, amateur de chemises sur mesure et de blousons en daim, les planquait chez des amis sûrs, enterrés dans un coin de jardin, au fond d'une cave ou dans un grenier. Le plus loin possible de la police et des voleurs, lesquels ne dépouillent pas que les gens honnêtes, ayant même un faible pour ceux qui ne portent jamais plainte. Lorsqu'il s'est donné la mort passé 80 ans, lessivé par un ultime séjour en prison, ses économies avaient fondu. Délesté d'un hôtel en Espagne par un associé indélicat, il a juste laissé de quoi financer ses obsèques, quelques billets planqués sous le lavabo de la salle de bains, mais les meilleures tables de Paris et les grandes marques de whisky pouvaient lui être reconnaissantes.

Fils d'une princesse berbère et d'un médecin français à l'époque attaché à la Cour du roi du Maroc, né en 1946, Gérard Fauré fait quant à lui figure d'exception : petit, il ne manquait de rien, on peut même dire qu'il est né avec une cuillère en argent dans la bouche. Cela ne l'a pas empêché de consacrer sa vie à tirer le fil de l'argent illégal. « Certains ont la bosse des maths, moi j'ai la soif de l'argent, raconte-t-il avec ce rire carnassier qui éclaire régulièrement son visage. Depuis très jeune, je sais faire de l'argent, ça me vient de ma mère. J'ai grandi à Tanger, ville internationale, et j'ai compris qu'avec le change, on pouvait gagner beaucoup. Je suis devenu changeur, *saraf*, comme on dit là-bas. J'ai commencé à transférer de l'argent du Maroc vers Gibraltar, où j'avais un compte à la banque Barclays, pour des commerçants qui voulaient échapper au (strict) contrôle des changes. Je retournais au Maroc et je leur faisais un chèque, moins les 7 % de ma commission. Mes coffres en Espagne débordaient, des paquets de billets dans toutes les devises. Je blanchissais l'argent des capitalistes marocains. Puis je me suis mis à blanchir l'argent de la drogue. C'était facile. Il suffisait d'être en combine avec le directeur d'un casino, celui de Gibraltar était tenu par un mafioso italien : en misant 100 000 sur le noir et 100 000 sur le rouge, j'étais obligé de gagner et je sortais avec un reçu. Je faisais la même chose à Marbella, en Andalousie, où le casino était aux mains de la mafia russe. »

Plus tard, dans les années 1980, ce bandit plutôt beau gosse n'a pas eu plus de mal que ça à blanchir son propre argent sale, une fois installé aux Pays-Bas et les deux mains dans le commerce cocaïne encore balbutiant. « J'avais un compte dans une banque de

Rotterdam, se souvient-il. Je leur amenais des millions en francs français, qu'ils prenaient sans scrupules. J'arrivais avec de gros paquets de billets, un peu comme dans *Scarface*, et on descendait dans une salle tapissée de rouge, où se trouvaient les machines à compter. C'était *welcome*, bienvenu monsieur, café et cigares. Ils rigolaient. Ils adoraient les francs français et les deutsche marks. Leur seul souci, c'était de détecter les faux billets. Ils ne m'ont jamais demandé d'où provenait cet argent. Je ne doute pas qu'ils le savaient, mais les Pays-Bas sont un pays de pirates en cols blancs ! Les Néerlandais ont toujours eu un côté flibustier. Et puis ils n'ont jamais considéré la drogue comme quelque chose d'infamant. Ils expédiaient l'argent où je leur demandais, à Jersey, au Luxembourg, au Liechtenstein ou à Gibraltar. »

Gérard Fauré avait également dans sa manche un riche diamantaire conciliant, installé à La Haye et en cheville avec la Cour royale néerlandaise. Moyennant une petite commission, Hans, rescapé de la Shoah aujourd'hui décédé, rédigeait à la demande un bon stipulant qu'il avait prêté jusqu'à un million, somme avec laquelle le trafiquant pouvait décoller sans souci pour Bogotá, d'où il rapporterait du produit frais. Depuis, des commerçants turcs ou marocains ont pris le relais, poursuit notre interlocuteur, avant de lancer, guilleret : « Ils se fatiguent à faire des lois, mais ils n'arriveront jamais à empêcher l'argent sale ! »

La filière marocaine est celle que ce dealer très introduit chez les « people » a le plus pratiquée. « Les Berbères sont bien organisés, en plus ils sont honnêtes et tellement droits, vante le désormais septuagénaire, auteur de deux livres à succès où il conte les délices de cette époque[1]. Tu leur donnes un million en cash à Paris, ils te donnent un chèque au Maroc, tranquille ! Ils sont bien organisés, un peu comme les Chinois avec leur système de tontine[2]. Une vraie machine à laver ! »

Dans l'espace d'une bonne journée, dans ces années 1980 qui l'ont porté aux firmaments, Gérard Fauré pouvait encaisser jusqu'à 50 000 francs (quarante fois le salaire d'un ouvrier). « Je ne gardais rien chez moi, pas un centime, se souvient-il. Ce n'était pas simplement par peur de la police ! Quand on fait un métier comme le mien, trafiquant de cocaïne, on n'a pas que les flics derrière soi. Il y avait des équipes de gitans, des Kabyles aussi, qui me couraient au cul pour essayer de me séquestrer et de me dépouiller. J'avais toujours deux armes sur moi, un petit 6,35 et un 9 mm, et des gardes du corps. Les gens croient que c'est facile, mais tu es autant en danger en Europe, entre ceux qui en veulent à ta marchandise et ceux qui cherchent ton fric, qu'en Colombie. Combien de fois je suis passé à côté de la mort ! Combien de fois je suis sorti de ma voiture pour tirer sur ceux qui m'agressaient ! »

Les saisies policières, parfois, l'ont plombé, mais Gérard Fauré a toujours considéré qu'elles faisaient

---

1. *Dealer du Tout-Paris* et *Le Prince de la coke*, publiés par Nouveau monde éditions respectivement en 2018 et 2019.

2. Chacun met de l'argent dans un pot commun, somme prêtée à l'un des participants, chacun misant sur le fait qu'il en sera un jour bénéficiaire. Une sorte de système bancaire parallèle en vogue notamment dans la communauté chinoise, mais également dans la communauté africaine.

partie du jeu, un peu comme le jour où on mise sur la mauvaise case au casino. « C'est toujours emmerdant de se faire piquer de l'argent dans son portefeuille, même 100 euros, mais tu veux que je pleure ? relativise-t-il cependant. Je sais que je vais le récupérer d'une façon ou d'une autre une fois sorti de prison. Et puis cela m'ennuie moins d'engraisser l'État que certains policiers, comme celui qui avait confisqué ma limousine Mercedes lors de mon arrestation, en 1986, à Versailles. Je l'ai fait virer de la police, parce que la juge d'instruction n'a pas aimé non plus ! »

À un moment, la notoriété l'a certainement plus intéressé que l'argent, il l'avoue lui-même. Quand il se garait, il fallait qu'on voie sa voiture, Rolls ou Ferrari. « Je me rends compte aujourd'hui que c'était futile, mais c'était l'époque, dit-il. J'ai quand même réussi à en mettre de côté : n'oublie pas que pour faire un Berbère, il faut deux Juifs ! J'ai connu un paquet de voyous qui ne savaient pas gérer leur argent. Ils dépensaient tout ce qu'ils gagnaient dans les casinos. Moi, j'ai sorti des centaines de millions de France. Je remplissais des sacs que je jetais dans une voiture et je bombardais sur la route jusqu'en Espagne. Je connaissais tous les chemins de traverse. Il y en avait partout dans la voiture ! Si on m'avait arrêté, c'était foutu, mais cela ne s'est jamais produit. C'était tellement facile d'entrer ou de sortir de France ! Une vraie passoire. Surtout qu'il y avait des corrompus partout. » Un domaine dans lequel le Franco-Berbère a toujours eu de l'imagination : lorsqu'il ramenait sa cocaïne de La Haye jusqu'à Paris, il embarquait régulièrement deux prostituées néerlandaises à bord de son véhicule. Les garde-frontières, le prenant pour un contrebandier de chemises à deux francs, faisaient leur petite affaire, disaient « merci monsieur, à la prochaine », et le laissaient filer.

Des obstacles ont cependant fini par surgir sur la route radieuse du trafiquant, lorsque les Luxembourgeois, ces « ingrats », « ces bourgeois sans foi ni loi qui vivent dans le luxe », se sont adaptés aux normes européennes, au tournant des années 2000, et l'ont prié de se mettre en conformité. Mais Gérard Fauré avait du répondant, lui qui a beaucoup appris en observant les gros trafiquants du Rif (le grenier du shit marocain), « trop malins pour se laisser piéger facilement ». « Leur argent est placé dans du solide, immeubles et hôtels, dit-il. Ça leur rapporte peu de bénéfices, mais c'est leur assurance vie. » La pierre, ce réflexe universel.

William, Gianni et Gérard ont passé la main, remplacés par de jeunes trafiquants comme Eddy, tout en muscles et en certitudes, qui manie les chiffres comme s'il avait tenu un commerce toute sa vie. « À une époque de ma vie, qui n'a pas duré, on a été un peu extrême », raconte ce garçon qui a grandi dans une cité de la région parisienne et est devenu « sage » avec les années : « On faisait n'importe quoi, on tournait avec des voitures à 200 000 euros, on jouait les pachas, on flambait, on allait en vacances à l'étranger, on vivait quoi ! Mais ce n'est pas bon de briller. Quand tu brilles, tu ramènes la foudre, tu attises les passions, la jalousie, la médisance de gens qui n'acceptent pas ce que tu deviens, ce que tu es, et qu'ils ne peuvent pas être. Celui à qui il n'arrive rien, alors qu'il a une grande villa et roule en Ferrari toute l'année, est forcément couvert par quelqu'un. Impossible en France de perdurer en montrant sa richesse. Impossible ! Celui qui a tout compris, dans ce milieu, c'est le mec qui passe pour un simple employé. Il se lève tous les matins et il va charbonner. Il ne fait pas de vagues et il envoie tout son argent à l'étranger. Il tourne, mais ne se montre pas. »

Trafiquant de cocaïne, Eddy fait partie de ceux qui ont appris l'art de dissimuler leur patrimoine. Ses recettes ne sont cependant pas très différentes de celles des anciens, parce que le *saraf* décrit par Gérard Fauré est indémodable. Loin des cabines téléphoniques à cause desquelles William et Gianni ont fini par se faire piéger, les jeunes « narco-capitalistes » de son espèce manient le téléphone par satellite crypté, le fameux PGP (Pretty Good Privacy). Assis au fond de leur canapé, la télé allumée, ils n'ont plus besoin de se déplacer pour écouler des tonnes de produit. Ils mettent surtout bien plus d'argent de côté que les anciens voyous n'en ont jamais économisé : Eddy investit « au bled », dans des plantations agricoles et dans l'immobilier, sauf que nul ne peut prédire jusqu'à quel âge il pourra jouir de ces biens mal acquis. La retraite n'est d'ailleurs pas d'actualité lorsqu'on a l'habitude de rouler à 200 km/h, de nuit, la voiture chargée de produit, des armes sous le tableau de bord. « Chaque fois que je prenais la route, se souvient le trafiquant, je m'en remettais au bon Dieu et je lui disais : j'espère que je ne vais pas mourir sur ce chemin. Cela m'est arrivé d'essuyer des tirs. Il faut tout de suite rebondir, ne pas rester tétanisé. Je ne touchais quasiment jamais le frein. Je bombardais, toujours concentré. Il ne faut pas avoir peur de la mort. » Une pause avant de conclure, regard fixe : « J'ai perdu tellement de potos qu'à la limite, le fait d'être vivant est un peu de la lâcheté. »

3

« Le commerce de l'argent est un commerce comme un autre »

Pour mesurer le débit du fleuve d'argent sale qui irrigue l'économie, il est utile de lire les rapports des Nations unies ; les meilleures sources se rencontrent cependant au cœur du trafic lui-même. Jean-Marie, un Français d'une quarantaine d'années, a accepté, sous couvert d'anonymat, de raconter les dessous de cette finance grise. Notre première rencontre a lieu en 2017 à Casablanca, ville côtière marocaine offrant de nombreuses tables ombragées où l'on mange un poisson grillé les pieds dans le sable. L'homme a l'allure plus débonnaire que celle d'un mafieux tatoué des pieds à la tête, on le prendrait pour le gérant d'une supérette, mais de toute sa carrière, il n'a jamais connu que le crime. Après quelques coups fumants en Afrique noire, il a atterri en Colombie, où il s'est mis voilà plus de dix ans dans le commerce du chlorhydrate de cocaïne. Les pieds sur terre, qualité qui lui vaut d'avoir percé dans cette voie, le trafiquant va droit au but :

« Avec les bons clients, les grosses structures, on peut être payé par virement. Deux jours après réception de la marchandise, tu as ton argent, évidemment dans un paradis fiscal. Personne n'y voit rien. Mais le plus souvent, le produit reste réglé en liquide. Et quand tu récupères 10 ou 20 millions en billets, c'est absolument énorme. Même un million, c'est du volume. Avoir des valises entières de billets, c'est très agréable, mais ce n'est que du papier qui ne va pas transformer ta vie. Trouver le produit, le vendre, on y arrive, encore faut-il en profiter ! Il faut réussir à le transformer en écriture bancaire, ce qui est l'un de nos plus gros problèmes. »

Nul besoin de calculette ni de carnet de notes, Jean-Marie connaît les tarifs en vigueur. Un kilo de cocaïne pure à 95 % se négocie autour de 1 200 euros en Colombie. Lorsqu'il arrive en Martinique ou en Guadeloupe, terre de rebond vers l'Hexagone, le même kilo a pris huit fois sa valeur et se monnaye entre 8 000 et 10 000 euros. Il se vend entre 18 000 et 20 000 euros une fois débarqué sur le continent européen. La culbute est visible à l'œil nu. Un kilo peut même se négocier jusqu'à 28 000 euros si la police a bien fait son travail et vient de saisir une, deux ou trois tonnes. Surfant sur la loi de l'offre et de la demande, les trafiquants profitent de ces saisies pour faire monter les prix et s'enrichir davantage. Merci la pénurie ! « Sachant que le transporteur prélève en moyenne 30 % du prix de vente, à la hauteur des risques qu'il prend, la marge du trafiquant oscille autour de 50 % », lâche Jean-Marie.

Qui dit mieux ? L'or noir, dit-on, est voué à se raréfier ; cet or blanc, lui, est inépuisable : la feuille de coca pousse aussi facilement que l'ortie. Les produits chimiques requis pour élaborer un produit consommable sont peu onéreux et ne risquent pas de se tarir non plus. Les clients, eux, se ramassent à la pelle. Un puits sans fond, ou plutôt une narine grande comme le cratère d'un volcan, chaque « ligne » sniffée venant nourrir le flot de billets qui pèseront bientôt aussi lourd que le produit lui-même à l'aller. Comment les transporter et les dissimuler, avant même d'imaginer les écouler ?

Pour jouir pleinement de ces liasses volumineuses, le trafiquant baroudeur, à l'aise à Dakar comme à Bogotá, a appris à contourner les strictes recommandations du GAFI[1] (groupe d'action financière). Un savoir-faire peaufiné avec les ans, qu'il déroule dans le bon ordre. Le « petit blanchiment » est celui auquel on assiste dans toutes les banlieues du monde touchées par l'argent sale, sous forme de réinjection dans l'économie « propre ». « Tu achètes un commerce, le kebab du coin. Il génère 2 000 euros de chiffre d'affaires par mois, mais tu déclares 40 000 euros. Si tu veux quelque chose de plus durable et que tu disposes de sommes plus importantes, tu te tournes vers les paradis fiscaux, les Caraïbes par exemple. Le but n'est pas d'échapper à l'impôt, mais de réinsuffler l'argent dans l'économie légale pour pouvoir en profiter. Les banquiers installés dans ces îles ne refusent pas l'argent. Sale ou pas, ils comptent. Si tu arrives avec 5 millions en liquide, c'est une grosse

1. Organisme intergouvernemental chargé d'élaborer les normes et les mesures législatives en matière de lutte contre le blanchiment de capitaux et le financement du terrorisme.

somme, même pour eux. Le banquier va être bien vu de sa hiérarchie, c'est ce qui compte. Tu t'engages à laisser l'argent pendant trois ou quatre ans sur ton compte, tu achètes des Sicav locales, des actions ou des obligations. Trois ans plus tard, la banque a pris sa commission et l'argent est à toi, lavé. »

Destination privilégiée de ces criminels en col blanc : Aruba, une petite île censée vivre de la pêche, où certaines grandes banques françaises disposent d'une succursale. « Les narcotrafiquants déposent les fonds dans les îles Caïmans, puis effectuent un virement à Aruba, somme qu'ils peuvent bientôt retirer dans une banque à Amsterdam ou Rotterdam, sans jamais apparaître », explique Jean-Marie. Dans la même région, Panama reste le pays rêvé pour l'argent du crime, par-delà les scandales à répétition. « L'idéal est de disposer d'une fondation secrète dans ce pays adossée à une société basée à Hong Kong ou à Singapour, où l'on peut placer sans risque de poursuite l'argent de la fraude fiscale, poursuit ce connaisseur. Tu payes zéro impôt et ton argent est légal. » Le trafiquant colombien Pablo Escobar avait choisi ce montage, il s'est d'ailleurs fait voler une partie de son argent par Manuel Noriega, alias « Tronche d'ananas » : le dictateur alors aux commandes au Panama, au demeurant marionnette avérée de la CIA, a gelé pour son usage personnel une partie des avoirs bancaires de l'ancien chef du cartel de Medellín.

« Dans les pays où la drogue est l'une des principales sources de richesse, l'État et les mafias ont vocation à ne faire qu'un », lance Jean-Marie, qui rappelle la façon dont les trafiquants mexicains ont résolu le problème : ils possèdent une partie du système bancaire local. Joaquín « El Chapo » Guzmán, le dernier baron de la drogue jugé aux États-Unis, a clairement expliqué que l'ancien président du Mexique protégeait son business, tout en acceptant des millions de la part des États-Unis pour… éradiquer le trafic de drogue. Comment El Chapo aurait-il dominé les cartels concurrents sans le soutien officieux de son gouvernement ? En échange, le chef mafieux s'est substitué à l'État dans certaines zones excentrées, assurant paix sociale et salaire minimum à de nombreux affidés, sans oublier les villes de débauche où venaient s'encanailler les citoyens américains, le long de la frontière. Cela a été mentionné lors de son procès à New York : El Chapo consacrait environ 1,3 million de dollars par mois à la rémunération des forces de l'ordre. « C'était Pablo Escobar puissance dix », souffle Jean-Marie, un brin admiratif. L'homme, tombé pour avoir fait venir auprès de lui une journaliste américaine qu'il trouvait gironde, a été condamné le 12 février 2019 à la prison à perpétuité, non sans avoir crié au cours de son procès qu'il avait largement arrosé le pouvoir en place.

Le carnet d'adresses du trafiquant international qui vise la pérennité compte forcément aujourd'hui quelques numéros de téléphone à Dubaï, un pays réputé pour ne pas déclarer l'ouverture de comptes bancaires, à l'instar du Maroc, des Émirats arabes unis, du Tadjikistan ou la Serbie. Le nouvel Eldorado de ceux qui ne disposent pas d'assez de leur matelas pour dissimuler leurs espèces est réputé laisser entrer les étrangers sur son territoire avec 100 000 euros dans leur valise, là où le maximum toléré dépasse rarement ailleurs les 10 000 euros. La première condition consiste à monter sur place une petite structure commerciale, la seconde à prendre un associé local, généralement un avocat, qui s'octroie 51 % des parts de la société. Comme dans tout port franc qui se respecte, pas de contrôle des changes. Une loi antiterroriste oblige à déclarer l'origine des fonds, mais Jean-Marie soutient qu'elle n'est jamais appliquée. Le reste relève d'une savante chorégraphie que le trafiquant français connaît bien, lui qui fréquente assidument les Émirats arabes unis : « Tu achètes le lundi un appartement que tu payes 5 millions en liquide. Le mardi, tu le remets en vente pour 4 millions, un peu en dessous du prix du marché. Tu perds un million, mais tu récupères 4 millions totalement blanchis. »

Voilà pour ceux qui entendent y mettre les formes et rester présentables. Les zones franches de Dubaï offrent des solutions plus expéditives pour les investisseurs pressés. Pas besoin de se « casser la tête », explique Jean-Marie, il suffit de créer une société, de déposer l'argent en déclarant qu'il s'agit de revenus commerciaux engrangés en Afrique ou en Europe, pourquoi pas du produit de la fraude fiscale, ce n'est pas mal vu. Zéro taxe, zéro impôt, que demander de plus ? « Tant que tu ne fais pas d'affaires avec les islamistes et que tu ne vends pas de drogue à Dubaï, ils se fichent complètement de ce que tu fais. Ils sont pragmatiques. Comme nous. Tu as de l'argent, ils déploient le tapis rouge. » Les banques locales poussent le raffinement jusqu'à proposer une carte de crédit au détenteur d'un compte, au nom de sa société, utilisable n'importe où dans le monde, avec toutes les chances de passer sous les radars, d'autant que les services locaux coopèrent très mollement, voire pas du tout, avec les administrations fiscales des autres pays. La banque peut même proposer un prêt, pour l'achat, par exemple, d'un bien immobilier dans une capitale européenne ; garanti par les fonds déposés, ni vu ni connu. Une bienveillance que les trafiquants internationaux prisent, comme ils apprécient les banques chinoises, où le fait de frauder le fisc français n'est pas considéré comme un délit, cela fait même plutôt sourire.

Dans une économie globalisée, « le commerce de l'argent est un commerce comme un autre », rappelle Jean-Marie, qui a appris cette partie du « métier » auprès de connaisseurs et ne néglige pas la formation permanente. Une autre solution, à l'heure de faire disparaître un million d'euros en billets de 20 euros en rade dans un appartement ou une cave, consiste à faire confiance au système ancestral de la compensation, vieux comme le commerce et largement éprouvé par Gérard Fauré, le Franco-Berbère devenu dealer du Tout-Paris. Avantage : l'argent ne voyage pas. Il ne franchit aucune frontière. Il reste sur place, remis entre les mains d'un intermédiaire auquel la langue arabe a donné un nom déjà évoqué dans ces pages : le *saraf*, ce banquier occulte sans pas de porte ni guichet. « Tu donnes l'argent à cette personne, elle te fait un virement le lendemain à l'autre bout du monde », résume à son tour Jean-Marie. Le procédé connaît de multiples variantes et repose sur l'honnêteté de tous les membres de la chaîne. Les Kurdes, les Géorgiens et les Albanais seraient en la matière les plus fiables, mais les champions toutes catégories, confirme Jean-Marie, restent les Marocains, une longue pratique derrière eux à cause du puissant contrôle des changes en place dans le royaume et du marché du cannabis, une manne dont le pays aurait du mal à se passer. Savants alchimistes, ils transforment les euros en dirhams sans que personne y voie rien, l'argent remontant ainsi jusqu'aux poches des paysans producteurs et de ceux qui les protègent.

4

« *Follow the money* »

« L'économie illicite des drogues est une économie comme les autres, sauf qu'elle échappe à toute régulation étatique, comme à toute taxation liée à l'État de droit », observe David Weinberger, chercheur à l'Institut national des hautes études de la sécurité et de la justice (INHESJ). « Nous sommes dans une économie primitive où le profit et l'individualisme priment, sans contre-pouvoir. Le trafiquant n'est pas dans l'optique de partager ses bénéfices, mais d'en engranger le maximum, considérant à juste titre qu'il exerce une activité très dangereuse, puisque la plupart des trafiquants finissent en prison. »

En apparence, l'argent sale ne trouble pas l'ordre public, mais il a un prix, celui de l'altération des relations sociales et humaines. C'est une sourde exaspération montée des quartiers populaires qui a poussé les pouvoirs publics, à partir des années 1990, à se pencher sur ces jeunes caïds qui étalent leur richesse, en particulier leurs automobiles, sous le nez de riverains pris en otage par leurs trafics. Le commissaire Bernard Petit, ancien coordinateur de la lutte contre le crime organisé aujourd'hui retraité, rapporte à cet égard un épisode instructif. Un jour, il a vu un voyou tourner autour d'un garage de voitures de luxe, puis finir par en acheter une, moitié au comptant, moitié officiellement. Tout bénéfice pour le commerçant, jusqu'au jour où la berline a connu un souci technique. Le voyou est revenu sur les lieux et a promis de « démonter la tête » du garagiste et de mettre le feu à son établissement si la voiture n'était pas changée. Alors qu'il avait éconduit les policiers dans un premier temps, le commerçant est revenu les voir penaud pour se placer sous leur protection… Preuve, s'il en fallait, conclut le policier, que cet argent « donne un pouvoir à ceux qui le distribuent et met en cause l'édifice social ». Comme ce garage, les grandes banques d'affaires sont attaquées par les réseaux criminels, « tendrement pour commencer, en jouant sur l'appât du gain, mais une fois que le financier a accepté de l'argent vérolé, les règles du jeu sont modifiées. On n'est plus du tout dans une partie d'échecs, on va jouer à la bataille ».

Longtemps, les services d'investigation de la police judiciaire ont été à la traîne, victimes de leur propre organisation et de leur culture. Chacun restait enfermé dans son champ thématique. « Les gars des Stups voulaient choper des stups, les gars du banditisme saisir des armes et arrêter des malfaiteurs, détaille le commissaire Bernard Petit. Or l'argent est le vecteur commun à toutes ces activités. Lorsque les enquêteurs des Stups détectent un trafic portant sur une dizaine de tonnes de cannabis, ils risquent tôt ou tard de voir des billets circuler dans des sacs en plastique. Le premier réflexe, c'est de se dire qu'ils trouveront peut-être de l'argent quand ils arrêteront tout le monde, mais la priorité reste la saisie de produits. À plusieurs occasions, les Stups ont récemment eu l'intelligence de freiner leur enquête pour donner du temps à leurs collègues chargés de lutter contre la délinquance financière. En laissant prospérer le volet économique et financier, ils ont découvert les collecteurs d'argent, avec leurs sacs à première vue insignifiants. En les filochant, ils ont identifié des dizaines de personnes qui les alimentaient… »

Ainsi est née l'affaire « Virus », du nom donné à un garçon considéré comme un indicateur par l'un des mis en cause, un Franco-Algérien de 29 ans soupçonné d'importer le cannabis marocain à la tonne. L'enquête démarre par de classiques surveillances menées par l'Office des stups au printemps 2012, dans la banlieue ouest de Paris. Le jeune Sofiane, une balle de 9 mm dans la jambe en souvenir d'une tentative d'assassinat, fréquente avec une assiduité intrigante une supérette de Limay, dans les Yvelines, sans y effectuer apparemment le moindre achat. Il en utilise en revanche abondamment le téléphone et paraît considérer le patron du magasin comme une sorte de secrétaire. Jusqu'au jour où apparaissent dans le décor des sacs en plastique remplis de billets de banque. Réflexe inhabituel, les chefs du service antidrogue décident de frapper à la porte de leurs collègues chargés de la grande délinquance financière, installés à l'étage du dessus mais à des années-lumière en matière de pratiques. Le patron de l'époque, le commissaire Jean-Marc Souvira, joue le jeu et ses hommes entrent dans la danse pour découvrir, sac après sac, comment les champions du shit en gros lavent leurs millions par l'entremise d'une famille juive passée des faubourgs de Casablanca au moelleux des établissements banquiers genevois ; une alliance improbable sur fond d'intérêts partagés, gagnant-gagnant.

Entre le printemps et l'été 2012, le plus jeune frère des banquiers suisses, leur homme lige en région parisienne, collecte jour après jour sous les yeux des flics des liasses de billets. Adeptes (eux aussi) du cloisonnement intensif, trafiquants et financiers ne prennent jamais le risque d'être photographiés ensemble. Admirés et respectés de tous dans leur milieu, les banquiers genevois ont l'habitude de plancher sur la dissimulation des fruits de l'évasion fiscale, mais rien de plus semblable à un billet qu'un autre billet ; par un système de vases communicants, ils parviennent à « compenser » en Espagne ou au Maroc les sommes livrées par les dealers à Paris. L'argent ne franchit plus physiquement les frontières. La confiance est le maître-mot, la parole donnée remplace les écritures. Le cash est recyclé auprès de clients de leur établissement, qui souhaitent jouir de leur argent sans prendre le risque d'un transfert ou d'un transport par le train ou la route entre la Suisse et la France. Des gens bien sous tous rapports, une élue par ailleurs architecte et urbaniste, un avocat, le gérant d'une société de textile, un marchand de biens, un marchand d'art ou un loueur de voitures de luxe. Tous ravis de gruger le fisc, même s'ils laissent au passage une commission allant de 3 à 10 %, prix du relationnel bancaire du clan genevois, à la tête d'une ribambelle d'entités juridiques à Londres et à Madrid, en Israël et aux États-Unis. D'autant qu'ils ne sont pas au courant, officiellement du moins, du fait que ces billets tout frais proviennent de la consommation de shit en région parisienne – et pourquoi pas, quelle ironie, de la poche de leurs propres rejetons, pour peu qu'ils soient en âge d'en fumer.

La surveillance de la ligne téléphonique du jeune frère est édifiante. « Premièrement, l'engueule un jour son aîné, tu sais très bien qu'on les prend pas, alors pourquoi tu les as pris ? Je t'explique une chose : les billets de vingt, plus personne ne les veut ! Je te l'ai dit, ne les prends plus ! » De quoi éclairer les enquêteurs sur la nature des « paquets » échangés sous leurs yeux à un rythme soutenu, ce dont ils doutaient en réalité assez peu, comme on peut le lire dans ce rapport issu du dossier :

« Cette organisation est extrêmement cloisonnée. Les trafiquants ne sont jamais au contact des financiers et tous changent de numéro de portable très fréquemment. L'interface est assumée par Simon P., ami d'enfance de la famille, qui réside à Casablanca. Il est manifestement au contact des exportateurs de produits stupéfiants. En effet, il communique les coordonnées des collecteurs aux frères et supervise les remises. Une grande partie des espèces ne prend pas directement la direction du Maroc, mais reste en France où elles sont "vendues" par la famille à des clients désireux d'obtenir du cash. Les surveillances réalisées permettent de matérialiser les transports d'espèces qui passent par des sacs en plastique de supermarché des collecteurs envoyés par les trafiquants aux attachés-cases griffés des acheteurs finaux. Au total, 181 transactions ont été observées, représentant la somme de 7 166 040 euros en cinq mois. La société fiduciaire suisse fournit une multitude de services aux malfaiteurs : compensation en espèces de sommes préalablement bancarisées en Suisse, dépôts d'espèces à l'étranger, création et administration de trusts créés par centaines dans des centres off-shore, notamment au Panama, ouvertures et structuration de comptes bancaires, mise à disposition de comptes bancaires de passage à Londres, mise en place de faux prêts entre sociétés contrôlées par le même individu, émission de fausses factures pour justifier des mouvements de fonds, etc. »

Un commerce lucratif si l'on s'en tient au contenu du coffre-fort loué dans une banque parisienne par une sœur des banquiers genevois, bourré à craquer au point que son aîné s'en inquiète au cours d'une conversation : « Il faut que je vide ce coffre parce que Mardoché [le petit frère] commence à halluciner. Je vais devoir acheter trois kilos d'or. Je ne veux plus de cash ! »

« On a fini par comprendre que la piste de la mécanique financière était une clef de la lutte contre le trafic, se félicite le commissaire Bernard Petit, qui chapeautait à l'époque les offices centraux de la police judiciaire. C'est la lutte de demain. L'impact est énorme, parce que ces réseaux fonctionnent sur la base de liens tissés sur le long terme. On ne dépose pas 300 000 euros en billets usagés dans un sac en plastique, sans reçu ni tampon, sans la confiance, une denrée extrêmement rare. Casser ces réseaux représente pour les trafiquants une perte vertigineuse, et pas seulement à cause de la razzia que l'on opère sur l'argent patiemment mis de côté. »

« Virus », dossier désormais jugé[1], est également un cas d'école aux yeux du chercheur David Weinberger. « On s'est retrouvé face à une famille qui pratiquait le blanchiment depuis deux générations de façon assez peu élaborée, observe-t-il. La nouvelle génération a eu l'idée de proposer une prestation financière aux trafiquants de cannabis. Avec cette affaire, la preuve a été apportée qu'un même opérateur pouvait jongler entre évasion fiscale et blanchiment d'argent en recourant à une méthode éprouvée depuis le Moyen Âge, particulièrement efficace pour éviter les contrôles financiers. Au bout de la chaîne, l'argent de la drogue réintègre le système bancaire dans des pays où les contrôles sont beaucoup plus faibles. »

Un système primitif au service de l'ingénierie financière, voilà ce qui permettait d'échapper aux filets mis en place après les dernières directives européennes contre l'argent sale, mais comme le rappelle Charles Blandignères, pionnier de la lutte contre la délinquance financière au sein de la police judiciaire, « les solutions les plus faciles sont souvent les plus efficaces,

1. Poursuivis en Suisse, Meyer et Nessim ont été condamnés pour blanchiment aggravé en janvier 2013 à des peines de prison avec sursis. Leur avocat français a rappelé qu'ils ne pouvaient être rejugés en France pour les mêmes faits. Dix-sept fraudeurs fiscaux ont été condamnés en France à des amendes dans le cadre d'une procédure de plaider-coupable, en novembre 2017.

du moins lorsqu'il s'agit de blanchir des sommes inférieures au million d'euros ». « Au-dessus, on passe de l'artisanat au semi-industriel, puis à la grande industrie du blanchiment », poursuit-il, convaincu de la capacité d'innovation des blanchisseurs, aussi débrouillards que motivés et inventifs, il suffit pour s'en convaincre de se pencher sur l'affaire enclenchée dans la foulée de Virus : « Rétrovirus » – en attendant « Scooter » et « Fièvre jaune », les flics ont toujours le chic pour baptiser leurs enquêtes. L'argent du cannabis était cette fois livré à un petit épicier indien vivant en HLM dans la région parisienne, insoupçonnable à force de discrétion, qui achetait de l'or sur le marché d'Anvers, en Belgique et l'expédiait en Inde, premier consommateur de ce métal précieux. La culbute financière était telle, entre l'achat et la revente, que le blanchisseur opérait gratuitement, sans prélever la moindre commission, rappelle David Weinberger, qui pointe l'échec relatif de la lutte contre la drogue dans sa version classique, un demi-siècle après l'ouverture des hostilités. « Les méthodes traditionnelles consistant à traquer le produit ont montré leurs limites », tranche-t-il en vantant cette nouvelle approche consistant à « taper le trafiquant au portefeuille ». « *Follow the money* », disent les Anglo-Saxons, en misant sur le fait que la perte d'argent est plus gênante pour le trafiquant que la saisie de produit, finalement « intégrée dans leur business model ».

« L'analyse de la criminalité organisée et de la lutte contre le blanchiment donne parfois une vision déprimante du monde, admet David Weinberger, mais les raisons d'espérer sont nombreuses. »

La communauté internationale a mis en place des méthodes de contrôle des flux financiers jamais vues jusque-là, explique le chercheur. La coopération entre les polices est bien meilleure qu'il y a une décennie, ajoute-t-il, le mandat d'arrêt européen est efficient et le mandat d'arrêt international fonctionne de mieux en mieux, les policiers et les magistrats auraient enfin intégré le fait que le terrain de jeu était mondial. « La part de l'argent sale réellement détectée et saisie dans le monde reste très faible au regard du poids économique de la criminalité transnationale[1], conclut-il, mais cela va sûrement s'améliorer. »

On aimerait le croire, mais tous nos interlocuteurs ne partagent pas cet optimisme.

1. L'ONU s'était aventurée à formuler une estimation en 1998, mais on ne les y reprendra plus, tant les critiques ont fusé.

5

« Ils préfèrent investir dans les bars-tabacs, les salons de coiffure, les sociétés de VTC ou l'immobilier »

Qui n'a pas vu de clients régler leurs achats en espèces à la caisse d'un supermarché, ou d'administrés payer leurs amendes ou leur dette au fisc en cash ne maîtrise pas toutes les données du problème. Cela se passe pourtant en France, plus précisément en Seine-Saint-Denis, pépinière depuis des années de toutes sortes de groupes criminels aux ramifications internationales, où le narcotrafic corrompt ceux qui se laissent faire (ou ne peuvent pas refuser).

« Les groupes criminels profitent des zones instables pour développer leurs affaires », observe le chercheur David Weinberger, avant de définir ce que serait à ses yeux un « narco-État » : un pays où la corruption est tellement forte qu'on voit des juges, des présidents d'assemblée, des ministres impliqués dans le trafic de stupéfiants. La France n'est pas le Venezuela, maillon faible de l'Amérique latine, mais Serge Castello ne recule pas devant les mots : « Le 93 est un narco-département », affirme sans détour ce commissaire, qui a passé six ans et demi à la tête de la sécurité publique en Seine-Saint-Denis entre 2011 et 2017. La parole libérée par son départ à la retraite, l'ancien cadre de la préfecture de police résume la mission qu'il a exercée : faire en sorte que le trafic de cité, avec ses guetteurs postés aux points stratégiques, « ces nouveaux ouvriers à la tâche », et le va-et-vient des toxicomanes perturbent le moins possible la tranquillité publique. Le tout, à l'heure où les riverains de certains quartiers sont contraints de montrer patte blanche pour rentrer chez eux, tandis que les dealers recrutent leurs « nourrices » parmi les plus faibles et les plus précaires, afin de stocker à leur domicile argent et produit. Une tentative de limiter tant bien que mal les dégâts causés par cette microsociété volontiers silencieuse, jusqu'au jour où l'immanquable règlement de comptes, avec ses possibles balles perdues, attire les médias et contraint la classe politique à réagir.

Le commissaire Castello a vu pousser sur la commune de Saint-Ouen une sorte de marché du cannabis, juste derrière le marché aux puces, à deux pas de la capitale. Ses services ont eu l'occasion de mettre à mal de nombreuses équipes, mais « c'est un ressac permanent ». « La guerre est perdue face à l'immensité de la tâche », déplore l'ancien directeur départemental, qui a vu des grandes surfaces commerciales brasser des kilos d'espèces, des sacs contenant 250 000 euros jetés par-dessus le balcon lors de perquisitions, sans oublier le million d'euros saisi à Tremblay-en-France après une émission télévisée où les dealers s'étaient montrés un peu trop sûrs d'eux. « Le trafic fait vivre une population très importante dans le département, avec le déploiement d'une économie grise faite de bars à chichas et de sandwicheries. Leur puissance financière est telle qu'ils peuvent s'infiltrer dans les lieux de pouvoir et peser sur le plan politique, au moins localement. Ce n'est pas la Cosa nostra avec sa coupole, mais une juxtaposition d'entreprises individuelles. »

Le modèle sicilien est loin, celui d'un Pablo Escobar faisant construire des maisons pour les habitants des bidonvilles l'est tout autant, remarque Stéphane Peu, élu de Saint-Denis et bon connaisseur de ce territoire. « L'immense majorité des gens ne bénéficie pas des retombées du trafic, insiste-t-il pour combattre l'idée d'une sorte de rente partagée au sein des cités. Cette économie ne diffuse pas. Les dealers peuvent faire un geste pour des obsèques, par exemple, mais la distribution s'arrête là, un peu comme le pétrole ne profite en Algérie qu'à un petit cartel de généraux. Moins on partage, mieux on se porte. Ils préfèrent investir dans les bars-tabacs, les salons de coiffure, les sociétés de VTC, qui ont surfé sur la loi mobilité, ou l'immobilier, avec une efficience qui déstabilise l'économie réelle. » D'autant plus simple que la justice n'a pas encore de politique pénale structurée face à ce blanchiment de basse intensité.

Les plus jeunes apprennent le poids de l'argent en gagnant leur vie assis sur des tabourets dans les halls ou au coin de la rue en mangeant des kebabs ou en fumant la chicha. Avec une brigade départementale des stupéfiants reposant sur la seule motivation de ses maigres effectifs, trois groupes d'initiative et un groupe « cités », plutôt équipé de Mégane que de BMW, capable de se fondre dans le paysage et de « déranger » l'armée des dealers qui vendent volontiers via l'application Snapchat ou se dissimulent en chauffeurs privés, avant d'envoyer les bénéfices au pays par l'entremise de ceux qui pratiquent la compensation au quotidien, Pakistanais, Indiens ou Chinois. Le tout en prenant le risque de rire lorsqu'un « barbu », islamiste rigoriste, s'exclame alors que le policier lui demande si cela ne le dérange pas de vendre du shit : « C'est quoi le shit ? C'est du soleil, de la terre et de l'eau. Il n'y a pas de pêché là-dedans ! »

Au beau milieu de ce chaos, où l'un des principaux dealers du département a été surnommé « le maire de Saint-Denis », un modèle de réussite, dit-on, où il n'est pas rare qu'un ouvrier appelé pour désamianter les locaux d'une antenne jeunesse découvre des armes, de la drogue et de l'argent, le commissaire Serge Castello s'est un jour mis en tête une drôle d'idée. C'était un vendredi. Avec son chauffeur, un fonctionnaire imposant, « deux mètres de haut », il s'est planté au beau milieu d'un point de deal du département, en costume, même pas peur. Un client hébété s'est approché et lui a demandé : « Le point est fermé aujourd'hui ? » Un autre, inquiet de ne pas avoir ses barrettes pour le week-end, s'est aventuré : « Mais vous allez rester combien de temps ici ? » « Tant que j'en aurai envie », a répliqué le commissaire. Soucieux de déstabiliser quelques minutes au moins l'activité des dealers, il a fini par aviser un guetteur : « Il est là Tony ? » « C'est qui ? » a demandé naïvement le garçon. « Tony Montana, du con ! » Le guetteur est parti en courant, vexé. Petite revanche d'un homme qui rêvait de voir la sécurité publique exceller et qui l'a quittée au bord de la faillite, réduite à titiller à la marge, avec l'envie de mettre des baffes, « affaire réglée sur place ».

*

Mehmet a depuis longtemps quitté ces territoires chahutés pour ressembler au caïd de ses rêves, ceux qu'une simple baffe n'arrête plus depuis longtemps. Initié au maniement des armes à feu dès l'âge de 11 ans lors de ses vacances estivales sur les hauteurs anatoliennes, il avait une longueur d'avance à l'heure de se mesurer à la concurrence dans cette cité de Montfermeil (93) qui l'avait vu grandir. « Avoir une arme et savoir s'en servir, c'est dans ce milieu une sorte d'assurance vie », atteste-t-il, recevant dans l'appartement où vit sa mère, une théière sur la table et une pastèque soigneusement découpée dans un plat. Et la garantie, il en était certain, de passer de misère à fortune, des baskets trouées à celles dernier cri.

Son premier billet, Mehmet l'a touché à 12 ans. Il s'était posté sur un bout de trottoir, au milieu du marché, devant lui un sac rempli d'autoradios arrachés à coups de silex (les vitres n'y résistaient pas) dans les voitures du quartier. « T'es un voleur », lui lance ce matin-là un passant, au demeurant ami de son père. « Ouais et alors ? T'achètes ou pas ? » Le gars a payé. « Chaque fois que je faisais un peu d'argent, j'allais à la boulangerie comme si c'était un trophée, se souvient Mehmet, regard gourmant et voix assurée.

Je m'achetais une cannette, un mille-feuille, c'était mon petit plaisir. »

« Mieux vaut être le boucher que le veau », ce dicton est vite devenu son favori. « J'ai pris conscience, à cause de plusieurs drames, que je pouvais être un jour le veau, déballe le désormais trentenaire. Le perdant. Je me suis protégé et je suis devenu quelqu'un d'assez violent. On a acheté des armes, j'ai braqué. Dès qu'une affaire pouvait rapporter, j'étais là, puis je suis entré dans le trafic de stups. Je distribuais un peu partout en Île-de-France. Si un interlocuteur n'était pas correct, s'il voulait me voler, je n'avais pas la sagesse d'aujourd'hui : je lui cassais les jambes, je lui prenais tout ce qu'il avait et je partais. En montrant que tu es capable du pire, tu limites le nombre de gens qui veulent t'attaquer. » Quant à la police, les jeunes de la cité la tenaient déjà en respect, selon une méthode largement éprouvée depuis, et que le trafiquant rappelle en une phrase : « On mettait une voiture en travers de la route et depuis l'immeuble, on leur jetait des bouts de trottoir, des frigos, des machines à laver, des trucs de cons. »

Mehmet aurait pu se spécialiser dans le cannabis, mais « tout le monde en vendait ». L'argent a décidé pour lui. Devant le « bénef » que générait la cocaïne par rapport au shit, il n'a pas hésité longtemps. « Quand j'ai démarré, le dealer payait la cocaïne 4 000 euros les cent grammes et revendait le gramme à 120 euros après l'avoir coupée. Il misait 4 000 euros et faisait 6 000 euros de bénef. Un truc immense ! » Un début de pénurie l'incite à devenir son propre fournisseur, « à monter en haut et à gérer moi-même, tu vois ».

Une décision qui propulse l'amateur en République dominicaine, cette terre de rebond au milieu des Caraïbes où des généraux plus soucieux de leur pactole que de leurs galons offrent leurs services aux caïds solvables. « Il n'y a pas de notice, on découvre par soi-même, mais j'avais un petit plus : j'étais très déterminé et je n'avais pas peur. »

Changement de paradigme. Le kilo de cocaïne se paye sur le marché local 7 000 euros. La sécurisation du chargement, au départ de l'île, lui coûte entre 2 000 et 2 500 euros par kilo ; de quoi tenir en respect les militaires qui auraient envie de confisquer son produit pour le commercialiser eux-mêmes en faisant semblant de le détruire (une habitude dans ce paradis prisé des touristes). Le *point de sortie*, une fois le produit arrivé sur le sol français, lui est facturé entre 3 000 et 6 000 euros par kilo, selon l'appétit du bagagiste, du docker, du douanier ou du policier complice. Sachant que le kilo se revend 30 000 euros en France, l'investisseur peut doubler sa mise initiale tous frais payés. Une marge inouïe, à condition bien sûr de ne pas tout perdre, ce qui nécessite de respecter certaines règles. « Si t'en parles à personne, que tu cloisonnes bien ton truc, tu peux tourner pendant un an, deux ans, trois ans, quatre ans », explique celui que la police judiciaire n'a pas vu grandir, avant de le retrouver parmi les acteurs de poids du marché illicite des stupéfiants – un de ces caïds qui ont contribué à la surchauffe de la République dominicaine, « tellement ça a cartonné ».

Un militaire dominicain glisse un jour cette phrase à l'oreille du jeune de Montfermeil : « *La droga es el solo negocio sucio que se trabaja limpio.* » Traduction : « La drogue est le seul business sale qui se travaille proprement. » Propre ou pas, les ennuis peuvent surgir à tout instant et les pertes s'accumuler aussi vite que les gains. Une valise égarée avec dix kilos de produit, ce sont 300 000 euros qui s'envolent. Le prix d'un appartement. Un container perdu ou confisqué, ce sont 20 millions d'euros qui se volatilisent. On finit toujours par commettre une erreur, Mehmet l'admet à l'heure du bilan (provisoire) : « J'étais tellement sûr de moi, du circuit qu'on avait mis en place, que j'ai négligé les détails. » Et la *success story* a explosé en vol, avec quelques années de prison à la clef, qui ne l'ont pas empêché de suivre l'évolution du marché :

« Les prix ont chuté parce que le trafic de stups s'est démocratisé, raconte celui qui assure s'être assagi. On trouve aujourd'hui le kilo de coke à Paris à 22 000 euros, alors qu'il y a quelques années encore, celui qui était "bien placé" se le procurait à 28 000 euros en temps normal et entre 35 000 et 40 000 en période de pénurie. C'est devenu un commerce comme un autre, avec une grosse concurrence. Il y a beaucoup de monde sur le circuit, y compris des gens qui n'ont jamais traversé une frontière et n'ont rien vu de leur vie. Les quantités ne sont plus les mêmes non plus, elles se sont démultipliées. Pour tester un passage, on t'envoie cent kilos. Si ça passe, ils t'en mettent tout de suite huit cents kilos. S'il faut, ils te chargent deux T [tonnes], pour eux c'est un détail. »

6

Les blanchisseurs sont partout

L'appartement est vide et le parquet grince sous les pas d'Anne Kostomaroff. Ce bien immobilier spacieux a appartenu à un criminel dont le nom sera tu, avant d'être confisqué par l'Agence de gestion et de recouvrement des avoirs saisis et confisqués, l'AGRASC, que cette magistrate dirige. Nous sommes dans l'un des secteurs les mieux côtés de Paris, au cœur du XVIe arrondissement. Le genre de quartier dans lequel un criminel, à défaut d'intégrer la bourgeoisie, peut espérer côtoyer luxe et confort, et pourquoi pas trouver une bonne école pour ses enfants s'il en a, dissimulé parmi les riches. Investir dans la pierre, n'est-ce pas gérer son patrimoine en bon père de famille ? C'est aussi une façon de « rentrer dans la norme », à défaut de se réinsérer, suggère celle qui supervise, dans toute la France, la gestion des biens soupçonnés d'avoir été acquis avec l'argent du crime et saisis à la demande de la justice.

« Notre action est difficile, reconnaît avec sincérité Anne Kostomaroff. L'argent du crime alimente une économie souterraine qui finit par contaminer l'économie réelle. Je ne suis pas là pour porter un jugement moral, c'est cependant désastreux sur le plan social et économique, à cause des inégalités que cela engendre. Peut-être arrivera-t-on un jour à suivre les flux d'argent, mais pour le moment, cela reste très compliqué. Même si les magistrats n'ont jamais disposé d'autant de moyens d'investigation et d'outils de coopération qu'aujourd'hui, nous avons un mal fou à suivre les flux et à identifier les comptes bancaires. »

L'harmonisation des systèmes juridiques à l'échelle planétaire reste une utopie, notre interlocutrice en a une conscience douloureuse, mais elle est devant nous pour faire miroiter le bilan de l'agence, qui n'est pas famélique en soi, même s'il pèse peu par rapport au chiffre d'affaires du crime organisé en France. Depuis sa création en février 2011, une poignée de députés ayant pris conscience du retard français en la matière, les juges ont peu à peu intégré la notion de confiscation dans leur panoplie. Au début, l'AGRASC récupérait d'une dizaine de biens immobiliers par an ; en 2017, elle en a géré deux cent soixante. La revente de ces biens mobiliers, elle, rapportait autour de 3 millions d'euros par an au début de l'aventure, pour atteindre doucement les 10 millions d'euros. Une écrasante majorité de ces biens ayant été confisqués à des trafiquants de stupéfiants, confirmant leur suprématie par rapport aux escrocs et autres champions du travail dissimulé.

En les privant de leurs voitures, bateaux et appartements, l'État montre aux criminels qu'il se souvient d'eux, qu'il ne les lâche pas. À défaut de réclamer un impôt sur leurs revenus, non quantifiables, il envoie un signe, encore faible aujourd'hui, mais néanmoins visible. « Nous ne sommes nullement à la hauteur des profits du crime, il y a encore un saut quantitatif énorme devant nous, mais la dynamique a pris », concède la magistrate. Les fonds récoltés (autour d'une vingtaine de millions d'euros par an) sont versés pour partie au budget général de l'État, le reste revenant à la MILDECA (mission interministérielle de lutte contre les drogues et les conduites addictives) et à la formation des juges spécialisés.

« Lutter contre la délinquance, c'est veiller à prononcer une sanction efficace », poursuit Anne Kostomaroff, qui connaît l'effet sur l'opinion de ces images de voyous au volant de voitures de luxe à peine sortis de prison. « Et une sanction efficace ne se quantifie pas seulement au nombre de personnes interpellées ou à la gravité des peines, elle se mesure également à la capacité des services de l'État à priver le délinquant des avoirs issus de son crime. » Une nouveauté ajoutée à la panoplie répressive par une loi entrée en application le 9 juillet 2010, avec la volonté affichée, rappelle la magistrate, de contribuer à « restaurer le pacte républicain ». Et d'atteindre le moral du trafiquant, qui « supporte mal qu'on le prive des profits de son crime », la meilleure preuve étant que leurs avocats multiplient les recours jusqu'à l'usure pour conserver leurs biens, cette capacité financière essentielle à l'heure de rebondir une fois la peine de prison purgée.

Utiliser l'argent du crime pour lutter contre le crime, c'est l'autre idée qui a présidé à la création de cette agence, unique en son genre en Europe.

Les fonds pourraient servir à financer la protection des collaborateurs de justice et de certains témoins, généralement sous X, dont les dépositions ont permis de démanteler des structures criminelles. Un jour, des véhicules, des appareils photo, des ordinateurs confisqués pourraient être attribués à la police judiciaire ou à la gendarmerie, mais pour l'heure, les obstacles administratifs et techniques restent nombreux sur la route des magistrats, policiers, gendarmes, douaniers et agents du fisc qui composent l'AGRASC. Sans oublier le fait que cette façon d'appréhender le crime n'est pas encore inscrite dans la culture des juges, loin de là, comme le rappelle ce policier chargé de la lutte contre le crime organisé : « Longtemps, les magistrats ont freiné la saisie des avoirs criminels, car c'était à leurs yeux préjuger de la culpabilité du trafiquant. Ils nous ont aussi expliqué que saisir des commerces, des sociétés, ou même des voitures était facile sur le papier, mais qu'il fallait ensuite les gérer, ce qui coûtait de l'argent. Cela cachait peut-être une forme de fainéantise, mais cela explique pourquoi les saisies ont mis autant d'années à devenir consistantes, avec des résultats bien faibles si l'on évalue le poids économique des stupéfiants à 4 milliards d'euros par an et celui du proxénétisme à 1,8 milliard d'euros. »

La perspective est encore assombrie par les progrès fulgurants réalisés par les criminels pour dissimuler et faire circuler leur argent à la vitesse de l'impulsion électrique, eux qui ont compris depuis longtemps qu'il valait mieux investir à Tanger, Dakar, Tunis ou Dubaï qu'à Saint-Étienne ou Royan. Et dans le fait qu'un certain nombre d'États coopèrent à reculons, loin du cercle vertueux prôné par quelques chancelleries occidentales, l'Union européenne ou l'ONU.

« Tout n'est pas gagné », admet Anne Kostomaroff. La course contre l'argent sale, vue depuis cet appartement cossu de la capitale, ressemble à un marathon sans fin, plus de trente ans après ce jour de 1989 où des fonctionnaires américains ont imaginé de mettre en circulation des dollars bleus, afin de frapper d'obsolescence les billets verts accumulés dans des hangars par les narcotrafiquants – ils ont renoncé à ce tour de passe-passe face aux écueils techniques.

*

Les criminels sont des petits bourgeois comme les autres. En les dépossédant de leurs biens, on touche à leur statut, à leur notabilisation, ce qui les rend fous. Ils recourent à la violence, mais tiennent pour la plupart à leur notoriété. L'orgueil est d'ailleurs souvent ce qui les perd, avec pour corollaire un faible pour le paraître et le bling-bling. Pas encore tracés par le fric, les voyous traditionnels existaient en achetant ce qui leur était jusque-là inaccessible. Ils s'offraient le bijou et la notoriété qui allaient avec et flambaient à Cannes en côtoyant la jet-set. Les caïds de cité, eux, ont changé de mode de fonctionnement. Ils sont davantage dans le blanchiment de proximité, sous les radars, tout en contribuant à maintenir une sorte de paix sociale dans leur quartier, leur façon de sanctuariser le « petit commerce » illicite.

La police judiciaire française, bras armé de la justice et fer de lance de la lutte contre le crime organisé, est-elle vraiment dans la course ? Est-elle outillée pour détecter et mettre à mal les « blanchisseries » du XXIe siècle ? Charles Blandignères présente toutes les qualités requises pour ébaucher une réponse. Ancien commandant de police, il a participé en 1990 à la création de l'Office central de répression de la grande délinquance financière (OCRGDF), au sein duquel il a sévi jusqu'en 1999, laissant d'amers souvenirs à quelques personnalités épinglées pour avoir mis la main dans le pot de confiture de l'argent gris. À la pointe en matière de procédure, peu enclin à se courber devant le puissant, cet homme à la barbe fournie tel Raspoutine a ensuite exercé trois ans comme inspecteur au sein de l'autorité des marchés financiers, avant de se voir confier en 2002 par une grande banque, la Société Générale, le développement d'un département anti-blanchiment. Trois casquettes qui le rendent crédible lorsqu'il soutient que les outils mis en place au sein de la police française à partir de 1974 – date à laquelle la première brigade financière a été intronisée – ont « connu leur apogée en matière d'efficacité » dans les années 2000.

Avant 1974, l'aspect financier était le cadet des soucis d'enquêteurs entièrement focalisés sur l'arrestation de braqueurs en flagrant délit, rappelle Charles Blandignères. Avec les années 2000, notamment durant le quinquennat de Nicolas Sarkozy, l'autorité politique aurait commencé à mettre des bâtons dans les roues d'enquêteurs accusés de prendre trop de libertés, à les « affaiblir », probablement pour protéger les sources de financement occulte des partis politiques. « Nous avions une grande marge de manœuvre, par exemple pour bloquer un compte, convoquer un témoin ou placer quelqu'un en garde à vue, se souvient avec un brin de nostalgie l'ancien commandant. Depuis, les magistrats du parquet, soumis à l'exécutif, ont repris en main le contrôle des services de police et les collègues doivent systématiquement demander l'avis du procureur de la République avant de faire quoi que ce soit. On a sciemment compliqué notre tâche pour amoindrir notre efficacité dans les dossiers politico-financiers, qui s'étalent maintenant sur dix, vingt ans. On a coupé les ailes de la police financière. »

Comment disqualifier la police judiciaire pour la tenir à distance des circuits financiers occultes de la vie politique, tout en lui demandant d'être intraitable avec l'argent de la drogue, sachant que les tuyaux empruntés par ces flux sont bien souvent les mêmes ? Comment détourner le regard devant les millions d'euros obtenus frauduleusement par la fausse facturation sur les marchés publics, tout en scrutant les millions des narcotrafiquants, lorsqu'ils ont en commun le même banquier et des sociétés off-shore jumelles ?

À en croire l'ex-policier, l'impulsion donnée au milieu des années 1970, confirmée en 1990 avec la création de l'OCRGDF au sein de la police judiciaire, a fait « pschitt », selon la formule lancée par Jacques Chirac alors qu'un journaliste l'interrogeait au sujet d'une affaire financière gênante. Mais le mouvement était lancé et l'installation au cœur du ministère des Finances de la cellule Tracfin, la même année, a lentement modifié les habitudes du monde bancaire, désormais contraint par la loi de dénoncer les clients suspects. « Les banques ont dépensé des fortunes pour installer des appareils de profilage informatique qui classent les clients par grandes familles, en fonction de la moyenne des transactions annuelles, poursuit Charles Blandignères. Le jour où une anomalie est détectée, il faut regarder de quoi il s'agit, pour le plus souvent classer sans suite, parce qu'il s'agissait d'une succession ou d'une prime de départ à la retraite. Il y a quinze ans, dans les banques, ces dispositifs étaient balbutiants, mais la formation permanente a transformé l'état d'esprit des employés. Exposée au risque de poursuites pénales, la banque peut encore être défaillante de bonne foi, ou par incompétence, mais cela arrive moins souvent. Les blanchisseurs n'ont pas tous disparu, beaucoup sont partis ailleurs, ce qui signifie que le dispositif est efficace, même s'il sert davantage aujourd'hui à lutter contre la fraude fiscale qu'à traquer l'argent des stupéfiants ou du terrorisme. »

Voilà pour la France, mais notre interlocuteur n'est pas dupe, encore moins naïf. Il connaît les nouvelles frontières du crime organisé, ces pays qui abritent des établissements « prédisposés pour faciliter la vie des escrocs, dont le génie n'a pas de frontière ». Il les connaît d'autant plus qu'il a contribué à refroidir les relations entre la banque française qui l'employait et certaines banques situées à Chypre, membre de l'Union européenne rappelons-le, ou en Israël, dont la place financière s'est montrée souvent accueillante avec l'argent frauduleusement acquis. « Lors de la crise de liquidités de 2008, se souvient-il, il a fallu lutter pour ne pas tomber dans la facilité et travailler avec ces banques qui en avaient à revendre, notamment celles qui avaient ouvert leurs coffres aux espèces issues du trafic de drogue. C'est très ingrat de demander à des gens dont le métier est la finance de renoncer à une opération portant sur quelques centaines de millions, voire de milliards de dollars, en leur expliquant qu'ils risquent d'être mêlés à une activité frauduleuse, parce que les régulateurs veillent, tout de même ! »

Il n'est pas nécessaire de changer de continent pour trouver des banques accueillantes, rappelle opportunément l'ancien flic. Si le secret bancaire a du plomb dans l'aile en Suisse, le Luxembourg, à nos portes, reste arc-bouté au secret qui a fait sa fortune, tandis que les derniers pays à avoir rejoint l'Union européenne, sur le flanc est, ne sont « pas toujours à la hauteur en matière de prévention » – doux euphémisme. De nouvelles failles dans le dispositif de surveillance sont apparues ces dernières années dans certains pays en voie de développement en mal de liquidités, confirme Charles Blandignères. Ces États « faibles » disposent de banques « faibles » où les dispositifs de contrôle sont « extrêmement faibles » et le personnel « facilement corruptible », résume-t-il, avant d'oser une comparaison routière : « Dans un pays qui paye ses fonctionnaires de police 90 euros par mois, on peut brûler autant de feux rouges que l'on veut, stationner où on a envie, à condition de contribuer à augmenter leur salaire. » Pourquoi les dirigeants de ces pays auraient-ils des remords à l'heure d'accepter des capitaux venus de l'étranger, alors qu'ils sont confrontés à l'explosion de leur démographie et voient le plus souvent leurs richesses naturelles pillées par les anciennes puissances coloniales, ou aujourd'hui par l'insatiable Chine ? Peu importe qu'ils contribuent au passage à redonner une virginité aux monceaux d'argent provenant du trafic de stupéfiants, l'essentiel est de mettre un tigre dans le moteur d'une économie assoiffée de cash... Précisément le rôle des zones franches, où les contrôles sont naturellement plus lâches, ces havres de tranquillité commerciale que l'on rencontre notamment sur la façade atlantique de l'Afrique, du Cameroun au Maroc, dans des pays où l'appareil judiciaire est notoirement famélique, ou encore à Singapour ou à Hong Kong, où argent et marchandises circulent à peu près sans entraves.

Le blanchiment, c'est comme le caillou lancé à la surface d'un étang : une fois qu'il disparaît au fond, les ondes qu'il a provoquées s'effacent très vite, rappelle Charles Blandignères, citant de mémoire un auteur américain. Le crime parfait, dans ces conditions, relève du possible, surtout quand l'étang a les dimensions d'un océan.

7

« Une arme sur la tempe des États »

Les gangsters se sont toujours montrés bons élèves sur les bancs de l'école capitaliste. L'exemple le plus criant reste celui de la renaissance de la mafia italo-américaine dans les années 1920-1930 aux États-Unis. Charles Lucky Luciano et Meyer Lansky, dotés tous deux d'une intelligence supérieure, décident « d'américaniser une vieille structure traditionnelle issue de l'histoire sicilienne pour l'adapter au XXe siècle », selon la formule de Jean-François Gayraud. Ils ont copié le modèle entrepreneurial, comme un siècle plus tard les trafiquants de stupéfiants surfent sur la mondialisation. Et abusent de toutes les failles, il suffit de se souvenir comment, au début des années 2000, les promoteurs immobiliers ont bétonné (et enlaidi) la côte méditerranéenne de l'Espagne, boum urbanistique largement alimenté par l'argent sale. Dans le même élan, avec un flair élevé, ces mêmes gangsters ont toujours fait en sorte de contrôler les ports, que ce soit celui de Marseille au temps de la French Connection, celui de Naples ou celui de New York, avant de s'intéresser au port d'Anvers, en Belgique, l'une des principales portes d'entrée de la drogue en Europe aujourd'hui. Une nécessité stratégique, à l'heure où l'essentiel du commerce international se fait par voie maritime. Et une véritable aubaine, sachant que seul un petit pourcentage des containers (10 % au grand maximum) peut être contrôlé, pour ne pas ralentir le commerce mondial, qui considère lui aussi les frontières comme des obstacles.

Pour contrer Al Capone, les Américains ont décidé, dans les années 1930, d'opter pour l'arme fiscale. Mises en échec lorsqu'elles avaient ciblé ses activités criminelles, les autorités s'en sont prises à son train de vie, avec l'idée de mesurer la différence entre les gains déclarés et les dépenses. La lutte contre le blanchiment lui-même n'est apparue que bien plus tard, dans les années 1980, quand les mêmes Américains se sont mis en tête de déceler l'argent du trafic de stupéfiants investi dans l'économie du pays. Elle n'est devenue une priorité qu'après les attentats du 11 septembre 2001, où « pour de mauvaises raisons », suggère Jean-François Gayraud, l'appareil fédéral américain a décidé de s'emparer du sujet. « La France est plutôt une bonne élève en la matière, observe encore le criminologue et commissaire, elle n'a pas à rougir de ses capacités ni de ses résultats. Comme les autres pays, elle a simplement découvert tardivement la lutte contre le blanchiment et a encore des progrès à faire… »

D'énormes progrès, à dire vrai. Près d'un siècle après Al Capone, « la lutte contre le blanchiment d'argent au niveau mondial est un échec pathétique », finit par asséner le criminologue. En se référant aux études les plus pointues réalisées par l'ONU, il a calculé que le taux d'interception et de captation de l'argent sale tournait autour de 1 %. Preuve, conclut-il, qu'il n'y a pas d'activité criminelle moins risquée que le blanchiment de l'argent, absorbée par une économie légale à l'allure de buvard.

L'ultime conquête, celle des États, a déjà commencé, facilitée par ce que notre interlocuteur appelle la « balkanisation » de la planète, devenue au fil des revendications identitaires, culturelles ou religieuses une « marqueterie de plus en plus fine ». D'une quarantaine d'États en 1945, on est passé à environ deux cents à l'aube du XXIe siècle, dont beaucoup ne sont que des États de papier, des « États Potemkine »[1], de simples façades sans véritable capacité économique. Poreux, ouverts à tous les flux, ce sont des proies idéales pour les grandes organisations criminelles, qui n'auront de cesse d'accroître leur dépendance aux activités criminelles, au point de les transformer un jour en véritables narco-États, pris dans la boucle du laisser-faire et incapables d'ébaucher la moindre politique de répression. Dans ces paradis de l'argent sale, cols bleus et cols blancs voient leur argent se mêler dans un même pipeline, ce qui au fond n'est pas très surprenant quand on sait que dans la vie, ils fréquentent volontiers les mêmes restaurants, les mêmes boîtes de nuit, les mêmes lieux de détente et de villégiature ou les mêmes enseignes de vêtements.

1. La légende veut que, en 1787, le ministre russe Grigori Potemkine ait ordonné la confection de façades en carton-pâte pour masquer la misère des villages, lors de la visite de l'impératrice Catherine II en Crimée.

« Il existe des dizaines de tout petits pays à travers le monde dont le modèle économique consiste à accueillir l'argent mal acquis », rapporte Jean-François Gayraud, peu optimiste sur l'avenir de la coopération internationale face au blanchiment. « Que voulez-vous faire lorsque vous êtes confronté à l'État irakien, à l'État philippin, à l'État libyen, si tant est que le mot "État" ait ici un sens ? Il y a quelques années, l'ONU a voulu imposer des normes anti-blanchiment à la Somalie, sauf qu'il n'y a pas dans ce pays de système bancaire, que l'on est face à une économie totalement informelle ! Tout cela était assez irréel, en fait, mais du fait de la mondialisation, on ne peut se contenter de dire que c'est loin et ne nous concerne pas. La Somalie, comme le suggérait McLuhan en parlant du village planétaire, c'est aussi près que Stains. Il suffit de se pencher sur le berceau du dernier État reconnu par l'ONU, en 2011, le Soudan du Sud, pour comprendre l'ampleur du problème : l'essentiel de son activité économique, ce sont des banques qui travaillent en direct avec le Luxembourg. »

Désespérant ? Commissaire de police en prise directe avec ces réalités, Jean-François Gayraud a précisément endossé la blouse du criminologue pour tenter de faire reculer le déni qui semble frapper certains politiques et anesthésier nombre des sociologues censés observer le crime. « Dans un premier temps, on nous dit que le phénomène criminel n'existe pas, dit-il. Quand il devient trop évident, on essaie de le relativiser en disant que ça existe ailleurs ou que ce n'est pas nouveau. Puis, comme nous vivons bel et bien dans la société du spectacle, l'activité criminelle en question est ensuite "blanchie" à travers le divertissement, entre films et livres... Tant qu'on ne nomme pas une réalité, elle n'apparaît pas dans la conscience publique. On ne peut donc pas la réprimer, ni évidemment la prévenir... On sait depuis Baudelaire que la plus grande ruse du diable est de faire croire à son inexistence. Les criminels n'espèrent que ça ! »

*

« Quel trafic est aussi lucratif que celui de la drogue ? interroge Richard, 68 ans mais l'air d'en avoir 50, une vie de trafiquant de cocaïne (et plusieurs années de prison) derrière lui. Un gramme de cocaïne vaut deux grammes d'or. C'est insensé ! La drogue laisse 1 000 % de bénéfices. Tu parles que les banquiers en raffolent, de notre argent ! Si tu savais comment ils se sont gavés en Espagne, où les trafiquants de cannabis débarquaient avec leurs yachts remplis de billets ! Au plus fort de la crise financière de 2008, quand ils étaient tous pris à la gorge, ils nous ont déroulé le tapis rouge. C'était pareil au Portugal. Il n'y avait que ça pour sauver leur économie. Je buvais du petit lait ! »

L'ONU l'a publiquement reconnu, plus d'un trafiquant a vécu le phénomène en direct : la crise financière de 2008, la plus lourde depuis 1929, a ouvert toutes les portes[1]. Au bord du gouffre, le système bancaire a été sauvé, en partie au moins, grâce à

---

1. L'ancien directeur général de l'Office des Nations unies contre la drogue et le crime (ONUDC) a expliqué en 2009 que l'essentiel

l'argent de la drogue. À sec, de nombreuses banques ont fermé les yeux sur la couleur des billets pour survivre, et absorbé des centaines de millions, voire des milliards, en provenance des milieux criminels. Jamais la guerre proclamée contre la drogue n'a paru aussi hypocrite.

À l'époque, Jean-Marie, ce trafiquant français installé en Colombie, s'est présenté lui-même avec 10 millions dans une banque au bord de la faillite de la petite île caribéenne de Sainte-Lucie, refuge apprécié des trafiquants martiniquais. La somme a été aussitôt créditée sur son compte. Une broutille par rapport aux millions que deux grandes banques internationales, ayant pignon sur rue et jouissant d'une excellente réputation, se sont vu reprocher d'avoir recyclé les yeux fermés durant cette période. La première aurait omis de passer environ 475 milliards de dollars au tamis des lois anti-blanchiment entre 2003 et 2008 ; la seconde aurait fait de même entre 2006 et 2009 pour un montant de 675 milliards de dollars, par le truchement de ses succursales au Mexique. Des sommes astronomiques qui ont surpris l'un des meilleurs spécialistes français de l'économie criminelle, Jean-François Gayraud, commissaire de police de son état, par ailleurs rompu au monde du renseignement.

« Ce n'était pas des défaillances fortuites ni des dysfonctionnements, observe-t-il. Certaines institutions bancaires avaient abaissé de manière tout à fait

---

des profits du trafic de stupéfiants, estimés à 350 milliards de dollars, avait été mobilisé pour sauver le système bancaire.

réfléchie leur seuil de vigilance afin de permettre un blanchiment d'argent de très grande ampleur. Les cartels mexicains avaient parfaitement identifié cette complaisance. Ils avaient compris que ces banques étaient “friendly”, et donc, de manière routinière, ils venaient déposer de l'argent liquide. Ils étaient même allés jusqu'à concevoir des boîtes à billets adaptées à la taille des hygiaphones. »

Mais le plus surprenant, pour Jean-François Gayraud, est que ces deux scandales se soient soldés sans réelles sanctions pénales. De manière tout autant « routinière », les institutions fédérales américaines ont transigé avec les coupables présumés sur le mode : si vous reconnaissez vos fautes, et que vous prenez vos dispositions pour que cela ne se renouvelle pas, on se passe d'un procès pénal. Issue heureuse de l'histoire, aucun banquier n'a été envoyé devant un juge. Une amende a suffi, ce qui revenait à leur accorder une forme d'impunité[1].

« Lorsqu'une grande banque se révèle fautive, notamment aux États-Unis, elle se présente le plus souvent en position de force devant les autorités de poursuite, du fait de sa taille. C'est un rapport de force, une forme de chantage sur le thème : nous sommes très gros, si vous nous faites tomber, vous nous mettrez en difficulté, et comme toutes les banques se

1. L'une d'elles, accusée d'avoir blanchi 378,4 milliards de dollars en provenance des maisons de change liées au cartel de Sinaloa (Mexique), a payé 160 millions de dollars d'amende et aucun de ses dirigeants n'a été condamné. L'autre s'est également résolue à payer une amende après avoir admis des pratiques de blanchiment aux États-Unis.

tiennent de façon systémique, vous risquez de mettre en péril toutes les institutions financières. »

En termes moins courtois, on appelle cela mettre une arme sur la tempe de l'État. Le château de cartes bancaire sait contenir la justice lorsqu'il s'agit de sa survie. Plus elle pèse lourd dans le paysage, plus une institution financière a des chances de tenir les autorités en respect, d'autant que la multiplicité des pôles de décision dilue la responsabilité pénale. Les organisations criminelles, elles aussi, courent après le monopole et visent le gigantisme, mais la comparaison s'arrête là : non seulement elles ne s'encombrent pas des lois et règlementations, mais elles éliminent physiquement les concurrents qui les dérangent. Les voyous ne sont pas non plus de grands économes, le premier mode de blanchiment restant la consommation immédiate, rappelle Jean-François Gayraud : « Pour la plupart des gangsters, le crime est un mode de vie, une manière d'être au monde. Le gangster professionnel vole, trafique, pille et dépense immédiatement. Il ne thésaurise pas, il vit dans le “présentisme”, comme l'a écrit le grand criminologue canadien Maurice Cusson. Il va au restaurant, en boîte de nuit, achète une belle voiture. Celui qui est un peu plus évolué ou dispose de sommes considérables va chercher à légaliser ses profits. Sa première option consiste à trouver des institutions financières complaisantes. C'est extrêmement difficile dans un pays comme la France, un modèle en matière de lutte contre le blanchiment d'argent, mais extrêmement facile partout ailleurs pour des raisons géopolitiques évidentes. La deuxième option consiste à réintroduire directement cet argent liquide dans l'économie, en choisissant des secteurs poreux et vulnérables à l'argent liquide de façon structurelle, quasi génétique : le monde de la restauration, le monde de la nuit, le bâtiment ou les travaux publics. »

Le blanchiment ne coûte aux criminels qu'une infime partie d'un argent mal acquis ; il n'en faut pas moins rétribuer ces intermédiaires obligés qui ont un pied dans la légalité, ces « professions grises », comme les appelle Jean-François Gayraud : avocats, petites institutions financières, juristes, commerçants, industriels, qui vont fournir les passerelles indispensables. Autant de maillons que les crises financières rendent par contagion plus perméables à l'argent du crime, comme elles rendent vulnérables les banques, confrontées à la fois à un problème de liquidité immédiate et à leur sacro-sainte solvabilité. N'est-ce pas leur métier de prêter aux entrepreneurs ? Si les portes se ferment, ces derniers sont tentés de se tourner vers le système bancaire de l'ombre, le « shadow-banking », comme on l'a constaté en Italie après la crise de 2007-2008, où « le système bancaire s'est trouvé étranglé », poussant les petits entrepreneurs dans les bras des quatre mafias qui structurent le pays – chaque pays dispose d'acteurs financiers prompts à traiter l'argent sale.

« La criminalité en col blanc a toujours existé, rappelle Jean-François Gayraud, mais elle n'était pas visible politiquement, médiatiquement et judiciairement. Il a fallu attendre qu'un grand sociologue américain, Edwin Sutherland, mette un nom sur cette réalité pour que l'on découvre la criminalité des classes supérieures, alors qu'on restait focalisé sur les cols bleus, les gangsters traditionnels. Est-ce que l'accélération de la mondialisation n'a pas été un formidable effet d'aubaine pour cette criminalité aussi corrosive et létale que la délinquance traditionnelle ? Quand on voit le poids que prennent les multinationales industrielles et financières, la question se pose. La dérégulation financière entamée de façon dogmatique à partir des années 1980 est devenue criminogène à force d'excès. Elle n'a pas seulement créé des opportunités pour tous, les gangsters comme ceux qui sont en haut de la pyramide sociale ; elle a incité à la commission de fraudes de très grande ampleur, engendrant un coût considérable pour la société. Une partie de la haute finance internationale est devenue prédatrice et anomique : elle a perdu le sens des valeurs et des normes, se livrant à toutes sortes de montages contestables et devenant en même temps extrêmement poreuse, voire accueillante, à l'égard de tous les acteurs qui souhaitaient blanchir l'argent de la criminalité organisée comme de l'évasion – de la prédation – fiscale ».

L'économie criminelle devient-elle si puissante, avec ses milliards volatiles, qu'elle menace de déstabiliser la finance légale ? Le criminologue pointe une intersection de plus en plus vaste entre les deux univers, où prospère « une zone grise, gris clair, gris foncé, avec des acteurs qui sont eux-mêmes gris clair et gris foncé ». Une zone où le marlou (voyou) épouse le cave (l'honnête) pour mieux le tenir en laisse. Une zone où le « mauvais » comportement, celui qui pousse la dérégulation au-delà des limites, finit par être tellement plus concurrentiel qu'il chasse le « bon » comportement. Avec à la clef cette perspective : permettre à des acteurs criminels de disposer de paravents, de couvertures, de vitrines dans l'économie légale revient à leur concéder un pouvoir économique, social et politique. Au point de leur offrir des moyens de chantage et d'intimidation, source de puissance dans le monde légal, comme c'est par exemple le cas dans l'État de New York, où deux secteurs économiques sont « complètement infestés et pollués depuis des décennies » par la présence de la Cosa nostra, la mafia italo-américaine : le BTP et le traitement des ordures.

« Lorsque à la tête d'une entreprise on retrouve un mafieux connu ès qualités, la relation économique avec les partenaires ou les concurrents est complètement faussée, observe Jean-François Gayraud, puisque tout le monde sait de manière implicite que cet acteur économique dispose en sous-main de moyens d'intimidation qui vont fausser la relation et les prix. »

8

« *Follow the money* », version voyous

Des policiers en planque derrière des voyous qui eux-mêmes surveillent des trafiquants de stupéfiants, ou plutôt des blanchisseurs, avec les mêmes procédés que ceux qui les chassent (filature, surveillance et pose de balises sur les véhicules) : les scènes qui suivent relèvent de la mise en abyme.

Quoi de plus simple, lorsqu'on vit de toutes sortes de vols, que de cibler l'une des dernières catégories de personnes à disposer de liquidités en abondance, les dealers et leurs affidés ? Les banques sont inaccessibles, ou presque, et désormais avares en liquidités. Les trafiquants, eux, ne disposent pas d'artifices pour faire disparaître leurs gains encombrants. Ils s'en remettent le plus souvent à des réseaux spécialisés dans le transfert de fonds. À des *sarafs*, cibles idéales pour qui voudrait se procurer de l'argent rapidement, d'autant que la victime n'ira pas crier sur les toits qu'elle a été délestée d'une forte somme issue du trafic de drogue.

C'est ainsi que, courant 2017, une petite équipe composée essentiellement de gens issus de la communauté du voyage apparaît dans les radars de l'Office central de lutte contre le crime organisé (OCLCO). Selon l'indicateur qui les balance, la bande utiliserait des téléphones cryptés pour déjouer les surveillances et des véhicules volés. Ses membres n'hésiteraient pas à se rendre en Espagne ou au Maroc pour intercepter des convois acheminant des produits stupéfiants, mais leur cible principale resterait l'argent.

Les suspects vivent en région parisienne et sont déjà connus des services de police, comme Anthony C., dit Sam, né en 1970 à Montreuil, ou Pierre L., dit Milord, né en 1964 et basé dans un camp manouche du 93, qui se montrent d'une grande prudence dans leurs conversations téléphoniques et changent régulièrement de numéro. Un autre garçon apparaît dans le décor ; prénommé Nusret, d'origine kosovare, né en 1973, il est connu pour vols de voitures et vit chez ses parents.

L'étau se resserre autour d'eux grâce aux recherches effectuées sur les téléphones de leurs conjointes, mais les policiers sont prudents. Le 21 novembre 2004, alors que le véhicule qu'il conduisait était pris en tenaille sur le parking d'un magasin Point.P de Gagny (93) par les hommes de la BRI parisienne, qui le suivaient depuis un casse à Lyon, Milord ne s'était pas laissé faire : démarrage en trombe, voiture criblée de balles, il s'était retrouvé à l'hôpital avec une balle dans la gorge et une autre dans les reins.

Les enquêteurs voient les membres de l'équipe se déplacer à Oujda ou à Marrakech, au Maroc, puis à Malaga, en Andalousie, lieu de transit d'une patrie du cannabis en provenance du royaume chérifien.

Leurs conversations sont codées, mais il apparaît très vite qu'ils se livrent à des surveillances et filatures autour des cibles qu'ils ont choisies. Ils disposent pour ce faire d'au moins une balise, assez perfectionnée puisqu'elle établit une connexion toutes les dix secondes. Le genre d'outils qu'utilise la police judiciaire, non sans avoir obtenu l'accord d'un magistrat, ce dont se passent évidemment Milord et ses camarades.

Les effectifs de la BRI (antigang) nationale détectent leur présence à Aulnay-sous-Bois en septembre 2017. Milord s'intéresse ce jour-là de près à une Mercedes. Sam circule dans les parages en moto, avec un passager. Leur cible : un collecteur de fonds prénommé Ali Reda, que les policiers voient récupérer un sac en plastique dans une sandwicherie de Saint-Ouen. Mais l'équipe a apparemment plus urgent à faire. Milord et Sam se concentrent sur un certain Mostafa, ancien gérant d'une boucherie parisienne et employé de l'Organisation internationale de la francophonie, ce qui lui permet de circuler au volant d'une voiture diplomatique, bientôt suivie à distance par les voyous… et par les policiers, grâce à la balise magique.

De vrais flics, ces voyous. Armés comme les flics. Équipés comme eux. Milord a même dans sa panoplie un brassard de gendarme. Ils ont juste oublié que l'arme fatale des limiers de l'Office central était la géolocalisation. L'enquête par satellite. Les téléphones du groupe sont suivis à la trace. Trois piliers de la bande sont localisés aux abords du domicile de Mostafa, le *saraf* supposé centraliser l'argent des dealers. La filature de sa voiture diplomatique est suivie en direct. Des flics à pied prennent le relais derrière Milord qui fait le pied de grue pour surveiller lui aussi.

Le manège dure plusieurs jours. Mostafa va de chez lui à son ancienne boucherie, dans le XVe arrondissement parisien. Les voleurs présumés déclenchent les bornes téléphoniques à tous leurs rendez-vous. Lorsqu'ils laissent leur téléphone « personnel » chez eux, les policiers y voient le signe qu'une action est en cours. Une surveillance policière « physique » permet d'assister au démontage de la balise, rapportée dans un camp de gens du voyage à Sevran.

Sont-ils passés à l'acte ? Cela aurait alors échappé à leurs poursuivants, qui notent l'apparition d'un nouveau projet criminel deux mois plus tard, début janvier 2018. Milord, le Kosovar et son frère sont aperçus dans le secteur de la gare routière de Gennevilliers ; une ambulance est stationnée pas très loin, qui leur sert aux surveillances. Ils scrutent les allées et venues. On croit comprendre qu'ils posent du ruban adhésif sur plusieurs serrures de plusieurs portes, comme pour ralentir leurs éventuels poursuivants. La cible n'est pas très loin. On la voit qui sort de chez elle et fait halte dans un kebab. Manifestement, l'homme est nerveux.

L'issue n'intervient que le 12 janvier, lorsque la petite bande, ayant abandonné l'ambulance, un scooter et deux voitures à Gennevilliers, échange au téléphone à propos d'une valise. La Mercedes de la cible est prise en filature par deux véhicules, sauf que survient un imprévu : le gars monte à bord d'un bus et donne la valise à un « mec ». Le dispositif des chasseurs de billets est de nouveau repéré à une centaine de mètres d'un autocar estampillé « Atlas Souss Voyages ».

À 17 heures, une C5 stationne dans une impasse, face au car. Milord et Sam en descendent. Leur copain kosovar surveille. Cinq minutes plus tard, Sam remonte dans la C5 et la positionne, prête à s'engager sur le rond-point. Le Kosovar, son frère, un inconnu et Milord, porteur de son brassard orange « Gendarmerie », se présentent aux employés de la compagnie de voyage. Ils les écartent sans ménagement et se mettent à fouiller les soutes. Le moment précis où la police décide d'intervenir. Tous se mettent à courir. Seul Sam parvient à s'échapper, dans des conditions « périlleuses ». Au volant de la C5, il tamponne à plusieurs reprises un véhicule de la police, puis fonce sur un gardien de la paix, qui tire dans sa direction. Sam n'obtempère pas. Il fait brusquement marche arrière et met en danger un autre gardien de la paix, qui tire à son tour sur la voiture.

Le pilote parvient à s'échapper. Sa berline est retrouvée peu après, calcinée. Lui ne sera interpellé que quelques jours plus tard, passager d'une voiture roulant vers l'Espagne, une blessure par balle à la cuisse, quelques billets dans les poches pour tenir une cavale. « La drogue, on est contre », lâchera-t-il devant le juge. Contre, mais pas hostile à ses bénéfices. Dans la valise convoitée étaient rangés deux sacs type cabas scotchés contenant pas moins de 400 000 euros. Plus que dans un vulgaire bureau de change dont le braquage représenterait sans doute beaucoup de risques, sur le papier du moins, car ce jour-là, les gars ont bien failli rouler sur deux policiers, faits qui pourraient leur coûter plus cher qu'un simple vol de mallette, même avec violences – le conducteur a expliqué au juge ne pas avoir compris qu'il s'agissait de la police : pour lui, ces hommes avaient un lien avec la valise.

Le chauffeur du bus rapportera avoir reçu un appel du fils de son patron, depuis le Maroc, lui indiquant que quelqu'un allait déposer un bagage contenant du savon et des produits fragiles. Trente minutes plus tard, un homme parlant l'arabe marocain lui avait apporté ce bagage. Les assaillants, en observation depuis des jours, s'étaient fait passer pour des policiers et des douaniers, avant de lui arracher les clefs des mains et de le contraindre à monter dans le car et de vider les soutes.

Par un jugement de la cour d'appel de Paris, rendu le 31 octobre 2019, « Sam » a été condamné à cinq ans et six mois de prison, Milord à trois ans et six mois de prison et les deux frères kosovars à trois ans de prison. Pour la petite histoire, l'employé de l'Organisation internationale de la francophonie pris pour cible a été interpellé un an plus tard par les enquêteurs de l'Office central de lutte contre la criminalité organisée. L'homme, 50 ans, surnommé « El Hadj[1] de Paris », employé de l'OIF depuis 1998, s'apprêtait à remettre 100 000 euros à un particulier ; il a admis collecter des fonds pour « arrondir ses fins de mois ».

1. En arabe, El Hadj désigne le pèlerin.

On est à des années-lumière de l'attaque de la diligence, mais l'argent de la drogue inspire décidément les voleurs. De quoi rendre un peu plus périlleux le métier de trafiquant, pris en étau entre les services de police, les indics et une voyoucratie à l'affût du gain. Les collecteurs de fonds représentent pour eux une proie assez facile, à une nuance près : les victimes ne sont pas du genre à se laisser dépouiller facilement, ni de leur argent ni de leur produit, et les armes à feu ne sont jamais loin. Sans doute préfèrent-ils d'ailleurs tomber sur des policiers, qui les renverront devant un juge, que sur des « collègues », qui les expédieront au mieux à la cave pour les séquestrer et les torturer, au pire au cimetière.

Le drame survenu à Herblay (Val-d'Oise) dans la soirée du 7 octobre 2020 concentre à lui seul toutes ces menaces, avec en prime un accès de violence mue par un excès de haine anti-flics. Ce soir-là, deux fonctionnaires de la police judiciaire de Cergy ont été envoyés dans une zone industrielle de cette ville pour vérifier une adresse sur fond de suspicion de séquestration : un hangar où l'on découvrira que transitait régulièrement de la drogue. Une fois sur les lieux, la nuit étant tombée, ils ont été brusquement pris à partie par au moins trois hommes. Un « guet-apens », dira l'un des policiers, qui précisera avoir clamé haut et fort sa qualité professionnelle.

Roués de coups, les voilà délestés de leurs armes de service, mais cela ne suffit pas aux assaillants, dont l'un, jeune trafiquant connu de la police, vide un chargeur en visant les jambes des deux fonctionnaires, selon la technique éprouvée de la « jambisation » (on tire dans les jambes pour blesser). Est-ce dans l'espoir de camoufler l'agression ? L'un des assaillants a l'idée de composer le 17 pour signaler aux autorités la présence de deux rôdeurs, selon lui issus de la communauté des gens du voyage, susceptibles de commettre des vols dans les entrepôts du secteur. Soucieux de tirer son épingle du jeu, et probablement conscient du fait que son numéro de téléphone avait été scrupuleusement noté, il s'est rapidement rendu, accompagné de son avocat. Identifiés grâce à quelques caméras positionnées dans les environs, parmi lesquelles celles d'un service de la police judiciaire enquêtant sur un trafic de stupéfiants, ses deux complices n'en avaient plus pour très longtemps, mais leur cavale leur aura permis de ruminer leur défense : difficile de nier les balles tirées, mais jusqu'au bout, ils nieraient avoir compris qu'ils avaient eu affaire à des représentants des forces de l'ordre.

PARTIE 2

TRAFIC, MODE D'EMPLOI

« L'interdit complexifie la logistique, mais le fait que le prix du gramme de cocaïne dans la rue varie peu d'une année sur l'autre (à l'exception des périodes de pénurie exceptionnelles, comme celle provoquée par la pandémie de la Covid 19) permet de penser que la répression n'a jusqu'à présent qu'un impact limité sur le marché. Quand il y a pénurie, le produit est davantage coupé, mais le prix reste stable. La variable d'ajustement, c'est la pureté. »

David Weinberger, chercheur.

1

« Tu arrives toujours à trouver un passage »

Liliane, née en 1950, était encore une enfant le jour où elle a vu débarquer chez ses parents, dans la banlieue ouvrière de Paris, à Houilles, un grand et beau jeune homme d'un peu plus de 20 ans. William Perrin arrivait tout droit de Tataouine, au sud de la Tunisie (pas encore indépendante), plus précisément de ce centre pénitentiaire peu recommandable où la France envoyait ses prisonniers les plus récalcitrants. Condition préalable à la remise en liberté du bagnard, le père de Liliane, soudeur à l'arc et communiste dans l'âme, lui avait trouvé un poste au sein de l'usine qui l'employait. Jusqu'au jour où un vol de cigarettes a mis la pagaille dans la boîte : en l'absence de coupable, tous les yeux se sont tournés vers le nouveau venu. Étant donné son pedigree de grand bandit, ce ne pouvait être que lui...

« Mon père l'a défendu, se souvient Liliane. Il a choisi de prendre son compte et de quitter l'usine. William a apprécié ce geste et ils sont devenus très amis. » Elle a attendu ses 14 ans pour tomber amoureuse de ce garçon dont l'élégance tranchait avec les autres visiteurs de ses parents, tous ouvriers. Il débarquait au volant d'une voiture américaine – « on appuyait sur un bouton et la glace se baissait » –, « sentait bon », portait des chaussettes en soie et des slips Éminence. « Il a commencé à m'emmener dans les bars, où je buvais du champagne avec des gens que je trouvais extraordinaires. Ça a été mon premier homme et j'ai choisi sa vie. »

« Si tu épouses quelqu'un de riche, il t'empêchera de nous voir », l'avait mise en garde son père. « Ne m'amène surtout pas de policier ni de militaire », avait ajouté le paternel, qui vendait *L'Humanité* le dimanche. « Et si tu te maries à l'église, sache que je t'attendrai au bistrot d'en face. » Liliane a craqué pour un voyou. L'idéal, pensait-elle, pour échapper à la vaisselle, au ménage et au train-train quotidien. Et découvrir les grands restaurants parisiens ou le casino de Juan-les-Pins, à l'entrée duquel elle se ferait bientôt passer pour majeure (21 ans à l'époque).

« C'était vraiment le Pérou, la belle vie ! s'exclame-t-elle un demi-siècle plus tard. Après, j'ai même eu une bonne à la maison. Extraordinaire ! » En attendant, un accident de parcours enflamme la vie du jeune couple. Enceinte alors qu'elle venait d'avoir 16 ans, Liliane avorte clandestinement, sauf qu'une « amie » les dénonce. Le jour de l'Ascension 1966, elle et William sont arrêtés et jetés en prison. Les flics du Quai des Orfèvres avaient à l'époque une obsession, neutraliser ce type fiché au grand banditisme qui passait pour casser en série les coffres-forts des grandes surfaces, même le Monoprix de Houilles y avait eu droit. Dans l'espoir de faire craquer la fautive, on la place au mitard quarante jours, « avec le broc d'eau et une paillasse pleine de sang », avant de l'expédier pour quatre mois vers une maison de redressement. « Je n'ai jamais parlé, alors qu'ils ont tout essayé, y compris les coups, se souvient-elle. Ils m'ont même emmenée à Sainte-Anne pour voir si j'étais normale. J'ai raconté que j'avais couché avec un tas de garçons sur la plage, pour éviter à William une très lourde peine. »

Il finit par être relaxé à la barre après six mois de prison et une grève de la faim. Liliane, elle, vient d'obtenir son brevet d'entrée dans le monde des « affranchis » : elle n'a pas craqué. Il faut dire que William l'avait entraînée, joignant le geste à la parole : « Si tu sens que tu vas parler à la police, tu roules ta langue, tu aspires et tu meurs. »

Nous sommes en 1967. William Perrin, alias Le Grand, est tellement cerné par la police qu'il s'envole pour l'Amérique du Sud, plus exactement pour le Paraguay, havre de paix pour voyous français en cavale depuis qu'un certain Auguste Ricord, ancien pilier de la Gestapo française[1], y a trouvé refuge avec la bénédiction du dictateur à la tête du pays. Devenu « Il Commandante », le Marseillais lui fait bénéficier de ses protections et lui met le pied à l'étrier, non sans l'avoir réceptionné à l'aéroport à bord d'une voiture diplomatique du plus bel effet, comme il le fait avec tous les criminels en provenance de

1. Il a été condamné par défaut à la peine de mort et à la confiscation de ses biens, par le tribunal militaire permanent de Paris pour intelligence avec l'ennemi, le 25 juillet 1950.

l'Hexagone. William a le sentiment de débarquer au paradis. L'héroïne s'impose rapidement à lui comme une évidence.

« J'aurais pu faire plein de trucs, monter un bordel, une maison de jeux, mais tout le monde faisait la came, alors je suis entré dans la came, se souvient l'homme aux chaussettes de soie. C'est avec l'héroïne qu'il y avait le plus d'oseille à gagner, dix fois plus qu'avec les casses. À l'époque, il n'y avait pas la répression qu'il y a maintenant. Tu prenais cinq ans si t'étais marron [arrêté]. Et puis la France regardait ça de loin. C'étaient les Américains qui se droguaient, d'ailleurs ce sont les autorités américaines qui foutront la merde en réclamant de grosses peines et en donnant aux repentis la possibilité d'échapper à la prison s'ils balançaient les noms. »

Nous n'en sommes pas encore là. Six mois plus tard, Liliane, passeport trafiqué (elle est toujours mineure), passe en Suisse et, de là, s'envole pour Asuncion en compagnie d'une autre Liliane, femme elle aussi d'un grand voyou recherché par la police judiciaire, Lucien Sarti. À la sortie de l'aéroport, ce 14 février 1968 (elle n'a pas oublié la date), un taxi conduit les deux jeunes femmes au quartier général de la pègre hexagonale, la Casa Francesa. Elle découvre rapidement les points de ralliement du milieu français, à commencer par le *Paris-Nice*, bar-restaurant favori de ces expatriés, et le « Club des anciens combattants », mais William doit financer la cavale du couple et s'en retourne bientôt en Europe pour préparer l'acheminement de ses premiers kilos d'héroïne marseillaise[1], ce produit pur à 98 % qui fait rêver les junkies de New York à Chicago. Dans la banlieue chic de Barcelone, il loue un appartement où Liliane le rejoint pour quelques semaines. La dictature du général Franco bat son plein, les voyous français n'en sont pas moins reçus avec les égards dus à l'épaisseur de leur portefeuille. « Nous étions tous les soirs au cabaret et dans les plus grands restaurants, se souvient Liliane. La belle vie ! »

Le couple effectue son premier convoyage vers l'Amérique du Sud au printemps 1968 : ils rentrent en Argentine avec deux valises à double fond contenant chacune entre cinq et dix kilos de poudre. « Je n'ai même pas sourcillé, se souvient Liliane. J'étais complètement inconsciente. J'ai demandé au douanier s'il voulait que j'ouvre la Samsonite, fermée à clef, il a dit "non" et j'ai poursuivi sans aucune appréhension, évidemment avec de faux papiers. J'avais les cheveux frisés à la mode afro, ça passait très bien ! »

Voyager en première classe avait un avantage, outre le caviar et le champagne servis à bord : en cas de besoin, ils avaient droit à un excédent de bagages de vingt kilos chacun. Toujours élégant, William passait pour gérer des sociétés en Amérique du Sud et les policiers locaux lui donnaient du « mon général ». Quant à elle, les Argentins la prenaient parfois pour

1. La matière brute arrivait de Turquie. Les laborantins marseillais maîtrisaient la recette de transformation mieux que quiconque. Une fois raffinée et transformée en poudre, le produit était bien moins encombrant.

une actrice, son passeport mentionnant la profession de « taxatrice ».

Liliane s'appelle un jour Paoli, la fois suivante Colombier ou Legrand. Un douanier exige parfois qu'elle ouvre sa valise, mais le fond a été soigneusement recollé, suffisamment pour ne pas attirer l'attention. La seule fois où elle est arrêtée, c'est par la police française à la frontière espagnole, à cause… d'une homonyme recherchée pour chèque volé. Fort heureusement pour elle, les agents constatent vite leur erreur et la laissent circuler : elle portait ce jour-là une quantité indéterminée d'argent sur elle, des dollars dissimulés dans une ceinture collée à la peau, destinés à payer les fournisseurs marseillais. Liliane est passeuse par amour, elle ne cherche pas à en savoir plus, heureuse de cette vie où elle ne repasse pas les chemises de son homme, pas plus qu'elle ne récure les casseroles. « Je savais que c'était de la drogue, mais on ne la vendait pas aux portes des écoles ! On ne se rendait pas compte des ravages que cela pouvait faire. En revanche, en Argentine, les trafiquants colombiens étaient déjà tous sous coke, une drogue qu'on ne connaissait pas en France. Ils ont essayé d'en vendre à William, mais cela ne l'a pas intéressé. Le jour où ils lui en ont donné, il a tout jeté dans la cuvette des toilettes. »

Les quantités transportées augmentant, des passeurs anonymes sont recrutés, comme cette copine d'enfance de Liliane qui effectue un voyage vers l'Argentine. « Elle était super contente d'empocher ses 5 000 dollars, ça faisait de l'argent à l'époque ! » se souvient la fille de Houilles avec un grand sourire.

Une fois le produit débarqué en Argentine, il restait plusieurs milliers de kilomètres à parcourir. « Tu arrivais toujours à trouver un passage », s'étonne William, qui se fatiguait davantage à tourner autour d'une banque ou d'un supermarché avant d'entrer en action. Sans compter qu'il gagnait à tous les coups, lui comme ses acheteurs américains, qui « avec un kilo de pure en faisaient cinq en ajoutant de la merde ». « Fallait être costaud pour s'enfiler ça dans le sang, observait le vieux voyou quarante-cinq ans plus tard, désormais retraité presque ordinaire dans son appartement parisien. Je te le dis tout de suite, tu me ferais même pas prendre un rail ! Mais faut voir l'oseille qu'on se prenait. »

L'une des portes d'entrée aérienne consistait à faire une halte par le Panama, pays rebond, pour brouiller les pistes. William teste également le vol pour Mexico, la suite se faisant par la voie terrestre jusqu'au Texas, route qu'il emprunte plusieurs fois avec le fameux Christian David, recherché par toutes les polices de France pour avoir tué un commissaire à Paris, à la sortie d'un bar de nuit, le 2 février 1968. Comme le feront plus tard les barons colombiens de la cocaïne, il abuse ensuite des délices de l'aéroport de Miami. À grande échelle, après s'être assuré les services d'un exportateur de viande argentine disposant d'un petit avion pour ses carcasses bovines (un juif que William a rencontré quelques années plus tôt en Allemagne, lors du braquage d'une bijouterie). Moyennant un petit pécule, le voyou havrais glisse ses kilos d'héroïne dans la soute. À l'arrivée, selon un mode opératoire rôdé, une petite main transvase les sacs dans le coffre d'une voiture américaine stationnée devant l'aéroport, portières non verrouillées. William prend alors le volant lui-même pour assurer la dernière ligne droite, celle qui mène de la Floride à New York. Il gardait le souvenir d'un trajet où tout a failli basculer, durant l'hiver 1970 :

« Je suis parti de Miami avec cent kilos dans le coffre et la clim dans la voiture. Il y a quand même trois mille cinq cents bornes à faire, et attention, je respectais les limitations de vitesse. Quand je suis arrivé à la hauteur de Philadelphie, il y avait une tempête de neige. Il y en avait tellement qu'à un moment, je me suis retrouvé de l'autre côté de l'autoroute ! Un peu plus loin, à cause d'une déviation, je me suis gouré et j'ai buté sur un barrage de douaniers et de poulets. "Je vais y être", je me suis dit. Il tombait tellement de neige qu'ils m'ont laissé passer. »

William revend son produit à des Argentins installés à New York. « On se donnait rendez-vous à un coin de rue, fallait être à l'heure pile ! C'est des marlous, les Argentins, et de très bons faussaires ! Ils "lavaient" les passeports français, ça ne se voyait même pas. Ils me mettaient des faux visas américains, je passais les doigts dans le nez ! » Le whisky qu'ils fabriquaient sous le manteau à Buenos Aires bernait lui aussi le client, du moins en apparence, car le lendemain d'une cuite frelatée, William ne pouvait même plus se gratter la tête tellement il était « marron »[1].

« Avec les Argentins, poursuit le Havrais, on travaillait en confiance, tu comprends ? Je rangeais les

1. Patraque.

dollars dans le double fond de sacs à main que j'aménageais moi-même avec du carton. Je ramenais ça en Espagne, c'était plus souple qu'en France, un pays à éviter ! Tu peux plus facilement mouiller un flic étranger qu'un Français. » Pas une parole en l'air : un jour, en Espagne, un douanier l'a fait entrer dans son bureau parce qu'il avait vu des billets dans sa sacoche. William avait 200 000 dollars sur lui. « J'ai tenté le tout pour le tout, se souvient-il, je lui ai donné 200 dollars. Il les a mis dans sa poche et je suis reparti. Au Panama, c'est pareil, tu mets 100 dollars dans ton passeport et il te met le tampon. Va faire ça à Paris ! »

*

À la fréquentation d'Auguste Ricord, le nostalgique du IIIe Reich, Liliane préfère nettement celle de ces Corses dont elle fait la connaissance à Buenos Aires, où le couple finit par s'installer. La plupart ont un sérieux pedigree, à l'instar de « François Grosses lèvres », du « Petit Michel », de Lucien Sarti ou de Christian David, qui a fui la France en passant par le port de Gênes et avec la complicité active du clan marseillais le plus puissant de l'époque, celui des frères Guérini. Une fine équipe qui ne se tourne pas les pouces en regardant défiler les filles et les bouteilles, mais s'implique dans les trafics locaux et profite pleinement de la corruption ambiante, les militaires au pouvoir dans la zone étant assez réceptifs aux pots-de-vin. Non sans une pointe de nostalgie pour les produits du pays, champagne et camembert en premier lieu, qui arrivent une fois par mois par bateau à Rio de Janeiro, dans le Brésil voisin, où les Français en cavale se replient promptement après l'arrestation de Lucien Sarti par la police argentine, en vue de son extradition vers les États-Unis.

Liliane, elle, se languit de son pays, de ses parents surtout, et en 1972, pour Pâques, elle débarque à Houilles au bras de William, avec leur bébé. Mauvaise idée, car la police judiciaire rôdait. L'arrestation d'un proche les contraint à se réfugier à Lyon, chez un vieux voyou, mais le milieu étant ce qu'il est, une « balance » passe par là et Liliane, arrêtée au saut du lit, en est quitte pour quatre jours de garde à vue. Tandis que son homme est incarcéré (il prendra cette fois huit ans de prison ferme), elle récupère de justesse leur fils, en passe d'être remis aux mains de l'assistance publique.

En 1973, alors qu'elle rend visite à William au parloir de la Santé, lui livrant au passage de quoi rester habillé comme un milord (avec la complicité d'un pasteur), Liliane se voit confier une mission : récupérer « cent briques » au fin fond de la Louisiane, auprès d'acheteurs qui n'ont pas réglé la marchandise. La femme de Lucien Sans, alias Bouboule, autre voyou patenté et ami de William, l'accompagne dans cette folle virée – elle avait détesté New York, été horrifiée par Miami, avait aimé San Francisco, mais ne connaissait pas le sud des États-Unis. Une fois dans la ville de Bâton-Rouge, le chauffeur de taxi rechigne à les accompagner, elle et Josette, dans ce quartier « infréquentable ». Elles se retrouvent au milieu d'une cabane délabrée où trône « un gros porc blanc » entouré de blacks qui leur font comprendre qu'il n'y a rien à récupérer. Elles parviennent à s'échapper de ce coupe-gorge, quittent la ville précipitamment, et Liliane envoie un pneumatique à William : « Tout va bien. » Sous-entendu : elle est vivante. Le destinataire comprend le message de travers et croit qu'elle ramène l'« oseille ». L'épisode n'en vaut pas moins à Liliane le respect de quelques ténors du milieu de l'époque, comme Bricole, un Toulonnais qui la traite en « amie », ou Gaby, qui loue en elle cette mentalité que William lui a inculquée quand elle avait 15 ans.

Quatre ans après son arrestation, William obtient une permission de sortie pour se rendre au chevet de Liliane, malade. L'incorrigible se met sur-le-champ en cavale. Le couple ne se retrouve que plusieurs mois plus tard. Il se pose à Marseille, pour quelque temps encore épicentre de la filière française, puis à Bruxelles, nouvelle plaque tournante des passeurs d'héroïne en partance pour l'Amérique, à une époque où les chiens renifleurs n'avaient pas encore fait leur apparition dans les aéroports.

« Du moment que tes papiers tenaient la route, ça passait sans problème ! » assure Liliane. Il fallait aussi être un peu malin : avec leur voiture immatriculée dans les Alpes-Maritimes, le couple pénétrait systématiquement en Belgique par le même poste frontière, dont le douanier plaisantait avec eux sur cette Côte d'Azur qu'il détestait.

Une routine bientôt bousculée lorsque le pouvoir politique, mis en demeure par les autorités américaines, ordonne le démantèlement de tous les laboratoires marseillais, asséchant en quelques mois une filière légendaire. William Perrin y a cependant pris goût, et le voilà qui, à la fin des années 1970, mord à l'hameçon de l'héroïne thaïlandaise, d'une qualité « impeccable » ; les Portoricains qui la lui achètent sont « très contents ». Et le jackpot est à nouveau au rendez-vous, à l'entendre : 100 000 euros de bénéfices par kilo une fois décomptés les frais.

William Perrin n'a jamais mis les pieds à Bangkok, de peur d'être démasqué par les flics dès l'aéroport. Il envoyait sur place un complice, qui au début montait se fournir directement auprès des producteurs, dans le Triangle d'or, au nord du pays, grâce au contact noué en prison avec « un Chinois ». Deux skippers prenaient le relais à bord d'un voilier qui mettait entre un et deux mois pour gagner les Caraïbes, en fonction des vents et des avaries.

Jusqu'au jour où le gangster havrais est une nouvelle fois « marron » (arrêté), à cause d'un « enculé ». Des bandits corses ont investi dans le dernier chargement, à la hauteur de cinquante kilos d'héroïne. Les Portoricains ont réglé en cash, comme d'habitude, mais la mise sous surveillance des agents de change de New York par le FBI, dans le cadre de la lutte contre le blanchiment, les avaient contraints à régler en (encombrantes) petites coupures. « Les Corses m'ont envoyé un légionnaire allemand pour récupérer leur part, raconte William Perrin. Le gars s'est retrouvé à Saint-Martin (dans la partie néerlandaise de l'île) avec 2 millions de dollars et s'est dit qu'il allait les garder pour lui. Le premier jour, il a déposé 100 000 dollars à la banque. Il a recommencé le lendemain. Le surlendemain, les flics l'ont sauté. Et il s'est mis à table. Dans ma chambre, quand ils sont venus me chercher, j'avais 3,5 millions de dollars. Je me suis retrouvé en prison, à neuf dans une cellule, une lessiveuse dans un coin pour chier, un repas par jour et terminé… J'allais m'arracher à bord d'un voilier, avec la complicité de mon avocate, quand les flics français ont imploré leur collègue de me transférer. »

De ce produit qui l'a tant enrichi, William n'a pas conservé une haute opinion : « La came a pourri tout le monde, autant les voyous que les poulets. Y a du pognon à gagner, tu comprends ? Même les poulets fauchent la came, ils marchent à tous les articles. Les voyous, eux, sont tous indics. Couverts par les poulets, ils sont intouchables. Faut être une crapule, une ordure finie, pour balancer. On ne peut pas courir deux lièvres à la fois, j'ai des principes, quand même. Balancer un ami, cela ne peut pas m'arriver, je ne pourrais plus me regarder dans une glace. Tout le monde a peur de la prison, on n'y va pas de bon cœur, mais quand on y est, il faut savoir la faire, tu comprends ? Il y avait déjà de belles crapules à l'époque. Ils sont morts, attention ! Quand on s'en est aperçu, ils n'ont pas survécu. Le légionnaire non plus n'a pas survécu. »

William Perrin a écopé de seize ans de prison et en a fait treize. Retiré des affaires, âge avancé oblige, loin de la « belle vie, des bons restaurants, des fringues et des gonzesses », il n'en a pas moins gardé un œil sur l'évolution du marché. « Avant, c'était les Marseillais qui tenaient la came, maintenant les Arabes ont pris le monopole », résumait-il à 85 ans, une année avant de se donner la mort d'une balle dans la tête, les artères bouchées et le cœur en capilotade. « La came, il faut la mettre en vente libre. Si tu la mets libre, c'est fini, du jour au lendemain y a plus de trafic. L'État va prendre des sous comme avec le tabac et boucher tout de suite le trou de la Sécu. J'ai pas d'instruction, mais c'est compréhensible : dès qu'il y a un interdit, il y a des gens pour le braver. Ils auront beau mettre des condés à tous les coins de rue, ils n'empêcheront jamais le trafic de stups. Il y a trop d'argent à gagner. La came, c'est une mauvaise herbe, alors c'est tout bénéfice, tu comprends ? »

2

« Les marins sont beaucoup plus créatifs que les douaniers »

« En ponctionnant jusqu'à cinq ou six enfants dans une même famille, la guerre de 14-18 a complètement fragilisé l'économie interne de la Corse, parce qu'il n'y avait plus personne pour cultiver les terres ou élever le bétail. L'effet domino a été désastreux. Cela a conduit des jeunes hommes à aller voir ailleurs et on a eu de tout, de grands administrateurs de l'État, des ecclésiastiques, des militaires, qui ont occupé des postes clefs dans tous les comptoirs coloniaux de la France, des policiers de grande renommée, dotés d'un esprit républicain qui a souvent été récompensé. Et puis on a eu des voyous, des gens qui ont décidé de prospérer dans la marginalité. Pourquoi certains sont-ils devenus de grands noms du banditisme, avec des affaires florissantes ? Est-ce à cause de cet esprit corse, de ce sens du secret, de la fameuse omerta, des liens très forts entre compatriotes, de cette solidarité face à l'adversité ? »

Ainsi se questionne Me Pascal Garbarini, bien placé pour savoir qu'un certain nombre de ces voyous se sont fait un nom dans le milieu, lui qui a défendu devant la justice, outre des nationalistes insulaires, un certain nombre d'entre eux. Deux noms ont marqué cette génération de conquérants, celui de Paul Mondoloni et celui de Jean-Baptiste Croce, tous deux partis très jeunes pour Cuba, alors haut lieu de plaisir et de débauche. L'un serait devenu l'amant de la femme du dictateur au pouvoir avant l'arrivée de Fidel Castro à La Havane, l'autre celui d'une célèbre actrice, Maria Vincent, mais au-delà de la chronique mondaine, ils auraient récupéré plusieurs casinos des mains de la mafia nord-américaine contre une cargaison d'héroïne, mauvais choix au demeurant puisque la révolution allait les laisser bras ballants…

« Dans les années 1960, le milieu criminel français, en particulier le milieu corse, était respecté au plan international, notamment aux États-Unis, car il était considéré comme particulièrement professionnel, redoutable et efficace, confirme le criminologue Jean-François Gayraud. Cette forme de mondialisation avait débuté et accompagné l'histoire coloniale française. Un certain nombre de nos compatriotes corses s'étaient expatriés en Afrique noire et en Asie du Sud-Est, une toute petite minorité a profité de ces nouveaux territoires pour développer une économie criminelle. Un gangster est par nature un être territorialisé, il fonctionne dans un biotope, et quand cet environnement lui offre de nouvelles opportunités, il les saisit. En Amérique latine, ils se sont naturellement alliés aux dictateurs, qui ont vu en eux une source de revenus. »

Ce n'était pas le seul atout des bandits corses, inscrits dans une histoire faite de maquis et de résistance à l'occupant. « Ce "jeu" entre le gendarme et le voleur est ancré dans le passé, rappelle Me Pascal Garbarini. Il y a toujours eu cette volonté de se cacher pour se protéger. Ce qui fait leur force, ce sont leurs racines. On peut être dans n'importe quel pays du monde, on sait que chez nous, c'est la Corse. On appartient à la tribu, et à l'intérieur de cette tribu, à tel village. On est solidaire entre nous tout de suite, sans période d'essai. Ces réflexes sont immuables. Cette fidélité vaut pour ceux qui ont choisi la marginalité comme pour ceux qui ont prêté serment à la République : il ne trahira pas. »

Moitié corse, moitié catalan, Émile Diaz a hérité de ses oncles bastiais, bandits professionnels, « une certaine éthique » (il parle aussi de « mentalité »), un accent certain et quelques proverbes, comme celui-ci : « Le renard perd son poil, mais il ne perd jamais le vice. » « Intrinsèquement corse », il s'est longtemps senti chez lui dans l'enceinte du port de Marseille, peut-être à cause de la forte proportion d'employés corses sur les bateaux. « En sécurité », dit-il, dans ce port marchand sans lequel la French Connection aurait marché sur une jambe.

« Qui dit marin, dit trafic, poursuit celui que le milieu a surnommé Milou. Le marin avait trafiqué des cigarettes, des boîtes de conserve. Quand est arrivée l'héroïne, beaucoup ont sauté sur l'occasion. Les plus malins ont fini millionnaires. Une fois aux États-Unis, ils sortaient la marchandise avec le linge sale des passagers des paquebots. Il devait y avoir 95 % de Corses parmi eux, 3 % de Bretons et 2 % de Catalans. La paye que leur versaient les Messageries maritimes était faible, mais le trafic a été pour eux quelque chose de merveilleux. »

La forte présence insulaire parmi les pionniers de ce grand banditisme parti à la conquête de la planète a pour lui une explication à la fois géographique et économique. Dans une île au niveau de vie très bas et aux ressources réduites, ceux qui étaient dans le centre montagneux se sont plutôt investis dans le jeu et les casinos, qu'ils ont montés de Saigon à La Havane, en passant par Abidjan. Tandis que ceux qui avaient grandi les pieds dans l'eau, à Propriano, Ajaccio, Porto-Vecchio, Bastia ou Calvi ont embarqué sur les bateaux, comme l'un de ses oncles, parti à 14 ans et trafiquant jusqu'à sa mort, à 83 ans.

« Il y avait toujours un cousin éloigné quelque part, chez qui on pouvait débarquer, raconte Milou. En plus, l'île a toujours été une terre de règlements de comptes. Pour des histoires de bêtes, des trucs liés à l'honneur, des conflits familiaux, on s'est toujours entretué. Or il y a une loi non écrite qui veut que non seulement on ne balance pas un mec en cavale, mais on lui procure des faux papiers et on l'envoie ailleurs. Ils sont partis dans les colonies françaises, en Indochine ou au Liban, puis au Paraguay, au Venezuela ou au Canada, où certains se sont associés avec la mafia italo-américaine pour importer de l'héroïne marseillaise. »

Quant à la capitale phocéenne, le milieu corso-marseillais y était implanté depuis si longtemps (les années 1920) qu'il avait ses entrées à peu près partout, à la mairie bien sûr, mais aussi dans ce port dont Milou rappelle qu'il était tenu par les dockers affiliés à la CGT, « des communistes qui ne balançaient pas les voyous ». « Il n'y avait qu'un syndicat au port et les gangsters savaient qu'ils pouvaient se reposer sur ces gens-là. À la Belle de Mai, le quartier où je suis né[1] (en surplomb du port), la moitié était communiste, l'autre était gangster. On fréquentait les mêmes bars et on mangeait le même morceau de pain. Dans le port, ils nous avertissaient en cas de contrôle, quand on rentrait la marchandise. Les marins chargeaient l'héroïne en même temps que la viande, les œufs, les salades destinés à la restauration en mer. Cinq cents kilos, ça ne représentait pas grand-chose. Les marins sont beaucoup plus créatifs que les douaniers ! Pendant les quinze jours de traversée, ils ne pensaient qu'à la façon dont ils allaient sortir la marchandise. »

Les acteurs de ce trafic n'avaient pas un niveau d'instruction élevé, mais une intelligence peu commune. Et une certaine capacité d'innovation. Les marins ont commencé à être suspectés aux États-Unis. Ils ont aménagé des caches dans des voitures, avec une prédilection pour les Citroën. Remarquant que les véhicules immatriculés à Monaco ou en Suisse étaient moins contrôlés que les autres, ils s'en sont donné à cœur joie. Mais ce n'était pas la mission de Milou. La sienne se situait en amont, entre la Turquie, d'où provenait la morphine base, et les laboratoires marseillais. Il se souvient de vingt-trois voyages à Istanbul, le premier en 1968, le dernier en 1978. Il s'y rendait en avion à partir de l'Italie et traitait directement avec les parrains locaux, souvent affiliés

1. En 1943.

aux Loups gris, une organisation paramilitaire d'extrême droite plus ou moins protégée par le pouvoir de l'époque.

« Le voleur est mal vu en Turquie, le braqueur, n'en parlons pas, mais le trafiquant, c'est un monsieur, on l'appelle un "effendi", se souvient le Marseillais. J'avais toujours le même interprète, un Arménien qui parlait turc, et de bons fournisseurs, qui ont toujours été corrects avec moi. Je passais commande de cent à deux cents kilos de morphine base. D'un kilo de ce produit, on faisait un kilo d'héroïne, à condition que la qualité soit là. Les Turcs assuraient souvent le transport, en passant parfois par la Suède, mais plus généralement par Mannheim, en Allemagne, où vivaient beaucoup de leurs compatriotes. Ils aimaient bien aussi me livrer le produit à Naples, le port était "sécurisé", disaient-ils, et le commandant du bateau, un ancien militaire, était un homme à eux. Là, un marin me sortait la morphine à coups de dix kilos, ceinturée autour de son ventre. Je passais la journée à aller et venir, tandis que le marin faisait semblant d'effectuer ses courses. De là, je glissais les paquets dans la portière de ma voiture et je roulais jusqu'à Sienne, en Toscane. Je faisais monter des passeurs, de préférence un couple, beaucoup d'étudiants en médecine en mal de finance, que je payais pour me livrer à Marseille. »

Les Turcs sont allés jusqu'à livrer la marchandise… dans un camping anonyme de Cassis, non loin de Marseille, où il restait à offrir un repas et « une gonzesse » au conducteur. Une fois transformée, la morphine trouvait rapidement preneur, laissant à

Milou de quoi honorer ses dettes envers le fournisseur turc et le chimiste. Il conservait une quinzaine de kilos qu'il confiait directement à des passeurs en partance pour les États-Unis, le Mexique (destination la moins coûteuse, on trouvait toujours un général pour assurer le transport), le Canada, le Venezuela (où les proxénètes corses prospéraient) ou le Paraguay (où William Perrin et Christian David prenaient le relais). Le tout sous forme de cargaison groupée, plusieurs « investisseurs » misant généralement sur un passage, une manière de partager les coûts et les risques.

Malgré les pertes, la culbute était au rendez-vous. Acheté à 700 euros, transformé pour 300 euros, le produit se revendait à 4 000 euros à Marseille et 18 000 euros aux États-Unis. Jusqu'au jour où les Américains déclenchèrent une crise diplomatique au début des années 1970, avec à la clef l'incarcération des voyous les plus voyants et la fermeture d'une vingtaine de laboratoires dans la région marseillaise. La fin d'un cycle, mais les trafiquants trouvent toujours la faille. En l'occurrence, Milou doit au hasard des rencontres la naissance d'une nouvelle filière : la French Sicilian Connection. Son contact, déniché par le truchement du patron corse d'un cercle de jeux parisien, résidait à Corleone, berceau de la mafia sicilienne, descendait acheter son poisson frais à Palerme bien qu'il soit recherché par la justice et fréquentait un gradé de la Guardia di Finanzia. Un petit laboratoire a pris forme, mais le plus surprenant reste la personnalité du chimiste recruté :

un pédiatre, le Dr Bousquet[1], que Milou avait d'abord employé comme passeur. Un type insoupçonnable, en somme, jusqu'après l'arrestation d'un couple de jeunes mariés français en Yougoslavie, chargé de rapatrier par la route vingt-cinq kilos de morphine base pour le compte de Milou. La cargaison était foireuse, le fournisseur turc avait glissé vingt-trois kilos de poudre de champignons, la police locale a détourné les trois kilos opérationnels, mais le magistrat chargé du dossier, Pierre Michel, a su faire parler les jeunes. Au terme de deux ans d'enquête, en août 1980, le juge a déclenché un vaste coup de filet, avec l'arrestation d'une soixantaine de personnes, au premier rang desquels Émile Diaz. Une victoire qui a forcément alourdi sa réputation de juge intraitable auprès du banditisme phocéen, qui lui fera payer de sa vie, une opération « suicidaire » à laquelle il ne serait pas venu à l'idée de Milou – ouvrier qualifié de la drogue – de participer. D'autres aventures l'attendaient une fois sa peine purgée[2], à commencer par l'écriture d'une autobiographie percutante[3], mais notre interlocuteur l'affirme :

1. Le médecin a été condamné à seize ans de prison par la cour d'appel de Palerme en 1984, pour trafic de drogue. Il a ensuite écopé de dix-huit ans de prison en 1993 devant le tribunal correctionnel de Marseille. Preuve qu'on décroche difficilement quand on est mordu, l'ancien chimiste de la French Connection sera condamné à cinq ans de prison pour association de malfaiteurs en relation avec un trafic de cocaïne entre Colombie et Italie en… janvier 2008.

2. Il a passé treize ans en prison.

3. *Truand. Mes 50 ans dans le milieu corso-marseillais*, avec Thierry Colombié. Robert Laffont.

« L'héroïne a fait travailler tout le monde à Marseille, des chauffeurs de taxi, des vieux retraités qui louaient leur villa aux chimistes, des étudiants, des types embauchés pour vider discrètement les poubelles des labos avant le passage de la voirie, des techniciens capables de trafiquer les compteurs électriques de ces mêmes labos, des camionneurs, qui ramenaient de Fos-sur-Mer les bidons d'anhydride acétique, essentielle pour faire une bonne héroïne, sans compter les Arméniens de Marseille, qui nous avaient introduits auprès des Turcs… »

L'héroïne a aussi laissé beaucoup de cadavres sur le carreau, et pas seulement des morts par overdose. Une longue liste de règlements de comptes que peu de survivants aiment évoquer. Le non-dit d'un univers où tout est permis, même l'élimination des concurrents, fussent-ils vos amis.

Tous les parrains de Marseille, ou presque, ont péri de mort violente, mais la drogue a singulièrement accéléré le décompte mortuaire. Qui a déclenché les hostilités ? Et pourquoi ? Ceux qui ont vécu la « guerre » marseillaise la plus sanglante de l'histoire, celle qui mit aux prises le clan de Gaëtan Zampa, dit Tany, à celui de Francis Vanverberghe, dit Francis le Belge, de treize ans son cadet, s'accordent à dire que le conflit a commencé à cause de… cinquante kilos d'héroïne, au début des années 1970.

Les bénéfices amassés par le Belge (belge par son père, espagnol par sa mère) et les siens dans le trafic faisaient saliver « Tany » Zampa. Roi en sa ville, le Marseillais d'origine napolitaine voulait sa part de ce commerce prometteur qui semblait lui échapper, lui qui régnait sur la nuit et le racket. Amitié de quartier oblige, il a convaincu le Belge de lui avancer cinquante kilos d'héroïne pure, à crédit. Sauf qu'il décide de ne pas rembourser sa dette, prétextant avoir égaré la marchandise. Prenant de haut la nouvelle génération, le parrain signe ainsi le premier carottage sérieux de l'histoire du commerce de stupéfiants (mais pas le dernier, les trafiquants vont s'en faire une spécialité), avant d'envoyer au cimetière les trois garçons venus pour négocier, le 5 septembre 1972. La réplique ne tarde pas, avec l'exécution à Propriano, le 14 octobre, de Felix Péraldi, tenu pour responsable de cette fusillade.

« Il faut éliminer cette bête furieuse », aurait lancé Zampa, qui se venge en faisant tuer un proche du Belge le 26 décembre, puis deux autres hommes le 18 février 1973. Le cycle infernal de la vendetta est lancé. Le 31 mars, deux lieutenants de Zampa sont descendus par trois hommes entrés armes à la main dans le bar marseillais où ils avaient leurs habitudes, le *Tanagra*. La police, qui jusque-là comptait les points, lance ses filets et interpelle une trentaine de malfaiteurs, membres des deux camps, le 10 avril. « Tany » Zampa échappe à la rafle, mais le répit est de courte durée...

« Tany était un profiteur, un serpent à sonnette, raconte un voyou à la retraite, acteur de cette guerre mémorable. L'argent de la came lui est monté à la tête. Et comme il était tordu, il a préféré faire exécuter les trois jeunes au lieu de rembourser ce qu'il devait. C'est comme ça qu'il a remercié Francis de la confiance qu'il lui avait accordée. Il a fait ensuite son cinéma, essayant de faire croire qu'il n'y était pour rien. Il a même tenté de faire porter le chapeau à Francis ! Le malheur, c'est qu'il a entraîné la mort de braves gens des deux côtés. »

Les dernières exécutions ont été enregistrées trente ans après les premiers coups de feu. Une hécatombe fratricide. Tout ça pour cinquante kilos de cette maudite héroïne. Une sorte de répétition générale, la drogue n'ayant pas fini, loin de là, de faire couler des larmes au bord des tombes. « Une vraie merde », lâche notre interlocuteur, qui aurait sans doute aimé ne jamais quitter le monde des voleurs pour aller fricoter avec celui des stupéfiants, où le moindre passeur est susceptible de se mettre à table plutôt que de se « manger » des années de prison. Mais comment résister à l'appel de ce pays de Cocagne ?

3

« Dans la jungle, le commissaire, le juge, le curé avaient tous des plantations de coca »

Au lendemain de son certificat d'études, Laurent Fiocconi, alias Charlot, se souvient avoir eu un choix restreint : rester en Corse comme berger ou rejoindre le continent et devenir policier, gardien de prison ou voyou. « C'est pour ça qu'il y a eu autant d'aventuriers », dit-il, bouille ronde et sourire coquin, alors que nous le retrouvons dans ses montagnes de Haute-Corse, où ses vieux jours l'ont ramené. S'il a opté pour la vie de voyou, ce n'est pas pour échapper à la pauvreté et à la faim, mais par goût. Pour l'adrénaline, pour le plaisir de gagner de l'argent frauduleusement sans être pris, une satisfaction aussi forte que celle qu'il a éprouvée à chaque fois qu'il a pu s'affranchir de la barrière qui le séparait de la liberté. Le mode de vie des bandits, leur mentalité, leurs belles voitures et ses oncles (décidément), dont l'un s'était installé au Venezuela, ont achevé de le convaincre. Quant à sa spécialité, elle s'est imposée rationnellement : « C'était moins dangereux de faire la drogue que d'aller braquer une banque, on risquait cinq ans maximum. »

Depuis qu'ils s'étaient rencontrés au milieu des années 1960 à Toulon, où Jean-Claude Kella, de trois ans son cadet, fréquentait le bar tenu par l'un de ses tontons (encore), les deux garçons ne se quittaient plus. Ils s'étaient serré les coudes pour tenir tête au puissant parrain du Var, Jean-Louis Fargette, surnommé « Savonnette » ; depuis, plus rien ne les arrêtait. En 1968, ils ont festoyé en Catalogne avec Francis Vanverberghe, dit Francis le Belge, figure montante du milieu marseillais, et ses amis, « des bons mecs, bonne mentalité, réglos », se faisant passer auprès du concierge de l'immeuble pour les membres d'un… grand orchestre – musiciens au demeurant aisés, puisque le jeune aventurier corse circulait au volant d'une Fiat Dino-Ferrari tellement rutilante que « les filles montaient la culotte à la main ». Jusqu'au jour où ils ont compris que plusieurs des Français qu'ils côtoyaient, à commencer par le propre neveu d'Auguste Ricord, l'ancien gestapiste réfugié en Amérique du Sud, étaient dans la drogue « Ils brassaient tellement de sous qu'on les croyait dans les faux billets, se souvient "Charlot". Ils nous ont mis le pied à l'étrier. »

Laurent Fiocconi a tout juste 29 ans lorsqu'ils sont arrêtés en Italie, lui et son ami Kella, et extradés vers les États-Unis, où on les soupçonne d'avoir importé près de huit tonnes d'héroïne. Les deux compères se voient annoncer par leurs avocats une peine d'une centaine d'années, alors que la diffusion par une chaîne de télé locale du film *French Connection* (nous sommes en 1970, l'apogée de la filière) fait monter la pression dans le tribunal ; aussi sautent-ils de joie en découvrant la sentence : un quart de siècle. « Quelques semaines plus tard, on s'est dit, putain, vingt-cinq ans, quand même… C'est là que j'ai décidé qu'on allait se faire la malle. Je savais qu'on échouerait cinquante fois avant d'y arriver. Je suis transféré d'Atlanta à New York au bout de quatre ans et comme me l'avait dit Jean-Claude, cela paraît beaucoup plus facile, d'autant que j'ai un atout : une formation de serrurier. La nuit, avec les limes rentrées par le curé en même temps que les cartes postales, je faisais ma clef. Clac, clac, clac, ouvert, mais il y avait encore six portes. Avec mes amis italiens, on a fait "toucher" un gardien un peu handicapé et on lui a promis 50 000 à la dernière clef. Il nous a donné les empreintes de toutes les serrures. Le dimanche, jour des visites, on descend, sauf que je mets une demi-heure à ouvrir la première porte. Les autres, un Français, deux Italiens et trois Cubains, faisaient une drôle de tronche… »

Finalement, toutes les serrures cèdent. Un camion les attend à proximité avec perruques et vêtements de rechange, et après quelques semaines de confinement, « Charlot » se retrouve à Miami avec l'un des Cubains, suffisamment riche pour disposer d'un avion et d'un pilote qui les conduit jusqu'en… Colombie. Exactement à Carthagène, où les deux garçons, croyant arriver dans une grande ville, sortent de l'appareil en costume-cravate, avec la serviette en cuir à la main, « on aurait dit le président de la République ». Avec en prime un petit scandale car le pilote a emprunté la piste d'atterrissage à l'envers, espérant que ses passagers échapperaient à tout contrôle en coupant à travers champs. Une petite entorse, avant un changement d'époque : la découverte par le milieu français d'un nouveau produit, la cocaïne.

La mentalité des Colombiens lui rappelle celle des Corses, la ponctualité en moins. Famille, amitié, respect, il retrouve ses valeurs, à tel point qu'il épouse bientôt une femme du cru. Son faux passeport lui vaut d'être poursuivi pour escroquerie à la place du titulaire officiel ? Qu'à cela ne tienne ! « Charlot » s'évade à deux reprises de la prison de Bogotá, une fois dissimulé dans un carton, une autre en saoulant un gardien et en escaladant le mur. Quand il découvre qu'ordre a été donné de le récupérer mort ou vif, il déniche une avionnette et part se planquer dans la jungle, son nouveau maquis. Il va y rester trois ans et demi, avec sa femme et bientôt deux enfants.

« Quand j'arrive dans la jungle, je m'aperçois que le commissaire, le juge, le curé avaient tous des plantations de coca. Tous les gens vivaient de ça. Je me suis renseigné et j'en ai planté moi aussi. De passage dans le village, l'archevêque a lancé aux Indiens : “La coke, c'est l'abondance que Dieu vous envoie, profitez-en.” » Charlot en rit encore. « Comme il n'y avait rien d'autre à faire, j'ai planté, récolté et vendu. La pâte de coke servait de monnaie au magasin. On réglait les achats en grammes. Si demain tu interdis aux Indiens de cultiver la feuille de coca, il y a une révolution ! Avant, il n'y avait pas de dispensaire, pas de moteurs pour les bateaux et il ne passait qu'un avion tous les trois mois. Désormais, il s'en posait deux ou trois par jour… »

Pour échapper aux recherches, en cavale au milieu des orchidées et des animaux sauvages, entouré d'arbres fruitiers, le Français se fait passer pour un Colombien de souche italienne. « J'ai appris petit à petit, d'abord avec un bon professeur, puis en y passant des nuits entières, et je me suis mis à aider les Indiens, raconte-t-il. Je suis un peu comme Zorro, je n'aime pas profiter des pauvres. Je me suis rapproché d'une tribu qui était à une semaine du village, en canot. Ils avaient investi dans l'achat de plants, mais ils n'en sortaient rien du tout, pas plus de trois grammes pour douze kilos de feuilles. J'ai détecté leurs erreurs et je suis arrivé à en tirer trente grammes. C'est là qu'ils m'ont pris pour un magicien et m'ont surnommé El Mago. »

« Dans n'importe quel pays, si vous touchez à la drogue, vous êtes obligé de travailler avec la mafia, confie le Corse aux doigts d'or. Au Mexique, vous ne pouvez pas la contourner, parce que celui qui la commande a acheté la police, les militaires, et même le gouvernement. Ils les payent à l'année. Celui qui ne passe pas par le grand manitou se retrouve avec la police et les militaires sur le dos. »

El Mago pour les Indiens, Charlot reste El Capo pour la police française, qui le suit à la trace sur le continent américain. Et finit par le retrouver au Brésil en 1994, où l'inspecteur divisionnaire Jean-Marie Flori débarque avec un de ses collègues pour l'auditionner – et accessoirement découvrir Rio de Janeiro. Le pilier de l'Office des stups travaillait à l'époque sur l'un des oncles de Fiocconi, de quoi justifier cette commission rogatoire internationale au sujet d'une organisation « bien huilée », qui expédiait régulièrement de petites quantités de cocaïne vers la Corse, par voie maritime ou aérienne, grâce à un parent, un ami, un marin téméraire ou un commerçant au penchant aventurier, suffisamment pour accepter de dissimuler le produit dans des meubles, des denrées agricoles ou au milieu d'une cargaison de produits de la mer. Finalement extradé du Brésil vers les États-Unis, qui le recherchaient depuis son évasion, ce précurseur a payé le prix : douze ans sous les verrous. De retour en France en 2000, plus de trente ans après son départ, il aura au total purgé dix-sept ans. Un quantum raisonnable pour un trafiquant international d'une telle longévité.

« J'ai bien vécu », admet-il, refusant au passage d'endosser le titre de « trafiquant », parce que là-bas, en Colombie, « tout le monde est dedans, même le gouvernement ».

4

Le Gaulois, les people et la cocaïne

« Je suis un Gaulois d'Afrique du Nord », plaisante Gérard Fauré. Fils d'un médecin français détaché auprès du palais royal marocain, rappelons-le, l'homme puise une partie de ses gènes du côté de sa mère, et il a grandi dans une tribu berbère qui pillait les caravanes dans le désert. Encore mineur, il a découvert « la vraie vie » à Tanger, mais c'est à l'âge de 20 ans, en Espagne, au milieu des années 1960, qu'il bascule. Patron d'un petit bar, il devient la « mascotte » des voyous français réfugiés dans la péninsule au lendemain des indépendances, dont pas mal ont gravité dans les rangs de l'OAS, les armes à la main au nom de l'Algérie française. Parmi eux, un certain Jean-Gilbert, que le Franco-Berbère a rencontré quelques années plus tôt sur les bancs du lycée de Casablanca. « Criminel invétéré », l'homme investit dans les débits de boissons et les discothèques entre Alicante et Torremolinos, comme le feront quarante ans plus tard les jeunes caïds des cités lancés dans la course au shit, avec un avantage non négligeable : Jean-Gilbert est de ceux qui obtiennent bientôt une forme de sauf-conduit de la part des autorités espagnoles pour avoir joué de la gâchette dans les rangs des escadrons de la mort formés pour abattre les membres de l'ETA militaire, les séparatistes basques. Avec la bénédiction de Paris – en privé seulement, les services rendus par ces malfrats étant assez peu civiques.

Le champ est libre pour brasser le cannabis à la tonne, avec des méthodes au demeurant assez expéditives : Jean-Gilbert est un adepte de l'appropriation sauvage. Au moment précis où la drogue est déchargée sur une plage, les passeurs se font mitrailler. Les flics locaux crient victoire le lendemain, une « grosse équipe » a été neutralisée, oubliant juste de dire que le produit n'a pas été perdu pour tout le monde. Les villas hollywoodiennes poussent comme des champignons sur les communes alentour, avec voitures américaines dans les garages, mais ses ennuis avec les autorités marocaines (le palais royal a une dent contre lui) contraignent Gérard Fauré à prendre le large : il atterrit dans un autre paradis pour voyous, les Pays-Bas, et se laisse aspirer par le marché de la drogue après quelques cambriolages en mode survie. Héroïne chinoise, héroïne pakistanaise, herbe, et bientôt cocaïne, le pays batave est (déjà) le hub européen des produits stupéfiants. Quant aux alliances contre nature, entre forces de l'ordre et champions du désordre, le « Gaulois » y est prêt : il s'allie sans se forcer avec des flics locaux pour gérer le proxénétisme, et bientôt le trafic. La meilleure façon de durer, avec le risque de trop lever la garde à force de croire à son impunité, mais sur le moment, Gérard Fauré n'y voit que des avantages :

« Pour moi, les ripoux sont des gens qui ne sont pas trop police-police. Ils voient des trafiquants gagner dans la journée ce qu'ils gagnent en un mois. Ils savent très bien que leur combat ne mène nulle part, qu'en se battant contre la drogue ils se battent contre des moulins, au passage le contribuable paye des fortunes pour rien. À un moment, ils se disent : tant qu'à faire un métier pourri, autant s'enrichir. J'ai toujours aimé ceux qui avaient franchi le pas. Ils sont plutôt sympas. »

Le « commerçant » (Gérard Fauré préfère cette appellation à celle de « voyou »), « rebelle, mais pas méchant », démarre ainsi sur les chapeaux de roues sa « période cocaïne ». À la différence de la plupart des trafiquants, il met tout de suite le nez dedans, « un cercle vicieux qui a fait de moi un grand spécialiste, puisque j'allais moi-même la chercher en Amérique du Sud – au Venezuela, au Suriname ou au Brésil –, et que je connaissais toutes les ficelles, de la préparation à la vente ».

« J'avais monté une équipe en Hollande, avec des Argentins et des Chiliens, poursuit le “Gaulois”. Ils étaient tous venus avec une prostituée, que je plaçais, et en contrepartie ils jouaient réglo avec moi. Cela n'a pas empêché les guerres de gangs. Les mules, qui avalaient la came, en faisaient régulièrement les frais. On avait un réseau d'espions qui nous prévenaient quand arrivait une mule de l'autre équipe, avec un kilo et demi de cocaïne dans le ventre. On l'attendait à l'aéroport, on lui faisait croire qu'on était ses amis et on l'embarquait. On l'emmenait dans une chambre et on lui demandait de chier ce qu'il avait dans les intestins. Puis on lui faisait avaler de la coke synthétique à trois francs le kilo et on le renvoyait vers ceux qui l'avaient fait venir. C'était une période de folie. »

Le port de Rotterdam est le terrain de jeu de celui qui est devenu « Gérard le Français ». Le volume du trafic maritime permet de faire rentrer la drogue assez facilement. Les nombreux canaux n'ont que des avantages, pour décharger, mais aussi pour « virer les cadavres », soutient-il, du moins jusqu'au jour où des flics ont filmé l'une de ces scènes. « On s'en est tiré en lâchant les flics ripoux, dont l'un était tombé fou amoureux d'une de mes filles », lâche le trafiquant, jamais avare d'une pirouette : concentrés sur le grand ménage à faire dans leurs rangs, les enquêteurs ne se sont pas acharnés sur le voyou français.

La suite est le fruit d'une rencontre, à Paris, avec un Corse à l'époque bras droit du parrain marseillais Gaëtan Zampa. « Je lui ai tout de suite offert une ligne de coke, se souvient le Gaulois du désert. Il a trouvé le produit formidable et il m'en a rapidement pris cinq ou six kilos par mois. Il me prenait aussi vingt-cinq kilos d'héroïne en moyenne. Et de fil en aiguille, il m'a fait entrer dans toutes les bonnes boîtes et m'a présenté la jet-set, Françoise Sagan (l'écrivaine) et tous les grands acteurs. Je suis devenu la coqueluche de ce milieu parisien. Philippe Léotard (l'acteur) appréciait mon produit, comme Yves Mourousi (présentateur télé) ou Thierry Le Luron (comique). J'étais fier de m'afficher avec eux en boîte, eux étaient contents, c'était gagnant-gagnant. »

Il recevait aussi les « people » à Versailles, dans une grande villa transformée en *after*, un lieu à la mode où ils aimaient finir leur nuit, la cocaïne se payant à la sortie en fonction de la quantité consommée. Parmi ses clients, outre les acteurs et chanteurs, quelques milliardaires et des hommes politiques accros à la cocaïne. Jusqu'au jour où la police parisienne a sifflé la fin de la « récréation ». « Lors du procès, se souvient l'ancien dealer, le nom de Jacques Chirac a été cité par un de mes revendeurs, dont le frère était le chauffeur de l'homme politique… J'étais fier qu'on me surnomme “le prince des nuits parisiennes”. Je leur ai pris plein de fric, mais en même temps, quand ils ont été arrêtés, mes clients ont tous témoigné contre moi. Ils m'ont assassiné : “Ah oui ! Gérard, c'est le champion de la cocaïne, fallait voir ce qu'il avait !” C'était la curée ! J'ai payé très cher : quinze ans de ma vie… »

5

« Il y a beaucoup plus d'imbéciles que de gens intelligents, et ce sont nos clients »

Nous sommes à la pointe nord de la Colombie, au bord de la mer des Caraïbes, en compagnie de Jean-Marie, ce trafiquant international français. À son aise dans ce pays latino-américain, il connaît les routes de la cocaïne pour les avoir personnellement éprouvées. De cette plage aux eaux turquoise à la première côte française, il ne faut pas plus d'une petite nuit en mer, à condition de disposer des six moteurs nécessaires pour propulser la *lancha*, comme on appelle ici ces longues embarcations. En partant à la tombée du jour, la cargaison peut être larguée sur une plage de la Martinique vers 5 heures du matin.

Ceux qui maîtrisent le mieux la voie sont les pêcheurs du secteur : la mer est leur territoire. Sachant qu'un moteur coûte, à l'achat, entre 10 et 15 000 euros, il faut effectuer plusieurs livraisons pour s'équiper sérieusement, mais ils s'arrangent entre eux et cotisent à plusieurs. Un seul go-fast rapporte suffisamment pour remiser ses filets pendant plusieurs mois. Un artisanat qui n'empêche pas les précautions : un bateau de pêche est parfois expédié au large, auprès duquel on fera le plein de carburant plus discrètement qu'en programmant une escale sur une île à mi-parcours. Les ports vénézuéliens et leurs porte-containers ne sont pas très loin, mais il y a du travail pour tout le monde. À condition bien sûr de ne pas croiser l'infanterie de marine, dont les navires armés patrouillent dans les parages, une partie assez délicate où l'on mise sur la petite taille de l'embarcation pour passer sous les radars.

« La Martinique et la Guadeloupe sont dans cette direction, lâche notre interlocuteur avec un sourire gourmand, un doigt pointé vers le large. Quand tu vois l'infini de la mer, tu comprends qu'ils ne peuvent pas tout contrôler. Et puis il y a tellement de trafic maritime ! Une fois sur l'île, tu es dans l'espace Schengen. Le produit vaut là-bas dix fois plus qu'en Colombie et tu peux déjà être payé en euros. C'est la méthode la plus simple. Quand tu es un peu organisé, c'est plus facile que de passer par des îles comme Aruba ou Curaçao. La police française est très présente dans les aéroports antillais, mais elle reste assez focalisée sur les "bouletteux", ces passagers qui ingurgitent des boulettes de cocaïne avant de les recracher une fois débarqués dans l'Hexagone. Elle surveille moins les voies commerciales à partir de la Martinique ou de la Guadeloupe, à condition de s'inscrire dans une logique économique crédible. La marchandise sera déchargée dans un port français ou italien, avec un risque de contrôle très réduit : entre 2 % et 5 % des containers sont passés au scanner. »

Ils sont un certain nombre en Colombie, à l'instar de Jean-Marie, à miser sur le marché français, le nouvel

Eldorado, une terre où la marge de progression est importante, le plus gros marché du monde, les États-Unis, étant à peu près saturé. Sur le chemin du port du Havre, ils ont repéré un autre maillon faible : l'île de la Dominique, frappée par deux ouragans destructeurs ces dernières années. « Un pays totalement en faillite », selon les termes du Français. Comme les aiment les trafiquants, toujours à l'affût d'États sans défense face à leurs dollars corrupteurs, afin d'y établir leurs relais.

Qu'on l'aborde en sous-marin, en porte-containers ou en *lancha*, la mer est « une bénédiction » pour le négoce. Il suffit d'ouvrir les yeux pour s'en rendre compte : la cocaïne alimente sur la côte colombienne de petits *narcopueblos*[1], qu'elle irrigue au même titre que le tourisme ou la pêche. Elle n'est pas pour rien dans l'explosion urbaine qui voit se multiplier les immeubles en bord de mer, de Carthagène à Santa Marta, avec une spécificité locale : un accord de paix entre les grandes puissances trafiquantes qui ailleurs se font la guerre, inutile de se tirer dessus à l'endroit où on investit ses bénéfices, elles auraient tout à perdre. Intérêt pour la collectivité, selon Jean-Marie, ces hôtels et résidences génèrent emplois et impôts, raison pour laquelle, assure-t-il, « personne ne cause de problèmes à celui qui veut investir 10 millions d'euros ».

Les narcos et leurs affidés bâtissent des immeubles ; les pêcheurs, eux, ont tendance à faire la fête jusqu'à

1. Villages dont l'économie dépend majoritairement du trafic de cocaïne.

épuisement de leurs gains après un go-fast réussi, entre 50 000 et 200 000 euros selon la quantité transportée, là où le poisson leur rapporte entre 300 et 400 euros par mois... Mais comment un ressortissant français fait-il son trou dans ce pays où la poudre se transforme en billets ? « Il faut s'inscrire dans le temps, explique Jean-Marie. On ne peut pas arriver, acheter un kilo, dix kilos ou cent kilos et repartir. On doit connaître les bonnes personnes et les contacts noués en France ne vont pas t'ouvrir les portes. Les Colombiens doivent avoir confiance en toi, et toi en eux. Le plus difficile est de trouver le bon partenaire, celui qui va te vendre du bon produit, qui ne va pas t'arnaquer ni te dénoncer. Cela peut prendre des mois, des années, avant de concrétiser quelque chose. »

La réputation des Français dans le pays est mitigée, sauf à se revendiquer du milieu corso-marseillais, qui a une longue épopée derrière lui (certains avaient leurs entrées dans les haciendas de Pablo Escobar). Les équipes venues des cités françaises se font la plupart démonter après quelques voyages, « tapées » par une police judiciaire plutôt bien renseignée. « La France compte peu d'organisations capables d'importer par dizaines de tonnes, comme sont en mesure de le faire les Calabrais, les Espagnols et quelques groupes structurés en Europe centrale, poursuit notre interlocuteur. L'Italie et l'Espagne offrent des perspectives de croissance, pas autant cependant que la France, déjà très grosse consommatrice de cannabis, un marché parallèle sans lequel l'économie s'effondrerait dans les banlieues. Le besoin de paradis artificiel est proportionnel au désarroi, mais je vous le dis franchement, la cocaïne, c'est de la merde. C'est un produit chimique qui n'a rien de naturel. Dans un kilo, tu as peut-être cinquante, cent grammes d'alcaloïde, c'est-à-dire de feuille de coca. Le reste, ce ne sont que des adjuvants chimiques, du goudron, et même parfois du Destop [produit utilisé pour déboucher les canalisations]. Les médias lui ont donné une image positive, mais la coke est extrêmement nocive. Tu ne sens pas la fatigue ni la douleur, tu t'amuses, et après tu payes le prix. Un véritable désastre, mais il y a beaucoup plus d'imbéciles que de gens intelligents, et ce sont nos clients. »

Difficile d'être plus dissuasif, mais Jean-Marie n'est pas rémunéré par un quelconque organisme de prévention étatique ; il gagne ses revenus en expérimentant régulièrement de nouvelles routes pour acheminer le produit jusqu'aux consommateurs, dans un marché bien plus fragmenté qu'à l'époque où il était tenu par deux grands cartels, celui de Pablo Escobar à Medellín et celui de ses rivaux de Cali. Un commerce « classique », dit-il, si l'on met de côté l'aspect illégal de la marchandise : « Que tu vendes une tonne de chlorhydrate de cocaïne ou une tonne de café, le principe est le même. Une fois acheminée de la zone de production jusqu'à la frontière, tu as plusieurs solutions. La première, bas de gamme, consiste à chercher des mules, des gens dans la misère, généralement d'anciennes prostituées, des paysans déplacés d'une zone de conflit armé, dont beaucoup échouent dans le quartier de Santa Fe, un concentré de maisons de tolérance en plein cœur de

Bogotá, où la police prélève sa dîme sur tout ce qui bouge. Tu lui payes un billet d'avion et un séjour d'une semaine en Europe, puis tu lui fais ingurgiter le produit. Tu lui proposes 5 000 euros pour un kilo transporté, qui s'achète entre 1 000 et 1 500 dollars et se revend en Europe autour de 20 000 euros. S'il tombe, il va prendre aux alentours de cinq ans de prison. C'est du petit trafic, animé par de petites bandes criminelles. Celui qui veut vraiment faire des affaires doit penser au niveau industriel. Il doit envisager la création de sociétés qui exportent par containers. Tu peux dissimuler une tonne de cocaïne dans un container transportant plusieurs tonnes de bananes ou de bauxite, n'importe quelle marchandise exportée à partir de la Colombie. Pour la sortie, soit tu arroses les douanes, soit tu prends le risque de passer sans payer qui que ce soit. À l'arrivée, les ports d'Anvers et de Rotterdam sont incapables de contrôler tout ce qui arrive. Tu peux également viser un port italien comme celui de Gioia Toro, tenu par la 'Ndrangheta, la mafia calabraise. Les pêcheurs galiciens ont eux aussi une excellente réputation en Colombie, ils viennent chercher le produit jusque dans les Caraïbes et le dissimulent au milieu de tonnes de poisson qui pue tellement que cela fait fuir les douaniers. »

Ce n'est pas par hasard si des Colombiens ont massivement investi dans des compagnies de pêche au Sénégal, c'est parce que cette activité offre un excellent moyen de camouflage, même si le douanier « le plus stupide » sait qu'un bateau de pêche qui regagne l'Europe après avoir séjourné trois jours dans le port de Caracas ne peut pas transporter que du poisson, ne serait-ce qu'à cause du prix du gazole. La traque à partir des positions GPS est devenue un obstacle sérieux, mais il y a toujours une autre solution, d'autant que le cynisme n'est pas interdit : « Tu peux recruter un skipper, charger le voilier et partir à l'arrache. Les plus malins envoient trois voiliers en même temps, en balancent un à la douane, qui se focalise dessus, tandis que les deux autres passent tranquillement. Certains font la même chose avec les mules : ils en font monter cinq dans un même avion et en sacrifient une… »

Le trafiquant qui perdure est celui qui ne s'encombre pas de scrupules et s'adapte rapidement. L'extradition vers les États-Unis du chef du plus puissant cartel mexicain, Joaquín « El Chapo » Guzmán, engendre dans ce pays charnière un chaos mortifère et peu propice au business ? Les producteurs colombiens délaissent momentanément la Panaméricaine, cette route qui traverse l'Amérique du nord au sud, pour revenir à la voie maritime. Les bateaux ne partent pas directement de Colombie, trop voyant, mais de petits pays d'Amérique centrale comme le Belize, le Nicaragua ou le Panama, en direction de la Floride ou de La Nouvelle-Orléans. Une importante quantité de cocaïne prend dans le même temps la direction opposée, celle de l'Amazonie et du Brésil, à la fois gros pays de consommation et lieu de rebond vers l'Amérique du Nord, mais surtout vers l'Europe, ce continent qui échappe (pour le moment) aux intermédiaires mexicains, devenus boulimiques, et dont la monnaie, l'euro, fait désormais autant saliver sur la planète criminelle que le dollar.

La recherche de nouvelles routes est l'activité principale de Jean-Marie, comme de tous les trafiquants. La mer est plus sûre que les airs, affirme-t-il. Sauf à bénéficier de la complicité du personnel d'une compagnie aérienne, comme ce fut le cas jusqu'à leur arrestation de responsables de l'escale d'Air France à Caracas, capitale du Venezuela, après la découverte de près d'une tonne de cocaïne dans la soute d'un appareil. « Par les airs, ça va passer une fois, deux fois, mais pas trois. » La mer a sa préférence, mais le risque n'est pas absent lorsqu'on expédie une tonne par container en direction d'un port français. « Tu ne sais jamais si la marchandise va arriver. Elle peut être saisie, la perte fait partie du travail, mais aussi volée. Tu peux être dénoncé à tout moment, et la peine que tu encours tourne entre sept et dix ans. Quand tu as des enfants, une femme à la maison, tu n'as pas envie de te retrouver en sandales aux Baumettes ou ailleurs, entouré d'abrutis dont beaucoup craquent et trahissent. »

Notre interlocuteur en convient à son tour, il est plus facile de soudoyer des douaniers ou des policiers colombiens que des douaniers ou policiers français, « malheureusement relativement honnêtes ». Mais pas forcément impossible. Il n'y a pour s'en convaincre qu'à consulter la liste des fonctionnaires tombés pour avoir fermé les yeux moyennant rétribution, sans compter les bagagistes en poste dans les aéroports. « Soyons lucides, ose Jean-Marie, une calculette dans les yeux. Cent kilos de cocaïne, une petite quantité à l'échelle du trafic, c'est deux millions d'euros à la revente. Un bagagiste gagne entre 1 500 et 2 000 euros par mois. Il a un boulot de merde, un crédit sur le dos pour acheter sa maison qui coûte une fortune et bobonne qui veut la dernière voiture. Si quelqu'un vient lui proposer entre 20 000 et 40 000 euros pour sortir de l'avion des cartons ou une valise, pour lui, c'est Byzance. Il y en a qui refusent et d'autres qui acceptent. La nature humaine est la même partout. Quand tu ramènes pour deux millions d'euros de marchandise tous les mois, cela te coûte quoi de donner 20 000 euros à un bagagiste, à un douanier ou à un policier ? Lui, ça va changer sa vie. Le seul problème, c'est qu'il n'est pas voyou et va probablement faire une connerie, par exemple acheter une voiture et la payer comptant. Cela ne va donc pas durer très longtemps, parce qu'il va se faire repérer. »

Pas plus que les trafiquants déguisés en idéologues qui peuplent les zones reculées et incontrôlées de la Colombie, Jean-Marie ne séjourne dans ce pays pour faire la révolution. « On n'est pas là pour se mêler de politique, martèle notre interlocuteur, qui n'a jamais sniffé la moindre ligne de cocaïne et conserve soigneusement les deux pieds sur terre. On est là pour faire passer nos produits et pour gagner notre vie. On se fout de travailler avec les marxistes, les maoïstes ou les paramilitaires, j'ai de bonnes relations avec tous, même si je suis personnellement plutôt à droite. On a un objectif commun à atteindre ! »

La seule expertise qui vaille, la plus recherchée par tous les producteurs de drogue, du Laos à la Colombie, en passant par le Maroc et l'Afghanistan, c'est celle du logisticien. Les qualités d'un bon logisticien selon Jean-Marie ? « C'est quelqu'un qui tente, qui ose. “De l'audace, de l'audace !” disait Danton. Tu peux échouer quatre fois, mais la cinquième, tu compenses toutes tes pertes. Tu testes. Si ça passe, formidable. Si ça ne passe pas par la porte, tu essaies par la fenêtre. Si tu ne peux toujours pas entrer, il reste la cheminée. Il y a toujours une solution. »

Mais pas question de s'emballer, Jean-Marie n'a aucune intention de grimper les échelons et de devenir calife. Ce serait pour lui « la mort assurée ».

*

Pablo Escobar, le parrain qui payait ses pilotes rubis sur l'ongle, a plutôt mal géré la fin de sa carrière. À la façon du mafieux sicilien Toto Riina, le premier millionnaire de la coke a délibérément choisi la stratégie de la violence et de l'affrontement avec l'État colombien. Comme son homologue italien, il a perdu, selon une logique que connaît bien Jean-Marie : « L'État est le plus fort, à la fin c'est toujours lui qui gagne. »

Pablo Escobar engrangeait des milliards, il s'est lancé en politique, mais le niveau local, où il avait fait son trou, ne lui a pas suffi. Il a visé la scène politique nationale, et c'est toute son organisation qui a volé en éclats après son exécution, en 1993. Le cartel de Cali, devenu trop voyant et trop puissant, a été à son tour atomisé. Ces mastodontes du trafic, qui avaient tout de même conquis l'Amérique, ont cédé la place, un quart de siècle plus tard, à une ribambelle de cartels beaucoup moins visibles et tapageurs. De petites organisations qui passent sous les radars et restent, autant que faire se peut, à l'écart de la violence.

« Aujourd'hui, affine Jean-Marie, un groupe de narcotrafiquants ne compte plus des milliers de membres, mais une vingtaine, dont beaucoup ont un profil d'hommes d'affaires. Ce sont des groupes invisibles. »

Les mouvements de guérilla qui hantent la Colombie depuis des décennies n'ont cependant pas dit leur dernier mot. Officiellement engagés politiquement, ils oscillent entre pratique de la terreur et narcotrafic, entre propagande et mise en coupe réglée de territoires entiers dédiés à la culture de la coca. Les FARC[1], d'obédience marxiste, ont signé un accord de paix avec le gouvernement en septembre 2016, sous l'égide des Cubains, au terme duquel ses combattants rendaient les armes en échange de l'immunité pour leurs chefs, mais tous ne sont pas rentrés dans le rang. L'ELN[2], officiellement maoïste, chapeaute une partie de la production, de même que les paramilitaires des AGC[3], classés pour leur part à l'extrême droite et héritiers d'unités créées à l'initiative de Pablo Escobar pour contrer les marxistes, qui profitaient de leur suprématie pour racketter tous les autres acteurs du marché. Des organisations qui ont tous les services de police sur le dos, en plus des forces armées,

1. Forces armées révolutionnaires de Colombie.

2. Armée de libération nationale.

3. Autodefensas Gaitanistas de Colombia, groupe paramilitaire classé à l'extrême droite.

au point que leur durée de vie serait désormais limitée, pronostique Jean-Marie, qui voit ces grosses structures éclater en dizaines d'organisations autonomes, avec chacune leur chef et leur zone de production attitrée. De quoi compliquer singulièrement la tâche de ceux qui voudraient éradiquer le trafic.

La plante elle-même ne vaut rien. Guère plus qu'une mauvaise herbe, un mètre de haut au mieux de sa forme, elle pousse dans les zones montagneuses. Journées chaudes, températures basses et humidité la nuit la ravissent. Qui entend acheter une *finca* (une propriété) doit obligatoirement prendre attache avec le guérillero en pointe dans le secteur ; l'État colombien ayant le plus grand mal à se faire entendre en zone rurale, c'est le seigneur local qui décide. Un peu comme si une organisation militaire privée contrôlait plus de la moitié de la France, y levait l'impôt, y faisait la police et supervisait l'économie locale. La coca, au stade de la feuille, se négocie un euro par kilo, là où le café se vend 20 centimes le kilo. Le tout sans le moindre entretien, aucun parasite ne menaçant la production.

« Si tu veux gagner plus, témoigne Jean-Marie, tu montes un petit laboratoire, une “cuisine”, tu fais de la pâte base que tu transformes. Avec cent hectares de coca, tu fais dix à vingt kilos de cocaïne pure… Tu gagnes à tous les niveaux. L'armée ne vient pas dans les montagnes, la police non plus. Moins il y a de routes et de villages, mieux tu te portes. Tu es loin de tout, ce qui devient un inconvénient au moment d'exporter : il faut acquérir un bulldozer et tracer sa propre route, prendre une jeep, charger et gagner la ville. C'est mieux que le cheval, qui permet de déplacer péniblement de petites quantités. »

Jean-Marie est en discussion depuis plusieurs semaines avec un producteur de la région de Medellín, qui doit lui fournir une quantité importante de produit prêt pour l'exportation.

*

La piste qui mène à la *finca* est chaotique, elle se parcourt en jeep, à pied, puis à cheval dans la dernière partie, et on ne s'y balade pas le nez au vent : inutile de provoquer ces paysans-soldats armés comme des chars d'assaut. Outre une saute d'humeur potentiellement mortelle, une incursion journalistique risquerait de semer le doute entre les vendeurs et l'acheteur, d'autant que deux policiers ont trouvé la mort dans les parages, il y a quelques jours, après l'attaque de leur véhicule.

Le rendez-vous d'affaires n'a pas été fixé par téléphone, un émissaire s'est déplacé. Le Français a d'ailleurs été prié de venir sans son portable – au demeurant, les communications ne passent pas. La coca s'épanouit à flanc de montagne derrière un rideau de jungle, une fois rasés quelques arbres. Le laboratoire de fortune, pas fait pour durer, est installé à l'abri de la végétation. Le lieu exhale une puanteur perceptible à un kilomètre à la ronde, rapporte Jean-Marie. Il est implanté si possible à proximité d'une rivière, car la transformation de la feuille réclame de grosses quantités d'eau, ainsi que des centaines de litres d'essence, kérosène et super sans-plomb, et des bidons de chlorate de soude, transportés à dos de mulets, les mêmes qui permettront d'acheminer le produit fini jusqu'à une route carrossable. La principale menace n'est pas terrestre, mais aérienne. La police anti-narcotique colombienne est équipée d'hélicoptères fiables. Dès lors qu'elle repère un laboratoire, il reste au personnel à plier bagage au plus vite et à se mettre à l'abri de la forêt.

La surface de terre dédiée à la culture de la coca n'a cessé d'augmenter dans le pays. De près de 60 % en trente ans, selon les chiffres de l'ONU. Et ce malgré les défoliants déversés avec l'aide des États-Unis et les efforts, aussi louables qu'inefficaces, déployés par l'État colombien, et dont Martha Paredes Rosero, vice-ministre de la Justice, nous parle avec passion et sincérité, un drapeau national fièrement planté derrière elle. Vingt ans que cette femme étudie la question de la drogue, cinq ans qu'elle travaille dans ces murs, au cœur d'un immeuble sécurisé de Bogotá (la capitale colombienne), et elle ne cherche pas à le dissimuler : les 160 000 hectares de coca officiellement recensés en 2000 ont été depuis longtemps dépassés. Les raisons ? La vice-ministre évoque pêle-mêle le cours du pétrole (en baisse), que produit la Colombie, la dévaluation du peso colombien et la géographie d'un vaste territoire doté de frontières avec deux océans, le Pacifique et l'Atlantique, et divisé en trente-trois départements comme autant de pays « à part ».

Comment rapprocher l'État des populations qui habitent les territoires « affectés » ? « Imaginer un futur sans drogue relève de l'utopie, reconnaît la vice-ministre, mais ce que je voudrais dire à la France et au monde, c'est que la prolifération des drogues, naturelles et synthétiques, n'est pas seulement le problème de la Colombie ! Le petit producteur vend la feuille de coca un dollar le kilo, la pâte base se négocie à 900 dollars le kilo, la cocaïne autour de 2 000 dollars le kilo, mais une fois transportée dans un pays d'Amérique centrale, elle vaut entre 8 000 et 15 000 dollars le kilo, avant de s'écouler entre 25 000 et 35 000 dollars aux États-Unis, et entre 35 000 et 60 000 dollars en Europe, sans parler de l'Australie et de la Chine ! Le petit cultivateur colombien est celui qui gagne le moins, sans compter que la cocaïne lui apporte la violence et les ennuis. La rentabilité de ce commerce se joue ailleurs ! »

6

« Les Africains touchaient, les Touaregs touchaient, les Algériens touchaient »

« La zone sahélienne est devenue le terrain de jeu des cartels latino-américains à l'époque de Pablo Escobar, confirme le trafiquant français Jean-Marie, qui, avant de s'implanter en Colombie, s'était frotté à l'Afrique noire. Il fallait trouver une nouvelle route pour contourner les services français, espagnols et britanniques, à la pointe dans le combat contre la drogue. En Afrique, un policier gagne 200 euros par mois quand il est payé, c'est catastrophique. Quand tu arrives avec de grosses capacités financières, tu as l'impression que ces États sont privatisables. Le président de la Côte d'Ivoire de l'époque était en bons termes avec les Colombiens, qui faisaient passer ce qu'ils voulaient par le port d'Abidjan. Le port de San Pedro, à la frontière avec le Libéria, était également prisé. Une tonne de cocaïne qui arrivait dans ces ports était deux jours après à Bamako, au Mali. Trois jours plus tard, elle était à Kidal, la capitale touarègue, une place stratégique. De là, elle était envoyée en Algérie, en même temps que des cigarettes et d'autres produits. Certains Touaregs sont trafiquants de drogue le lundi, trafiquants d'armes le mardi et terroristes le mercredi, ils sont même capables d'attaquer une base militaire algérienne alors qu'on travaille en bonne entente avec les Algériens. Ce con, il s'en prend à ceux qui nous aident à passer ! Tout le monde touchait sa commission au passage. Les Africains touchaient, les Touaregs touchaient, les Algériens touchaient. L'armée algérienne, c'est comme l'armée mexicaine, tu as un nombre impressionnant de généraux, de colonels, de commandants, d'officiers qui se sont payés sur la cocaïne, une façon de se rattraper par rapport aux Marocains, qui ont le cannabis. Chacun prélève sa dîme sur le kilo qu'il transporte. La rébellion touarègue s'est nourrie de la cocaïne, les services secrets algériens se sont financés grâce à la cocaïne. »

Crime et fragilité sont calibrés pour s'entendre. Plus la zone est vulnérable, plus les organisations criminelles se frottent les mains. Le chaos nourrit le chaos, « un cercle vicieux dans lequel la cause et la conséquence finissent par se mêler », observe le criminologue Jean-François Gayraud, qui confirme la nouvelle route explorée à partir des années 1990 par les organisations criminelles colombiennes et mexicaines, aussi opportunistes qu'« adaptatives » : celle de l'Afrique de l'Ouest.

« La voie historique directe, par l'Atlantique nord, était devenue risquée, confirme le criminologue. De manière stratégique et réfléchie, les cartels ont ciblé l'Afrique de l'Ouest pour au moins deux raisons. La première est qu'une route inédite attire forcément moins l'attention. La seconde est qu'ils savaient se trouver face à des États faibles, qui avaient moins de capacités en matière de défense et de sécurité intérieure. » Des États « faibles » ou « effondrés » se reconnaissant au nombre dérisoire de policiers, de juges et de douaniers, généralement mal formés, peu équipés et parfois très corrompus.

La corruption était déjà endémique dans la zone, les acteurs du marché de la drogue ont mis de l'huile dans son moteur. Ils ont surtout transformé le Sahel en vaste laboratoire de ce que le criminologue appelle « l'hybridation », ce moment où les structures prédatrices se mélangent à des organisations « politiques », voire terroristes, au point parfois de se confondre avec elles. Les premières développent des actions violentes « pour sécuriser leur business », les secondes se lancent dans l'activité prédatrice pour financer leur combat et se fournir en armes.

« Même s'il subsiste sur le terrain de purs prédateurs et de vrais terroristes, on ne sait plus très bien qui est qui, poursuit Gayraud. On compte beaucoup d'acteurs gris, gris clair, gris foncé. Un espace grand comme l'Union européenne a été plongé dans le chaos, où des passeurs, labélisés "terroristes" ou "trafiquants" faisaient transiter leur marchandise vers le nord, sachant que l'Espagne, au bout de la route, a été historiquement le premier hub de la drogue destinée au marché européen. »

Les pays concernés ont longtemps eu l'illusion que cette transhumance ne les concernait pas, mais « une zone de passage de produits stupéfiants devient mécaniquement, inéluctablement, quelques années ou décennies plus tard, une zone de consommation », prévient Jean-François Gayraud. Une zone de transit devient aussi presque toujours une zone de blanchiment d'argent, ajoute-t-il, montrant du doigt le boom immobilier constaté dans certaines capitales africaines ou sur la côte espagnole. Quant aux dégâts plus politiques, il suffit pour les mesurer de se pencher sur les scandales qui ont défrayé la chronique togolaise au début des années 2000, l'ampleur de la corruption dans ce petit pays francophone d'Afrique de l'Ouest étant considérée à l'époque par un employé de l'ambassade de France comme « une réelle menace en termes de sécurité intérieure ».

Le 7 juillet 2004, en pleine nuit, la marine nationale française procède ainsi, dans le golfe de Guinée, à l'arraisonnement du *Pitéa.* Douze hommes pénètrent à bord et neutralisent le capitaine, un Cubain, et les six membres de l'équipage, avant de découvrir dans la salle des machines une bouteille d'air comprimé bourrée de cocaïne (cent douze kilos), chargée au large du Venezuela ; une partie de la marchandise aurait été jetée par-dessus bord alors qu'un avion militaire français survolait la zone.

L'embarcation est escortée jusqu'au port de Lomé, la capitale du Togo, où les policiers locaux sont sur le pied de guerre, épaulés par deux collègues espagnols et trois français, dont le commissaire François Thierry, futur patron de l'Office central pour la répression du trafic illicite de stupéfiants.

Dès l'arrivée du remorqueur, un officier du régiment de para-commando se présente aux autorités du port pour récupérer les « colis » se trouvant à bord du *Pitéa.* Malgré le déploiement d'uniformes, l'officier ne mollit pas. Confronté au ministre de l'Intérieur en personne, accouru sur place, l'officier précise qu'il vient chercher des « produits chimiques » destinés à son chef, commandant du régiment et qui plus est fils du chef de l'État, ajoutant qu'il a déjà effectué ce type d'opération à deux reprises, en 2003. Dans les deux cas, il a effectivement débarqué dans le port avec un camion militaire et six hommes, avant de livrer les cartons au centre d'entraînement des troupes aéroportées. La première fois, les douanes locales ont voulu fouiller les paquets. Le fils du chef de l'État aurait personnellement téléphoné pour aplanir la difficulté. Pas avare de confidences, il ajoute avoir assisté à une réunion quelques jours plus tôt, au cours de laquelle un très riche homme d'affaires de Lomé a évoqué, devant un autre fils et une fille du président togolais, le fait qu'il verserait une forte somme à leur frère, le patron des paras, une fois revendus les produits chargés à bord du *Pitéa*. « Je ne sais pas si le chef de l'État est au courant de ce commerce, ajoute le militaire, mais je sais qu'il [le riche homme d'affaires] a dit qu'il avait obtenu le feu vert de Papa. » C'est-à-dire du chef de l'État, mais qui pouvait vérifier ses dires ?

De la cocaïne débarquée par des militaires coiffés de bérets rouges, l'affaire semble énorme, mais les policiers togolais en avaient vu d'autres : en novembre 2003, un trafiquant colombien venu faire l'acquisition au Togo d'un navire destiné à acheminer la cocaïne jusqu'en Europe avait été accueilli, au pied de la passerelle de l'avion, par un agent à la retraite du centre de traitement du renseignement et sa compagne, sous-brigadier à la direction centrale de la police judiciaire togolaise.

« Ce que recherchent les narcotrafiquants, c'est un flux régulier et constant, pour qu'il n'y ait pas de rupture dans l'approvisionnement, explique Laurent Guillaume, ancien capitaine de police devenu consultant international, longtemps en poste en Afrique de l'Ouest. En plus de la voie maritime, ils ont mis en place une sorte de pont aérien. Durant la seule année 2009, on a eu des informations précises concernant huit avions qui décollaient à partir du Venezuela en direction du Nord-Mali, une zone immense et difficile à contrôler. La plupart étaient des petits avions modifiés qui pouvaient transporter, en plus de réserves d'essence supplémentaires, jusqu'à 500 kilos de cocaïne. Quelques minutes après leur décollage, ils coupaient leur transpondeur pour devenir indétectables. Un jour du mois de novembre 2009, on a appris qu'un Boeing 727-200 s'était posé pas très loin de Gao, avec à son bord environ onze tonnes de cocaïne, d'une valeur marchande de 300 millions d'euros. Au moins quatre réseaux sont venus se servir. Seule une petite quantité, 800 kilos, ont été retrouvés au Maroc, le reste a été rapidement dispatché entre l'Algérie, l'Égypte, Bamako, une partie ayant, selon la légende, était enfouie dans le sable avec une balise GPS. »

À leur arrivée sur les lieux, les services de sécurité se sont contentés d'une carcasse calcinée (un appareil de ce genre vaut entre 600 000 et 800 000 dollars), l'équipage vénézuélien ayant depuis longtemps regagné Caracas. Un coup de maître, probablement un achat groupé, meilleure façon de faire baisser le tarif du transport. Les maigres effectifs de l'Office central de lutte contre les stupéfiants malien, guère plus de cent fonctionnaires équipés de deux ou trois véhicules, n'avaient pas effrayé le narco colombien et son associé espagnol, un policier défroqué, à l'origine de la création de la compagnie aérienne bidon à laquelle appartenait le Boeing abandonné. Ni freiné l'appétit des tribus du désert pour cette manne à l'origine de plusieurs palais entourés de pick-up armés de mitrailleuses lourdes…

La voie africaine a rendu de grands services à l'heure de livrer l'Europe en cocaïne, jusqu'au tournant de l'année 2010, où la prolifération des organisations islamistes a massivement attiré dans la zone les services de renseignement européens et américains. « Kidal et Mopti étaient truffées d'agents », se souvient Jean-Marie, au point qu'il était devenu difficile pour les trafiquants d'y travailler.

Obstacle supplémentaire, l'inquiétude manifestée par le pouvoir marocain en novembre 2010, avec une déclaration remarquée de son ministre des Affaires étrangères, Taieb Fassi Fihri, à Madrid : « Aujourd'hui, ce ne sont plus des drogues douces qui font l'objet d'un trafic entre l'Afrique et l'Europe. Aujourd'hui, nous sommes extrêmement préoccupés par ce flux de drogues dures, comme la cocaïne, qui proviennent essentiellement d'Amérique du Sud. Des avions viennent régulièrement prendre de la cocaïne au Maroc pour la transporter dans le sud de l'Europe. J'attire votre attention sur le danger que constitue la cocaïne, non seulement pour les consommateurs mais aussi pour son pouvoir déstabilisateur dans certains pays. »

Un mois plus tôt, les autorités marocaines avaient annoncé le démantèlement d'un réseau de trafiquants supposés avoir des liens avec le groupe al-Qaïda au Maghreb islamique (Aqmi). Un sujet avec lequel le pouvoir marocain ne tergiverse pas : les services de renseignement du royaume chérifien n'avaient pas l'intention de laisser ces cellules islamistes se positionner sur le marché de la drogue.

7

« La seule règle, c'est qu'il n'y en a plus »

L'histoire peut paraître surprenante, mais la première fois que Mehmet a entendu parler des Caraïbes, c'était par le truchement d'un ami du quartier, un de ces ghettos dont la Seine-Saint-Denis a le secret. Un général haïtien – vous avez bien lu – avait sur les bras une certaine quantité de cocaïne qu'il cédait à bon prix, 2 500 euros le kilo, à condition de venir la chercher en République dominicaine (pays disposant d'une frontière avec Haïti). Une fois le banlieusard franco-turc débarqué sur l'île, le bon plan s'était volatilisé sous son nez : probablement arrêté entretemps par la police, l'ami ne répondait plus au téléphone.

« Je me suis mis à faire du porte-à-porte, se souvient celui qui, malgré son jeune âge, avait déjà un parcours sérieux sur le front du crime. J'ai compris que l'aéroport était une passoire, peu de douaniers, pas de machines à rayons X. J'ai noué des contacts. Je me suis retrouvé dans une favela où j'ai failli me faire découper, mais j'ai eu de la chance. Je me suis mis à envoyer de la marchandise toutes les semaines vers l'aéroport d'Orly, à l'arrache. On produisait beaucoup d'argent et ça a créé de la frustration chez certains, qui nous ont dénoncés. Je me suis pris plusieurs procédures pour trafic international et un mandat d'arrêt, alors que je venais de prendre dix ans par défaut devant un tribunal français. J'avais 24 ans. Je me suis dit : si tu te fais prendre, t'es mort, tu vas ressortir avec les cheveux blancs, cassé et malade... Et j'ai décidé de me battre. Je ne voulais pas leur donner un jour de ma liberté, c'est trop précieux. J'ai continué sur la voie du trafic pour entretenir ma cavale... »

Loin de l'appartement familial et de la cité qui l'ont vu grandir, le jeune Francilien s'accoutume plutôt rapidement aux mœurs de ce paradis tropical aussi accueillant pour les touristes en mal de soleil que moisi de l'intérieur par l'afflux de cocaïne déversée par de petits avions sur des pistes de fortune dissimulées dans la jungle, le tout avec la bénédiction des autorités, au point que le kilo se négocie à l'époque entre 3 600 et 3 800 euros : quasiment le prix en vigueur sur le lieu de production. Mehmet grimpe vite les marches qui mènent du statut de débutant à celui de baron en herbe, avec le confort inhérent à cette promotion. Il apprend, un peu surpris au début par le discours du pouvoir nouvellement en place qui se débrouille pour « assoiffer » le pays en drogue, une stratégie commerciale qui en moins de quatre mois fait flamber les prix, le kilo passant bientôt à 9 000 euros. Avec un objectif officieux que le jeune trafiquant trahit en ces mots : évincer les concurrents, puis confier l'exclusivité du trafic à quelques hommes de confiance, forcément acoquinés aux politiques, certains venant d'ailleurs frapper à la porte du « Francès » – des députés en mal de financement pour leur campagne électorale, un gouverneur qui lui propose d'assister à ses côtés à un match de base-ball. Des moments rares et précieux, mais tout n'a pas été que plaisir et bénéfices.

« Les types avec lesquels je travaillais ont essayé un jour de m'assassiner, raconte Mehmet. Ils étaient en train de calculer le moment où ils allaient me "taper". Ils te laissent monter, et dès qu'ils sentent que c'est le moment, ils te cassent les jambes. Ils te tuent et te prennent tout ce que tu as. J'ai vu tomber des gens très puissants, propriétaires de gratte-ciel, parce qu'en haut lieu on en avait décidé ainsi. Cela fait partie du code génétique de cet État. L'argent commande. »

N'est-il pas en train de dresser, sans en avoir l'air, le portrait d'un narco-État ? « Tu pensais que c'était autre chose ? » s'exclame le jeune homme une dizaine d'années plus tard, sirotant un café dans une brasserie parisienne. Quelles sont les règles de survie pour un banlieusard qui a certes appris dans sa jeunesse le maniement des armes, mais a grandi dans une contrée plus calme ? « Il ne faut pas qu'on entende parler de toi. C'est un pays criminogène, les morts, ça défile, mais il y a des codes. Il faut payer les policiers de la brigade criminelle et rincer tout le monde avant d'assassiner un type, parce que s'ils remontent à toi, ils n'ont qu'un ordre : t'abattre. N'oublie pas que le salaire moyen d'un policier, là-bas, c'est 100 euros ! Sa vie ne vaut rien, mais il te tuera le premier.

J'ai connu deux types qui me dépannaient parfois en marchandise et qui avaient tué quelques personnes. Un jour, alors qu'ils étaient partis livrer à bord d'une Honda Accord grise, les keufs se sont mis à leur hauteur et leur ont tiré dessus sans sommation à travers la vitre teintée. La seule règle, dans ce pays, c'est qu'il n'y en a plus. Il faut tout faire pour ne pas te faire manger ! »

Armé jusqu'aux dents, circulant au volant de voitures blindées, des 4 × 4 équipés de moteurs V8, une petite veste en kevlar (pare-balles) sur le dos même par quarante degrés, faux passeport en poche, « El Francès » n'ignore pas le danger, proportionnel à sa réputation sur place. La force physique ne lui suffit pas, il ne se déplace jamais sans une arme, mais ce qui le sauve ce jour-là, c'est son culot et ses relations : alors que deux policiers en civil entendent le contrôler sur le bord de la route, pointant leur arme sur lui, il baisse la vitre et les insulte. Pour qui se prennent-ils de contrôler un type comme lui ? Sans laisser le temps à ses interlocuteurs de réagir, il appelle depuis son téléphone le numéro 2 de la direction nationale du contrôle des drogues, qui se charge de calmer les ardeurs des deux flics, brusquement inquiets pour leur grade : « Ils m'ont laissé repartir au volant de mon Infiniti FX35, avec mon pistolet mitrailleur et deux chargeurs sur les genoux. »

On fait mine d'être surpris. Avait-il un des patrons de la brigade des stupéfiants dans la poche, vraiment ? « Ils sont pires que nous ! réplique-t-il. Les premiers trafiquants, c'est pas nous, c'est eux ! »

En République dominicaine, tout est possible. Un matin, flanqué de plusieurs compatriotes impliqués dans le trafic, Mehmet débarque en convoi aux abords de l'aéroport international. Ils sont quatorze, tous armés, à bord de trois véhicules équipés de doubles fonds remplis de cocaïne. Il est 8 heures, les hommes discutent en attendant de pouvoir approcher de l'avion qui décolle à 11 heures pour la France. D'un coup, cinq ou six pick-up rappliquent en meute, chargés de flics équipés de fusils mitrailleurs M16.

« *Policia! Policia! Policia!* »

Les gars ont l'air affolé, ils crient. Un des complices français de Mehmet, moins aguerris que les autres, se jette par terre en pleurant ; il prend une baffe de l'un de ses compatriotes, que cette démonstration de force ne trouble pas : le colonel qui dirige la troupe est le chef du commissariat du coin, il ne peut pas être bien méchant. Pas méchant peut-être, seulement l'un de ses hommes tape maintenant avec un marteau contre la carrosserie d'un véhicule, à la recherche d'une planque, avant de s'écrier : « C'est des trafiquants ! Les voitures sont chargées ! »

Sommé de vider le contenu de sa sacoche, Mehmet laisse tomber vingt et un téléphones, un pour chacune des personnes avec lesquelles il travaille, des téléphones sans puce qu'il renouvelait tous les quinze jours pour échapper à tout traçage. « Et lui, c'est le chef ! » lâche un policier en le désignant.

« À ce moment-là, raconte Mehmet, un de mes potes dominicains me tape sur l'épaule et me raconte, en pointant un doigt vers l'homme en uniforme, que ce colonel qui voudrait m'interpeller a fait atterrir quelques jours plus tôt sur une route nationale un Cessna bimoteur en provenance de Colombie. Il avait sécurisé l'endroit, le temps de décharger deux tonnes de marchandise et de laisser repartir l'avion. Ils chargeaient les valises dans leurs pick-up quand une équipe des services antidrogue était arrivée sur les lieux. "Je suis en train de ramasser les preuves", avait bredouillé le colonel. » Mehmet poursuit : « Mais j'étais déjà en train d'appeler mon ami flic pour lui parler de ce type qui allait nous faire rater l'avion... J'ai passé l'appareil au colonel, qui a quasiment fait le salut, avant de baisser la tête. La conversation terminée, il m'a rendu le téléphone en nous souhaitant bonne route. C'était ça, l'Amérique du Sud ! »

Un chaos dans lequel prospère le crime, plus fort que le droit. Un désordre au milieu duquel on étouffe bien les affaires. Où des flics payés 100 dollars par mois roulent au volant de véhicules à 150 000 dollars, des boutons de manchette en diamant aux poignets, tous les participants sachant parfaitement que le pays ne disposait pas de moyens d'écoute digne de ce nom, du moins jusqu'au jour où les Américains prêteraient du matériel, ce qui n'allait pas tarder. Voilà le quotidien de Mehmet, qui a grandi entre Clichy-sous-Bois et Montfermeil, détecté très tôt par les services spécialisés dans la lutte contre le crime organisé.

Combien pesait-il, financièrement ? Mehmet élude cette question. On apprend juste qu'il comptait suffisamment pour que des Colombiens lui livrent une tonne de cocaïne « à la parole » (sans payer d'avance).

« J'avais cette aisance-là, cette facilité », dit-il. La même confiance que ses aïeux du milieu français avaient su installer au siècle précédent avec le cartel de Cali ou celui de Pablo Escobar, en Colombie.

En cheville avec Chocolate, Mango, El Che, Aretico ou El Gallero, parmi les surnoms que se donnent les représentants de la police ou de l'armée dans le trafic, « El Francès » se croit intouchable. Enfin presque, car il sait pertinemment que le gradé qui a décidé de le laisser monter en puissance peut à tout moment l'« arracher », le faire disparaître et récupérer tous ses biens, maisons et voitures. Il se sait puissant et en même temps fragile, dans l'incapacité par ailleurs de faire machine arrière. Il s'est vu mort plusieurs fois, mais n'avait pas imaginé une telle issue.

La France le réclamait depuis le 22 juin 2009, le soupçonnant d'arroser abondamment l'Hexagone en cocaïne fraîche. La police judiciaire en avait fait une cible, l'ayant catalogué parmi les têtes d'affiche d'une génération qui avait brûlé les étapes, passant rapidement du vol d'autoradios au commerce en gros de la cocaïne. Sa vie était un roman, le récit de sa neutralisation défie les lois du genre. Officiellement résident local, Mehmet commence par purger un mois de prison en République dominicaine pour détention d'armes, une peine légère sachant qu'on le présume impliqué dans des crimes. Le jour de sa remise en liberté, trois 4×4 l'attendent, remplis de militaires cagoulés, canons de leurs M16 pointés sur lui. Chargés de le conduire jusqu'à la capitale pour un interrogatoire qui n'a finalement pas lieu, il est balloté durant plusieurs jours, avant de tenter l'évasion.

Le premier cadenas cède, mais un fusil à pompe stoppe son envol. Il termine entre les mains des services anti-narcotiques. Profitant d'une seconde d'inattention, des militaires le ceinturent brusquement et un médecin le pique à l'épaule avec sa seringue. Finis les bolides, la belle vie, et les villas avec vue sur mer !

« Je venais de me faire niquer. Je me suis réveillé une heure plus tard, assis sur une chaise roulante, pieds et poings menottés, dans la zone internationale de l'aéroport de Saint-Domingue. J'ai refusé de monter dans l'avion d'Air France pour Roissy, mais quelques jours plus tard, la porte de ma cellule s'est ouverte. Un type cagoulé m'a dit de sortir. Je me suis battu. Ils m'ont attaché, jeté dans un camion et ramené à l'aéroport. J'ai entendu le type demander : "Et il est où l'avion pour le Français ?" "Les bâtards, je me dis, ils m'ont ramené un avion !" J'avais du mal à admettre que des gens qui incarnent la loi utilisent des techniques de criminels… J'ai compris que c'était fini. »

Transféré directement en Martinique le 11 février 2009, pieds et poings liés pendant le vol, le rebelle de Montfermeil se voit notifier au commissariat de Pointe-à-Pitre sa condamnation à dix ans de prison par défaut, plus quelques autres peines de moindre importance. « Et vous m'avez trouvé où ? » demande-t-il à la fonctionnaire qui l'invite à parapher un document. « À un arrêt de bus », répond-elle en riant, probablement consciente du fait que ses collègues avaient légèrement outrepassé leurs droits. « J'avais commis des actes délictueux, avoue Mehmet avec le recul, mais pourquoi le droit serait-il à géométrie variable ? » De fait, son extradition se déroule hors de tout cadre légal, il n'en reste pas moins sept ans en prison en France. Largement le temps de méditer sur cette vie de kamikaze de la drogue qu'il avait connue durant ses deux ans de cavale, aussi « sauvage », « méthodique », « colérique », les mots sont de lui, que déterminé, sans jamais penser à l'après comme si chaque jour était le dernier.

« On était agressifs et corrosifs, comme la société dans laquelle on avait grandi admet-il, peine purgée mais encore sous bracelet électronique. On allait tout droit comme si on avait des œillères, dans un milieu où les gens ne respectaient que la violence. Je pensais que c'était la vie, le soleil tout le temps, en claquettes et en short, et tout le folklore, les femmes, l'argent, le luxe. Je me disais, pour rester poli, qu'il fallait que je casse la baraque très vite. Mais je me voyais comme un simple trafiquant et jamais je n'aurais imaginé me faire séquestrer à la demande des autorités françaises. Pourquoi ce traitement alors que d'autres, des gens de renom dans le banditisme, qui ramènent des tonnes en France, sont chouchoutés par la pénitentiaire et sortent à un tiers de leur peine ? J'ai fini à la centrale de Clermont et ça m'a fait du bien de passer par là-bas, tu vois, c'est comme si on te faisait goûter à l'antichambre de la mort avant de te ramener à la vie. » Combien de Mehmet les cités françaises ont-elles vu émerger, de gars prêts à tout, la fougue chevillée aux poings pour aller chercher le produit au plus près de la source ? La police judiciaire a dressé de longues listes de petits parrains devenus millionnaires aussi vite que s'ils avaient gagné au loto.

Une vie dont ils ont le plus grand mal à décrocher, sauf lorsqu'ils y laissent leur peau, comme c'est arrivé à quelqu'un de très proche de Mehmet : son double, son frère, victime de la guerre des gangs en République dominicaine.

8

Les ailes de la cocaïne

Franck Colin n'est pas tout à fait monsieur Tout-le-Monde, mais il est loin du profil du voyou classique. Il a grandi dans un quartier populaire de Toulon et a côtoyé quelques figures du milieu local, longtemps prospère, à l'époque où il gagnait sa vie comme portier d'une discothèque de la capitale varoise. Il venait d'avoir 18 ans, les voyous s'enrichissaient sur le dos de la prostitution et des machines à sous, pas encore de la drogue, mais il n'a pas choisi d'intégrer leur monde, et c'est de façon tout à fait improbable qu'il se retrouvera, à l'âge adulte, sur les bancs d'une cour d'assises pour trafic international de cocaïne.

La sécurité privée a toujours été son domaine, dans lequel Franck Colin a gravi les échelons en autodidacte : apprentissage de la boxe chinoise dès l'âge de six ans et demi, suivi de celui de la boxe anglaise, américaine et thaïlandaise, avant la découverte du krav-maga et du close-combat, niveau championnat du monde amateur. Le métier lui a permis de s'expatrier et de découvrir le grand monde, celui des stars et des PDG, des hommes de pouvoir et de l'argent.

« Avoir grandi dans la rue m'a apporté beaucoup de discipline et de courage, dit-il. Travailler dans le milieu de la nuit m'a appris à observer les comportements, à détecter les calmes, les tristes, les coléreux, les nerveux. Les mecs qui avaient de la came, on leur filait des gifles à leur faire tomber les dents, en privilégiant le geste expéditif et carré. » Pour ne pas dire militaire – de quoi faire face en prison, où toute prise de bec est appelée à se transformer en pugilat, fourchette à la main, mais ce n'est pas une situation qu'il avait anticipée.

Pourquoi cet homme se met-il en tête, alors qu'il a une place en or en Roumanie, des vedettes en guise de clientèle, un couple enviable, le hors-bord à portée de main, d'approcher de grands trafiquants de drogue, taille internationale, pour leur proposer une porte d'entrée sur le territoire français ? Quelle mouche exotique l'a-t-elle piqué pour qu'il se dise que cet aéroport proche de Saint-Tropez, où il avait accompagné en été de nombreuses stars, pouvait devenir l'écrin idéal de la cocaïne ? Jusqu'au jour du procès, Franck Colin a défendu une ligne dont il ne démord pas : il était intéressé par le gain, mais pas celui que l'on croit. Il pensait infiltration et mise à mal des méchants. Il défendait la société contre les empoisonneurs. Il était du côté du bien, de la police, comme le soutiendra jusqu'à la dernière minute son défenseur, Me Jérôme Susini.

Le voilà donc en train de planquer, des journées entières, aux abords de cet aérodrome de La Môle (Var) qui n'accueille que des VIP, le genre de personnes que l'on contrôle peu. Perché dans un arbre ou allongé dans l'herbe, il observe et prend des notes. Que se passe-t-il une fois qu'un avion a atterri ? Ou se positionne-t-il ? Quel est le circuit suivi par les bagages déchargés de sa soute ? Qui pénètre sur le tarmac, et à quelles fins ? Qui commande le portail vert ? Les chauffeurs privés viennent-ils chercher leurs clients au pied de l'avion ? Rien à voir avec la surveillance exercée dans les aéroports commerciaux classiques, cela saute aux yeux. Aucune difficulté notable à signaler.

« Le but de cette mission était de vérifier qu'il n'y avait pas d'accrocs », rapporte Franck en 2017, quatre ans après les faits et quelques mois avant son procès. Deux atterrissages le confortent dans ses premières impressions, au temps où il s'était posé sur cette piste avec des passagers fortunés venus se griser à Saint-Tropez, à une vingtaine de minutes par la route. Il s'agit bien de l'un des aéroports « les plus fragiles », niveau contrôles, parmi les quelques mille cinq cents répertoriés en France. Le tarmac est en accès libre depuis les talus alentour. Pas de gendarme ni de douanier à l'horizon pour fouiller les bagages ou vérifier les identités. À l'époque où il était employé par des Saoudiens ou des Koweïtiens, Franck Colin avait vu débarquer sur l'aéroport de Nice un Boeing chargé d'une cinquantaine de valises « remplies de dollars et de fringues ». « C'était la famille Untel, personne ne posait de question. Il aurait pu y avoir à l'intérieur des bombes, de la drogue, des lingots ou de la chair humaine, il ne se serait rien passé. » De quoi le convaincre de la faiblesse des services répressifs face aux stupéfiants, les gendarmes qu'il fréquente lui répètent d'ailleurs à l'envi qu'ils ne disposent pas des moyens nécessaires pour « faire du bon travail » face à l'afflux de drogue. Ce qui le choque à titre personnel, insiste-t-il, car « l'argent de la drogue inonde l'économie et corrompt un maximum de gens », notamment des membres des forces de l'ordre.

Franck Colin enregistre et gamberge, lui qui s'est fixé pour « mission » de proposer une « entrée » convaincante sur le territoire français à de vrais trafiquants. Comment leur inspirer confiance en limitant les risques au maximum ? Il écarte la piste du go-fast en hélicoptère et du cargo pour se focaliser sur ce milieu qu'il pratique, celui de l'aviation d'affaires. Où règne, il l'a éprouvé par lui-même, une forme de laxisme généralisé, il suffit de voir comment les passagers et les véhicules privés se promènent sur le tarmac de La Môle. Le coût d'un vol transatlantique ne devrait pas dissuader ceux à qui il compte s'adresser, leur budget est extensible pourvu qu'on leur promette un atterrissage sécurisé. Selon la société, la location d'un jet de sept à huit places, dans lequel on peut charger jusqu'à sept cents kilos de bagages, est facturée autour de 10 000 euros (hors taxes) l'heure de vol. Un voyage aller-retour entre la France et la République dominicaine, avec escale aux Açores pour faire le plein de carburant, représente autour de vingt-trois heures de vol, soit 230 000 euros. Une goutte d'eau par rapport aux bénéfices attendus, si à la place des vêtements s'entasse de la cocaïne. Quant au plan de vol, rien de plus simple que de le modifier en chemin, sans même avoir à simuler une panne ou un ennui quelconque – celui qui paye un jet a tout à fait le droit de changer de direction en plein ciel –, de façon à faire croire aux autorités qu'il s'agit d'un trajet intraeuropéen.

Il reste à trouver une compagnie aérienne pas trop regardante, des pilotes n'ayant pas froid aux yeux et un réseau criminel susceptible d'apporter la mise de fonds. La première partie de la « mission » ne s'avère pas trop compliquée, l'appât du gain étant plus fort que tout. Côté voyous, il a fallu se faire à leurs codes et user de persévérance. Sans eux, cette bande de novices n'aurait pu assurer la mise de fonds, elle aurait également eu le plus grand mal à écouler le produit. Un trafiquant réputé mord à l'hameçon, séduit par cette équipe sortie de nulle part qui propose de résoudre tous ses problèmes logistiques…

Curieux programme pour un novice ? Difficile de faire le tri entre le personnage qu'il s'est construit durant les longs mois de détention provisoire et la réalité, mais Franck Colin soutient avoir appris énormément en intégrant, quelques années plus tôt, un service antidrogue en Europe centrale. Son véritable objectif, se défend-il, n'était pas de s'enrichir en prenant un pourcentage sur la marchandise transportée, puisqu'il visait la part réservée par les services de l'État à ceux qui mettent à mal des réseaux criminels, ces fameuses primes que promettent les douanes à leurs « aviseurs ».

Un premier voyage est effectué entre l'aéroport de Puerto Plata, en République dominicaine, et celui de La Môle le 9 décembre 2012. Vol test ? Première livraison ? Le deuxième vol voit décoller (fin février 2013) le même appareil de Quito, en Équateur, pour venir se poser au Bourget, en région parisienne, toujours sans encombre, du moins en apparence, car les gendarmes de Saint-Tropez n'étaient pas si endormis que leur réputation le laissait supposer : lors du premier passage, le personnel a vu dix lourdes valises sortir des soutes. Le troisième vol, qui devait relier Punta Cana, toujours en République dominicaine, à La Môle, n'aura jamais lieu. Les autorités locales entrent en action. Les Américains de la DEA (Drug Enforcement Administration) sur le dos, la narco-oligarchie a visiblement décidé de frapper un grand coup médiatique. Quatre ressortissants français sont interpellés sur le tarmac à grand renfort de caméras de télévision, le 19 mars 2013, à 22 h 30, comme si les patrons de la lutte anti-narcotiques avaient besoin de se refaire une virginité. Tous présentent un casier judiciaire vierge. Dans le Falcon, six cent quatre-vingt-deux kilos de cocaïne répartis dans vingt-six valises. Mais le général Rosado Mateo, président de la Direccion National de Control de Drogas, voit plus loin que ce flagrant délit, puisque trente-cinq agents sont arrêtés, des membres de son propre service, des douaniers, des fonctionnaires des services de l'immigration et des cadres de la direction de l'aviation civile dominicaine.

Un an et demi d'efforts anéantis. Cinquante ans de salaire d'un vrai flic envolés – une somme à six chiffres... L'ambassade de France fait remonter l'information jusqu'aux bureaux de l'OCRTIS, l'Office des stups, à Nanterre. L'affaire « Air Cocaïne » commence. Où les policiers découvrent rapidement que les gendarmes de Saint-Tropez – nouveau couac dans la lutte contre les stupéfiants – n'ont pas tout dit.

Avisés par un pompier du petit aéroport de La Môle, intrigué par le déchargement de dix valises boueuses le 9 décembre 2012, à l'occasion du premier passage du Falcon 50, les pandores s'étaient tournés vers le parquet de Draguignan. Par crainte de voir l'affaire leur échapper, ils avaient évoqué devant le juge un soupçon de trafic d'œuvres d'art et obtenu l'ouverture d'une enquête préliminaire, dans le dos des magistrats spécialisés de Marseille. Lesquels sont verts de rage en l'apprenant et « assassinent » les gendarmes au cours d'une réunion mémorable, rassemblant plus de vingt-cinq personnes.

Parmi les indices exploitables, la présence près de l'aéroport le jour du déchargement d'une voiture louée au nom de… Franck Colin. Mais les enquêteurs de l'Office des stupéfiants ont un autre fil à tirer : un certain Fabrice Alcaud, se disant loueur d'avions, inconnu des services, a appelé la permanence de la PJ pour donner le nom d'un pilote, sur le ton de quelqu'un qui cherche à se prémunir de quelque chose. Il a été aussitôt rappelé, puis enregistré officiellement au bureau central des sources (BCS), mais la juge d'instruction désignée ne mord pas à cette piste.

Le ratage initial des gendarmes se double d'un gigantesque gâchis du côté de l'investigation. Les enquêteurs de l'Office des stups identifient les organisateurs du dernier vol du Falcon 50, mais pas seulement. Comme ils le confient à l'époque, un brin dépités – on va comprendre pourquoi –, ils détectent surtout les présumés commanditaires de l'opération, ceux qui avaient misé sur ce pipeline entre la

République dominicaine et le Var. Parmi eux, de gros voyous du Sud de la France, mais aussi des Italiens connus des services antimafia, dont les noms n'apparaîtront jamais dans le dossier. Parce que la magistrate a d'autres ambitions, elle vise bien plus haut, pas moins que Nicolas Sarkozy, ayant appris que l'ancien président de la République faisait partie des utilisateurs occasionnels du Falcon 50 resté en rade à Punta Cana, de même que Patrick Balkany, maire de Levallois, Michèle Alliot-Marie, ancienne ministre de l'Intérieur, Bernard Kouchner, Rama Yade, eux aussi anciens ministres, ou Johnny Halliday. Plutôt spécialiste de la délinquance en col blanc que du crime organisé, la juge exige que Nicolas Sarkozy soit placé sous écoute. Les enquêteurs préfèreraient se focaliser sur l'essentiel plutôt que sur ce volet « politique » à leurs yeux sans avenir, aucun lien n'existant selon eux entre la cocaïne et les clients habituels de cet avion-taxi. Ils le font savoir à la juge, qui, dans un courrier daté du 18 juillet 2014, met un terme à toute collaboration avec la police judiciaire, la soupçonnant carrément de lui dissimuler des documents, de ne pas tout retranscrire et de « protéger » Nicolas Sarkozy : « Nous vous remercions de bien vouloir prendre note que nous mettons un terme à l'ensemble des missions qui vous ont été confiées par commissions rogatoires dans le cadre de cette présente affaire et de nous faire retour des procédures en cours. »

Mesure de rétorsion annexe : la charte encadrant le traitement des informateurs, mémento à usage interne, est annexée à la procédure et dès lors accessible à tous. Un coup de force qui laissera aux enquêteurs un goût amer et l'impression du travail mal ficelé, pour ne pas dire sabordé, mais le choix des priorités revient à la justice : une tentative d'importation de produits stupéfiants en France, somme toute banale, ou une enquête sur les dessous croustillants de l'aviation d'affaires en France, que la juge décide de confier aux... gendarmes et aux douanes judiciaires. Nicolas Sarkozy sera placé sur écoute, la piste ne donnera rien, comme le pressentaient les flics des Stups, mais la magistrate sera décorée de la Légion d'honneur par François Hollande le 18 avril 2014, puis promue à Nîmes à l'automne suivant. Quant à ceux qui lorgnaient la cocaïne, à l'exception d'Ali Bouchareb, seule tête d'affiche épinglée dans les rangs de la voyoucratie, ils suivent le procès à la télévision sans trop savoir à qui envoyer un bouquet de fleurs.

Devant la cour d'assises spéciale des Bouches-du-Rhône, Me Susini déroule l'enfance difficile de son client, devenu physionomiste dans une boîte de nuit grâce à sa pratique du sport, avant de se faire une place au soleil en Roumanie, où il a épousé une femme ravissante, mannequin au demeurant. Franck Colin n'avait pas d'autre intention que de devenir « aviseur », martèle l'avocat, autrement dit un informateur rémunéré par l'État. Les plus grosses affaires, celles qui font la une des médias, ne se réalisent-elles pas de cette façon ? Le juge d'instruction refusait depuis le début d'adhérer à cette lecture, ce qui a déjà valu au Toulonnais trois ans et demi de détention préventive. Le tribunal, malgré le talent de l'avocat de la défense, ne valide pas davantage : Franck

Colin, l'un des quatorze mis en examen du dossier Air Cocaïne, la plupart sans passé judiciaire, écope le 5 avril 2019 d'une peine de douze ans de réclusion. D'autant plus difficile à vivre qu'il lui faut désormais compter avec cette étiquette de suppôt des forces de l'ordre, lui qui avait fini par s'imaginer dans la peau d'un lanceur d'alerte soucieux de dénoncer le crime organisé. Une nouvelle preuve que la lutte contre la drogue, truffée de chausse-trappes, de vrais-faux agents, d'indics manipulateurs, de faux-fuyants et d'alliés de papier qui exposent parfois maladroitement les « soldats » engagés sur le « front », n'est pas une bataille comme les autres ; certains disent même que ses « soldats » seraient en bout de course.

9

Black Connection

« Il y a toujours un Arabe au-dessus de nous », confiait Sadio, issu d'une famille sénégalaise et gérant d'un point de deal en Seine-Saint-Denis. Les trafiquants d'origine subsaharienne ne sont cependant pas condamnés à jouer les soutiers en bas de l'échelle du deal, au niveau du bitume, là où l'on court le plus de risques. Ainsi de ces frères élevés à la dure par un père ivoirien, ancien militaire à la main lourde, qui les cognait allègrement, dont on raconte qu'un jour, plus fâché que d'habitude, il aurait ordonné à sa femme de creuser cinq tombes pour y enterrer ses fils, qu'il avait décidé d'éliminer. Né en 1971 à Abidjan, le plus solide d'entre eux qui dormait déjà dans le garage, nourri en cachette par sa mère, a vite compris que la survie passait par la puissance physique.

« Ne jamais se plaindre, ne jamais reculer, être le plus fort, il a inculqué ces valeurs à ses frères, rapporte quelqu'un qui connaît bien la fratrie. Dès la naissance, on leur a fait comprendre que leur corps était leur seule garantie, et le pognon la seule religion. »

Chez l'aîné, dix condamnations à son actif – dont trois pour des faits de trafic de stupéfiants –, un expert psychologue mandaté par la justice constatera une intelligence « normale », dont les ressources « se manifestent surtout dans une sorte d'art de la débrouille alimentée par une bonne intuition relationnelle ». « Les mobiles intellectuels de ses actes paraissent se confondre avec ses motivations affectives, celles d'un grand-frère, d'un substitut de figure du père, qui dit la loi, impose sa propre loi, a une idée de la loi », ajoutera l'expert.

À l'heure où l'on apprend à lire et à écrire, les frangins ont pratiqué la boxe ; mais une fois le père mis sur la touche, comment nourrir les sept enfants ? L'aîné a montré le chemin, celui des braquages, les frères ont suivi, avec à la clef des peines de prison. Leur musculature fascine jusque sous les verrous, où un prof de sport déplore un jour une côte cassée, tandis qu'une surveillante succombe au charme d'un des frères ; un membre du gang des Pink Panthers (souvent d'anciens militaires serbes), pourtant haut de deux mètres, perd enfin un combat aux poings contre l'un des membres de la fratrie.

L'un des frères exporte son savoir-faire jusqu'à Dubaï, où il gagne la plupart de ses combats en cage (interdits en France). Deux autres prennent en main le marché du crack autour de la gare de Saint-Denis (93), territoire à l'époque hors de contrôle où convergeaient les amateurs de ce produit particulièrement destructeur ; un de ces coins à la fois bien desservis par les transports en commun et assez chaotiques pour y attirer les consommateurs. Leur nom de famille inspire la crainte dans les cités alentour, et le moins qu'on puisse dire est qu'ils ont du répondant : alors qu'on lui demandait comment il s'y prenait pour décourager ceux qui s'en prenaient à ses cargaisons de shit importées d'Espagne, l'un des frères a répondu : « Ben on les fait fumer, où est le problème ? »

« Tu sors un flingue, il en sort un plus gros que toi », certifie un voyou qui les fréquente.

La place de plus en plus importante prise sur le marché de la cocaïne par les trafiquants antillais et guyanais modifie d'ailleurs en profondeur la tendance. Proximité géographique avec les zones de culture oblige, la Martinique, la Guadeloupe et l'aéroport de Cayenne sont devenus les plaques tournantes de la cocaïne, au profit d'« entrepreneurs » locaux. Plusieurs affaires judiciaires ont mis en lumière des échanges de marchandises avec la région parisienne, cocaïne contre shit, produit rare sous les tropiques. De nouveaux visages ont émergé sur le front du trafic, comme celui de Kevin Doure, prototype de ce nouveau monde. Le jeune Martiniquais était à peu près inconnu des services (une vague affaire de recel et une histoire de violences volontaires) jusqu'à son arrestation pour trafic international de stupéfiants, le 7 novembre 2013. Il avait sauté toutes les étapes pour s'affirmer directement sur le marché du gros, l'expédition de containers chargés en cocaïne vers le port du Havre, où il avait convaincu quelques dockers fragiles de lui prêter un appui logistique moyennant une participation sonnante et trébuchante.

L'enquête policière a débuté à l'automne 2012. En écoutant le téléphone d'un bandit marseillais connu pour vols à main armée et incarcéré à Fort-de-France, l'antenne locale de l'Office central de répression du trafic illicite de stupéfiants capte pour la première fois son prénom : Kevin. Le suspect, qui couvre sa copine de luxueux cadeaux, se déplace beaucoup entre les Caraïbes et Paris, avec escales au Brésil, à Dubaï (Émirats arabes unis) ou à Hong Kong. Né en 1985, il gère officiellement une société d'import-export de voitures de luxe et s'entretient régulièrement de son patrimoine avec un gestionnaire de fortune. Il paye ses billets d'avion cash. Et à en croire son ami marseillais, fait un peu trop parler de lui. Bribe de conversation qui arrive aux oreilles des policiers en même temps qu'une information anonyme, comme on en trouve si souvent dans les dossiers de stupéfiants : la source présente Kevin Doure comme membre d'une vaste organisation criminelle spécialisée dans l'envoi massif de cocaïne par voie maritime vers la France métropolitaine et l'Europe. Petit plus offert par l'informateur : les noms de deux Vénézuéliens installés sur l'île voisine (anglophone) de Sainte-Lucie, avec lesquels le trafiquant communiquerait par le biais de BlackBerry, téléphones sophistiqués et cryptés.

L'un des Vénézuéliens offre à première vue un profil intéressant, puisqu'il administre officiellement une société d'importation et de distribution de produits de la mer, dont le siège est implanté sur l'île de Trinidad (hispanophone). Le 30 avril 2013, Kevin

Doure revient des Émirats arabes unis à Paris avec un ami ; un chauffeur les attend, et les dépose dans le XIXe arrondissement parisien. La police le piste lorsqu'il se renseigne sur la possibilité de faire livrer une Lamborghini par container à Dubaï. Quelques jours plus tard, il s'envole pour Trinidad, de là vers Bogotá, puis Caracas. Une expédition se profile, mais les Vénézuéliens informent celui qu'ils appellent affectueusement « El Negro » d'un contretemps : un check-point des forces de l'ordre bloque momentanément l'acheminement du produit jusqu'au port.

Kevin Doure est un hyperactif qui ne se prive pas ; bouteille de Dom Pérignon dans sa chambre d'hôtel, pochettes Louis Vuitton et tongs Gucci agrémentent son quotidien. Il est surveillé à Miami, en Floride, où il séjourne avec deux investisseurs, jusqu'au moment où il détecte la présence d'un photographe dans une voiture garée au pied de leur hôtel (il s'agissait bien d'un policier américain). Première alerte, alors qu'il était question sur les téléphones cryptés de l'envoi de plusieurs tonnes de cocaïne depuis le Panama. Nouveau coup de chaud : un docker du Havre, rémunéré par l'organisation, commet l'erreur de s'afficher dans un casino et d'y dépenser 80 000 euros ; il vient de se griller. Cela n'empêche pas le *Fort St George* d'appareiller de Fort-de-France le 23 octobre 2013 avec à son bord une cargaison de rhum Saint James, plus la cocaïne. Direction Le Havre, où tout semble sous contrôle. Les enquêteurs photographient les dockers complices et saisissent une partie du produit, cinq sacs de trente-quatre kilos. Les pains de cocaïne portent les sigles habituels de l'équipe, « Yamaha »,

« Nissan » ou « BM ». Un employé du port de Fort-de-France est interpellé peu après : criblé de dettes, il admet avoir rendu service au « plus gros trafiquant de l'île », qu'il surnomme Bull, moyennant le versement de 100 000 euros. Sa mission : glisser discrètement les sacs dans un container avant de replacer un plomb sur la porte, ni vu ni connu.

Kevin Doure est à son tour arrêté le 31 octobre 2013, là où il s'y attendait le moins : le salon VIP de la compagnie aérienne Emirates, à l'aéroport de Roissy, avec à la main une valise noire chargée de vêtements de marque. Réflexe de survie, il mord son téléphone avant de le piétiner, mais le mal est fait : pour la première fois en France, la police judiciaire a craqué des BlackBerry réputés inviolables. Ce sera d'ailleurs l'un des axes de sa défense, mais sa bonne étoile a disparu : malgré la longue bataille procédurale de ses avocats, l'astre montant du trafic de cocaïne, décrit comme « méga-milliardaire » par l'un de ses complices, sera lourdement condamné.

*

La police n'en a pas pour autant fini avec la famille Doure. Wenddy, le petit frère, né en 1989 à Lamentin (Guadeloupe), apparaît dans les radars de la brigade des stupéfiants de Paris en septembre 2013. Le renseignement anonyme initial ne le cible pas, mais désigne un certain « Mamad », 25 ans environ et de grande taille, « de type africain », qui approvisionnerait « régulièrement les vendeurs de stupéfiants de la cité des Orgues de Flandre, dans le XIXe arrondissement parisien. Le tout au volant d'une Audi A3 appartenant à un certain Issam, incarcéré à la prison de Villepinte.

Dix mois de surveillances, entre filatures à l'ancienne, enregistrement des échanges téléphoniques, sonorisation de voitures et captation d'images, permettent de mettre à jour un réseau de revente de cocaïne dans la capitale, non pas au « tail-dé » (détail), comme ils disent sur les écoutes, mais en gros. Trois frères d'origine sénégalaise, Djibril, Abderrahmane et Bouna S., nés respectivement en 1978, 1985 et 1989, focalisent toute l'attention. Sorti de prison depuis moins d'un an après une condamnation à huit ans d'emprisonnement pour infraction à la législation sur les stupéfiants (sa cinquième condamnation pour ce motif), officiellement employé d'une société spécialisée dans la musique, l'aîné se décrit comme le « chef d'orchestre » du trafic. L'un des cadets est envoyé en Martinique avec des rouleaux de billets dans le slip et une jeune femme, rémunérée pour l'occasion, à son bras, histoire de passer pour un couple de vacanciers. L'autre transporte, stocke et livre au volant d'une voiture qu'ils appellent entre eux la « C », non parce qu'ils y transportent de la cocaïne, mais parce qu'il s'agit d'une Citroën C2, au demeurant équipée d'une « que-plan » (planque) derrière l'airbag. Une autre voiture, surnommée la « Pépite », dispose pour sa part d'une cache aménagée derrière la banquette arrière, dans laquelle on dissimule au choix drogue ou argent ; on y manie régulièrement la compteuse électrique, nettement identifiable sur les bandes de la police qui a sonorisé l'habitacle.

Toujours aux aguets, adeptes des mesures de contre-surveillance, alternant au volant les allures rapides, lentes et les arrêts sur le bord de la route, ils veillent à ne pas ressortir d'un salon de thé sans le sac avec lequel ils sont entrés ; l'aîné suggère d'ailleurs de tout mettre dans les poches (on peut y glisser jusqu'à 80 000 euros) pour ne pas se faire « cramer ». Ils disposent d'une bonne planque, un appartement loué en plein Paris, rue Ordener, loyer réglé en espèces, et d'une « flotte » de téléphones « chelous » (louches), indispensables pour prospérer dans le « biz ». Quand ils sont à court de produit, on les entend dire qu'ils n'ont plus d'« affaires », de « vestes » ou de « pièces ». Les billets de banque sont des « papiers ». Le jour où un interlocuteur fait mine de ne pas bien comprendre, on brandit le « brelique », une arme de poing, pour montrer qui on est. Voilà près de six ans que le commerce tourne sans « accident », la qualité est là et on est assez fier de « faire de l'ombre à tout le XVIIIe », autrement dit d'écraser la concurrence dans un secteur particulièrement convoité de la capitale. Sans illusion cependant, car tôt ou tard, la police fera le lien entre Kevin Doure et eux, ils le sentent d'autant plus qu'un passeur s'est « cramé » en se confiant à son marabout (lequel n'était aucunement entravé par le secret professionnel).

Une ultime surveillance se déroule le 3 juillet 2014. Bouna et Abderrahmane se dirigent au volant de la « Pépite » vers l'appartement de la rue Ordener. Djibril suit discrètement et se gare prudemment à proximité. À 13 h 08, ses deux frères arrivent devant l'immeuble, porteurs de sacs en plastique volumineux estampillés Leader Price. Crispés et méfiants, ils passent le porche sous le regard de leur frère, posté sur le trottoir d'en face son téléphone à la main, d'où il envoie un SMS : « Compte les direct ». « Ok », répond Bouna, avant de redescendre huit minutes plus tard. Le lendemain matin, la police embarque tous les participants identifiés, fournisseurs, clients et logisticiens compris, avant de saisir 51,6 kilos de cocaïne fraîchement débarquée dans le port du Havre, vingt-deux grammes de crack récemment « cuisinés », une compteuse à billets, quatre balances électroniques, un brouilleur d'ondes, un détecteur de balises et sept téléphones.

Devant les enquêteurs, chacun fourgue ses arguments pour expliquer son train de vie et ses voyages. L'aîné dit vendre des pièces détachées d'automobiles et du matériel agricole et exporter des meubles vers l'Afrique par container. Bouna assure vendre des produits Apple. Abderrahmane vit du commerce de vêtements et de téléphones. « Bibiche », un de leurs fournisseurs présumés, un « Rebeu » (Arabe) implanté dans le XIXe arrondissement parisien, soutient écouler des parfums et des voitures. « Sombre », un Sénégalais basé à Mantes-la-Jolie, lui aussi présumé fournisseur, conteste jusqu'à son surnom et raconte au sujet de l'arme retrouvée chez lui qu'il l'a confisquée à des jeunes en train de préparer un règlement de comptes entre bandes (il est employé comme animateur par la mairie). Babou, son acolyte préféré, est allé au Brésil et en Argentine « en touriste » ; entrepreneur, il fait dans la vente en gros, le déstockage et l'import-export de portes, de produits sanitaires et de parfums. Jeff, un des logisticiens, se rendait rue Ordener pour… jouer à la PlayStation avec Bouna. Quant à Wenddy Doure, alias « Ti mal », le petit frère de Kevin, soupçonné d'alimenter la filière du XVIIIe arrondissement, il demande le plus naïvement possible aux enquêteurs ce qu'est une « cache aménagée ». Pour le reste, il nie en bloc. Si on l'a vu à bord de la « C », c'est qu'elle lui avait été prêtée pour emmener son fils chez le pédiatre. Quant à ses contacts avec Djibril, il devait s'agir de la vente d'un véhicule.

Pas de Lamborghini en vue comme dans le dossier « Ivoire », mais ce réseau secondaire connaît une postérité inattendue. Les quarante-huit pains de cocaïne saisis, dont le degré de pureté a été établi, selon les lots, entre 45 % et 68 %, ne seront pas perdus pour tout le monde. Ils connaissent même une nouvelle vie après avoir été dérobés dans le coffre de la brigade des stupéfiants de Paris le 24 juillet 2014, avec à la clef l'arrestation d'un flic de 36 ans en froid avec la loi et sa déontologie, un scandale qui fera trembler les murs du Quai des Orfèvres.

PARTIE 3

LES STUPS PASSENT À TABLE

« Certains magistrats fantasment sur notre travail. Ils voient des entourloupes et des ripoux partout. Ils sont persuadés qu'on leur cache des trucs. Une source loyale, je la soutiens jusqu'au bout. Ce n'est pas mon ami. Ce n'est pas le parrain de mes enfants, même s'ils nous appellent parfois le soir et qu'on doit jouer les conseillers conjugaux. Certains nous prennent pour des dieux et nous prêtent des pouvoirs qu'on n'a pas, d'autres sont très manipulateurs, tous sont immatriculés et enregistrés au bureau central des sources. On leur offre une certaine sérénité, une forme d'assurance, mais il ne faut jamais perdre de vue que ce milieu est malsain. Ceux qui sont passés par la prison comprennent bien leur intérêt. On a juste besoin de savoir ce qu'ils font, sinon on a du mal à intervenir en leur faveur le jour où ils ont besoin de nous. »

Jean-Jacques,
pilier de la police judiciaire,
rompu au maniement des indicateurs
et prêt à quelques sacrifices pour les couvrir.

1

La PJ dans la bataille de la drogue, an 1

« Contre la drogue, il n'y a pas de guerre à gagner, mais des batailles à mener », disait le commissaire Bernard Petit, ancien patron de l'Office central de répression du trafic illicite des stupéfiants. La mère de toutes les batailles, celle menée contre la French Connection, n'aurait jamais été lancée si le président des États-Unis, Richard Nixon, n'avait pas déclenché un scandale diplomatique à l'occasion d'une rencontre avec son homologue français Georges Pompidou, aux Açores, en avril 1971. La Maison-Blanche n'était pas loin de penser que la France se moquait royalement de voir ses ressortissants inonder l'Amérique d'un poison mortel et addictif, voire qu'elle les couvrait, elle dont les services de police, vus depuis les États-Unis, semblaient notoirement sous-équipés.

Un policier a cependant senti venir la vague stupéfiante. Breton et fan de vélo, premier patron de l'antigang au Quai des Orfèvres, François Le Mouël avait capté depuis plus d'un an un vent nouveau dans le milieu du banditisme. Les indices se multipliaient, avec l'arrestation d'un nombre considérable de braqueurs en cours de reconversion dans le trafic d'héroïne. La neutralisation d'un marin (corse) à bord d'un cargo en partance du Havre pour l'Amérique du Sud (la route exactement inverse que suit la cocaïne aujourd'hui) a achevé de le convaincre : il se porte volontaire pour prendre la direction de l'Office des stups, dont le ministre de l'Intérieur, Raymond Marcellin, a viré le patron au lendemain du coup de gueule américain. Au passage, pour se border sur le front sud, ce visionnaire suggère l'envoi à Marseille de son adjoint à l'antigang, le commissaire Marcel Morin. Marché conclu, le ministre ne mégote pas avec un sujet devenu explosif.

L'Office des stups, installé au 127, rue du Faubourg-Saint-Honoré, s'appuie encore pour quelques jours sur une équipe famélique, trois commissaires, cinq inspecteurs divisionnaires et onze inspecteurs, dotés d'une Peugeot 403 noire et de deux Renault 8 que le bandit marseillais Francis Vanverberghe, dit le Belge, tout juste 23 ans et déjà sensible aux sirènes de l'héroïne, sème allègrement dans les rues de Paris au volant de sa Porsche ; ces véhicules démodés partent à la casse dès septembre 1971, alors qu'affluent les premières recrues. Les effectifs de la brigade des Stups de Marseille bondissent dans le même temps d'une dizaine de personnes à près de quatre-vingts. Mesure connexe : ces hommes travailleront loin de l'Évêché, le quartier général de la PJ phocéenne, dont la nouvelle équipe craint les bavardages intempestifs et autres copinages à la mode corse, autrement dit la porosité.

« Le ministre m'appelait sans cesse en direct, se souvient François Le Mouël[1]. J'allais dans son bureau sur la pointe des pieds. Pendant des années, mes collègues avaient fermé les yeux. Ils étaient dépassés. La came partait, les toxicos l'absorbaient. J'étais gêné vis-à-vis de mes prédécesseurs. J'essayais de sauver les meubles, de louvoyer, sinon ils auraient été fusillés… »

Le ministre de l'Intérieur, stupéfait qu'on ait laissé la pègre investir ce commerce illicite sans réagir, trop focalisé sans doute sur la flambée des braquages de banques et de commerces, débloque des fonds pour rémunérer les informateurs. Les Américains doublent les effectifs de l'antenne parisienne du bureau des narcotiques, façon de maintenir l'épée dans les reins de l'allié français, alors qu'ils estiment à près de dix tonnes la quantité d'héroïne pure exportée chaque année par les trafiquants vers leur territoire. Ils offrent même un Combi Volkswagen muni d'une sorte de mat destiné à humer l'air des rues de Marseille à la recherche des effluves chimiques dégagés par les laboratoires clandestins. Un « camion renifleur » bien trop voyant que François Le Mouël accepte (au départ, les Américains voulaient en offrir trois) pour éviter un nouvel incident diplomatique, mais c'est de façon plus classique, à partir d'un tuyau et en suivant une Coccinelle appartenant à un citoyen inconnu des services, qu'ils détectent sur la commune d'Aubagne (Bouches-du-Rhône) le premier laboratoire,

1. Décédé le 4 octobre 2015 à l'âge de 88 ans, des suites d'un accident de la circulation, peu après notre entretien.

le 22 mars 1972 : la villa Suzanne, où « cuisine » un chimiste de génie appelé Jo Cesari. Cent kilos d'une héroïne pure à 100 % sont saisis, avec en prime la « recette », consignée sur un paquet de Gitanes, les cigarettes brunes de l'époque. En pleine « croisade » contre la drogue, l'ambassadeur américain en personne débarque sur place grâce à un petit avion qu'il pilote lui-même et à bord duquel il a convié le commissaire Le Mouël. Surpris par le côté artisanal du labo, le diplomate n'en débloque pas moins les fonds nécessaires au paiement de l'informateur.

Tout juste entré à la section « stupéfiants » de Marseille, l'inspecteur Antoine Sciblo a le visage qui s'éclaire, près d'un demi-siècle plus tard, à l'évocation du nom de Cesari, ce marin qui avait connu les lignes maritimes de l'Extrême-Orient avant de devenir « le meilleur chimiste » que le milieu « ait jamais eu ». « Il travaillait à façon pour les réseaux corses et marseillais, se souvient l'ancien inspecteur. Il s'était beaucoup enrichi et avait acheté des terrains et plusieurs maisons dans l'arrière-pays. Raffiner l'héroïne rapportait énormément et les peines de prison ne dépassaient pas cinq ans. » Les juges ont commencé à avoir la main plus lourde à partir de 1972, mais Cesari n'a pas attendu son compte : il s'est pendu dans sa cellule des Baumettes avant le jugement, qui promettait d'être exemplaire, consigne de l'Élysée oblige.

La cible suivante des policiers s'appelle Henri Malvezzi et l'inspecteur n'en démord pas : avant de rapatrier précipitamment son matériel vers le continent, cet autre acteur réputé de la filière, par ailleurs propriétaire d'une discothèque dans la station de ski de Pra-Loup (Alpes du Sud), avait transformé la morphine base sur l'île de Beauté elle-même. La marchandise, croit-il savoir, était acheminée par un cargo turc dans le golfe de Valinco, où les paquets hermétiques étaient transférés sur des Zodiac ou des bateaux de pêche et déchargés sur une plage, dans le secteur de Porto Pollo ; des mulets attendaient pour s'enfoncer dans le maquis. Pourquoi ce laboratoire n'a-t-il jamais été détecté ? Les policiers marseillais avaient trop d'objectifs en ligne de mire autour de la capitale phocéenne, estime Antoine Sciblo. Question de priorité, en somme. L'arrestation de Malvezzi confirme cependant les soupçons de l'enquêteur : sa maison, située le long du fleuve Taravo, au sud d'Ajaccio, a été entièrement détruite, mais la police scientifique détecte des traces d'héroïne à bord de son 4 × 4 Land Rover. Le matériel du chimiste est quant à lui découvert dans une pièce murée, à l'intérieur d'une villa de Bouc-Bel-Air (Bouches-du-Rhône) au demeurant équipée d'une robinetterie en or et d'une cuvette de toilettes en forme de trône royal. L'ancien policier reste convaincu que le clan qui dominait à l'époque dans cette partie de la Corse, celui de Jean-Jérôme Colonna, dit « Jean-Jé », a largement profité de cette manne dans la première moitié des années 1970. Finalement interpellé pour trafic de stupéfiants en 1975, le parrain s'enfuira six mois plus tard au Brésil, où se sont déjà exilés nombre d'acteurs majeurs de la French Connection, comme le rappelle cette note adressée par la sous-direction des affaires criminelles au cabinet du ministre de l'Intérieur, le 3 novembre 1972 :

« Depuis plusieurs années, l'Amérique du Sud n'a pas cessé d'attirer l'attention des services spécialisés de la division centrale de la police judiciaire. Dès 1965, il est apparu, à travers diverses informations, que des malfaiteurs français extrêmement dangereux recherchés en France pour des faits graves (hold-up, etc.) ou déjà condamnés à de lourdes peines d'emprisonnement avaient pu trouver un refuge à peu près sûr dans les pays d'Amérique latine, à partir desquels ils continuaient leurs activités délictueuses. »

Les raisons de ce tropisme latino sont rapidement évacuées par l'auteur de la note, qui en termes polis pointe le fait que les pays d'Amérique latine « répugnent traditionnellement à donner suite aux diverses demandes d'extradition » formulées par les autorités françaises. À l'abri, certains de ces malfaiteurs se sont « solidement implantés au fil des années dans les pègres locales », poursuit-il, ce qui les a rendus aptes à réceptionner leurs « collègues » en cavale.

Le premier de cordée, Auguste Ricord, né le 25 avril 1911 à Marseille, a fui la France peu après la guerre, soucieux – on l'a dit – d'échapper à une condamnation pour « intelligence avec l'ennemi », en l'occurrence l'occupant allemand ; il dirige depuis Buenos Aires (Argentine) une chaîne d'établissements de prostitution disséminés dans toute l'Amérique latine et « une véritable organisation se livrant à tous les trafics ». La plupart de ceux qui l'ont rejoint, profitant de ses liens amicaux avec les dictateurs au pouvoir dans la zone, sont recherchés en France pour meurtre. Soucieux de se fondre dans le paysage, ils ont rapidement appris quelques rudiments d'espagnol ou de portugais et circulent avec des documents d'identité sud-américains assez fiables pour résister aux contrôles de police, même ceux qu'ils subissent en entrant sur le territoire nord-américain, destination finale de la poudre importée de Marseille. L'embellie commerciale est au rendez-vous, explique encore l'auteur de la note, qui pointe « l'extraordinaire développement du marché de l'héroïne aux USA », avant de tenter de convaincre le ministre que la police n'est pas restée les bras croisés.

En 1967, la PJ a ainsi appris que le Marseillais Lucien Sarti, 30 ans, auteur du meurtre d'un agent de police à Bruxelles, et Christian David, meurtrier un an plus tôt à Paris du commissaire Galibert, tous deux en cavale en Amérique latine, se livraient pour subvenir à leurs besoins au trafic d'héroïne. Les demandes de renseignements restant systématiquement sans réponse, les hauts responsables de la PJ ont décidé, en septembre 1968, d'envoyer en mission à Montevideo (Uruguay) deux de leurs hommes, le commissaire divisionnaire Jean Bellemin-Noël et le commissaire Lucien Aimé-Blanc, futur patron de la lutte contre le grand banditisme. Mission : rechercher la trace des deux fugitifs et « sensibiliser les autorités de police locales aux problèmes posés par l'implantation d'un "milieu" français important », en leur délivrant une abondante documentation. Leur visite est tombée à pic, puisque c'est le moment que Lucien Sarti et François Chiappe, bandit corse de 47 ans, recherché pour un double meurtre à Paris, ont choisi pour commettre un hold-up à Buenos Aires. Les deux bandits sont neutralisés grâce aux renseignements des policiers français, mais pas pour longtemps : Sarti profite d'un transfert, deux ans plus tard, pour s'évader, tandis que Chiappe est relâché au bout d'un an dans des conditions jugées « troubles ».

Dans les années qui suivent, la direction centrale de la police judiciaire continue d'adresser à ses homologues des informations sur les malfaiteurs français installés en Amérique latine. Peu à peu, insiste l'auteur de la note, « ce travail, renforcé par la pression des autorités américaines, va porter ses fruits et influer sur l'attitude et la politique de ces pays. » Lucien Sans, dit Bouboule, un voyou parisien né en 1933, est arrêté en mars 1972 au Guatemala ; extradé vers les États-Unis, il est livré à la France. Un mois plus tard, Lucien Sarti est finalement abattu à Mexico alors qu'il traitait une affaire d'héroïne. En juillet, le Marseillais Jean Lunardi, né en 1928 et recherché dans le cadre d'un triple meurtre, est interpellé à La Paz (Bolivie) pour trafic de cocaïne (déjà). Début septembre, François Chiappe et une trentaine de ses complices sud-américains sont arrêtés à Buenos Aires après la saisie de quarante-six kilos d'héroïne ; deux autres Français sont neutralisés le même jour à Caracas (Venezuela) avec douze kilos d'héroïne. En octobre, trois autres « malfaiteurs d'envergure »[1] sont embarqués par la police à Rio de Janeiro après la saisie de soixante kilos d'héroïne. Cerise sur le gâteau, l'arrestation la plus attendue par la police française vient

1. Pedro Caballero-Linares, né en 1915 en Espagne, Claude Pastou, dit Petit Claude, né en 1935 à Clichy, et Michel Nicoli, né en 1930 à Marseille.

de se dérouler à Salvador de Bahia (Brésil) : celle de Christian David, alias le Beau Serge, né en 1931 à Paris. Au cours de la seule année écoulée, rappelle fièrement le policier à son ministre, l'organisation aurait livré près de cinq cents kilos d'héroïne aux États-Unis, vraisemblablement avec des complicités au sein de la compagnie aérienne Aerolíneas Argentinas.

À ces « succès spectaculaires » s'ajoute bientôt l'extradition vers les États-Unis du boss, le Marseillais Auguste Ricord, l'ancien cadre zélé de la Gestapo. De quoi augurer d'un changement d'époque, suggère avec optimisme le rédacteur de la note, qui évoque avec gourmandise « une prise de conscience du danger que représente pour le monde entier le trafic international de stupéfiants », avant d'affirmer qu'un « climat d'insécurité » se serait instauré pour les malfaiteurs français réfugiés en Amérique latine. Ce que l'auteur s'abstient de dire au patron de la Place Beauvau, c'est ce relatif mépris avec lequel les policiers observaient jusque-là la drogue, comme le rappelait avec sa franchise habituelle le commissaire Lucien Aimé-Blanc[1] : « Ce qui était noble, c'était d'arrêter des braqueurs en flag, de résoudre des assassinats, mais les flics étaient renseignés à l'époque, parce qu'ils pénétraient partout et qu'ils étaient curieux. Comme ces vieux voyous étaient habitués à un train-train relativement facile, puisque personne ne les traquait réellement, ils ont été décapités en l'espace de quatre ou cinq ans. »

1. Décédé le 19 février 2020 à l'âge de 84 ans.

2

La PJ perd sa virginité, an 2

Le démantèlement de la French Connection a été brutal, mais la mondialisation du commerce de la drogue est sur les rails. Tirant la leçon des erreurs passées, les voyous français produisent directement l'héroïne près des champs de pavot, au Liban, sous la protection de l'armée syrienne, ou au Pakistan, avant de tenter au début des années 1980 ce qui aurait pu être le coup du siècle : l'installation d'un laboratoire sur le sol des États-Unis, à Phoenix, Arizona, avec à la manœuvre le Toulonnais Jean-Claude Kella, auquel l'inspecteur (retraité) Antoine Sciblo accorde une « importance considérable », lui qui disposait de complices fiables aussi bien en Italie qu'au Mexique ou en Espagne. « Il fallait beaucoup de culot pour aller "tourner" carrément aux États-Unis, ou se sentir très puissant », observe l'ancien policier, qui se souvient des moyens déployés par l'équipe pour affréter un voilier, *La Puce*, et convoyer trois cent cinquante kilos de morphine depuis les côtes turques jusqu'en Floride. Le tout avec la participation de plusieurs grands noms du banditisme français, jusqu'au capitaine de l'embarcation, fils d'une figure de la pègre toulonnaise.

« La marchandise n'était pas d'une grande pureté, ils en ont perdu à peu près la moitié, mais l'opération a été fantastique », lâche l'inspecteur, admiratif. Sauf que les services américains veillaient et que l'une des personnes chargées de rapatrier l'argent, une top-model compagne d'un certain François Scapula, se voit confisquer une mallette contenant un million de dollars dès son arrivée sur le sol espagnol…

Aux basques de cette bande, Antoine Sciblo est surpris par l'allure de ces trafiquants disposant d'une importante force de frappe financière, qu'aucun obstacle ne semble arrêter, au point d'imaginer l'achat d'un avion à réaction pour acheminer leur marchandise… sous couvert du transport de pèlerins pour La Mecque. Loin des marins de la première génération, ils portent volontiers la veste en tweed et l'attaché-case, parlent plusieurs langues et sont assez éduqués. C'est du moins le cas de François Scapula et de son bras droit, un certain Philippe Wiesgrill, basé à La Ciotat, rejeton d'une famille d'honorables commerçants et soupçonné d'être le dernier chimiste en activité, lui qui a fait son affaire de la morphine impure livrée en Arizona. Pas vraiment considérés comme des voyous par le milieu lui-même, ils sont difficilement détectables et se dissimulent volontiers derrière des activités légales ayant pignon sur rue, comme le feront nombre de leurs futures émules au XXIe siècle. Le jeune Wiesgrill, particulièrement dépensier, ne s'en déplace pas moins en Porsche, obligeant les policiers marseillais lancés à ses trousses à se procurer des véhicules rapides auprès du service central automobile du ministère de l'Intérieur...

Jusqu'au jour où la police espagnole alerte l'Office des stups : l'équipe serait en passe de quitter la péninsule Ibérique en direction de la France. Dépêché sur place, l'inspecteur divisionnaire Jean-Marie Flori fait partie de ceux qui assurent les filatures. Où l'on voit ces voyous aux allures de commerçants acheminer cuves, fioles et produits chimiques jusqu'à un chalet de Fribourg, en Suisse. La police helvète est aussitôt mise à contribution pour écouter leurs conversations téléphoniques et déterminer le meilleur moment pour lancer les filets. Ce sera le 11 novembre 1985, alors qu'une trentaine de kilos de morphine base sont en cours de traitement. Une descente de police à laquelle s'attendait apparemment François Scapula : il venait de glisser à l'un de ses associés que l'embellie allait se terminer derrière les barreaux.

Bientôt envoyé auprès des suspects, Jean-Marie Flori détecte en Wiesgrill un « maillon faible ». « À sa façon de parler, de se tenir, j'ai compris que ce n'était pas un truand classique, raconte-t-il, recevant dans le village corse où il a pris sa retraite. Je me suis dit qu'il n'avait pas la même résistance que les autres. On s'est mis à parler de tout et de rien et j'ai vu qu'il était content de me montrer qu'il connaissait un tas de choses sur le milieu marseillais. Un lien s'est établi, hors de toute machine à écrire. Il avait l'air intelligent, pas le genre de type qu'on arrête les armes à la main. On a parlé une soirée entière, jusque tard dans la nuit, jusqu'au moment où, un peu filou, je lui dis : “Bon, c'est bien tout ça, mais j'aimerais un jour savoir qui a tué le juge Michel." Et là, il sursaute, délaissant subitement son air bonhomme, et dit : "Alors là, je n'y connais rien du tout !" Ça sonnait faux. On était en Suisse et j'ai profité du fait que je pouvais lui parler autant que je voulais, jusqu'au moment où il a craqué : "Bon, je vais t'expliquer, mais il ne faudra pas s'en servir contre nous." Je lui ai juré que je garderais ça pour moi et il m'a raconté comment les gars avaient reçu l'ordre de tuer le juge, comment on leur avait donné la moto et cinquante mille francs à chacun… »

La suite de ce coup double est connue. L'inspecteur remonte à Paris en urgence, rend compte au juge chargé du dossier et à ses supérieurs hiérarchiques. Non seulement l'ultime laboratoire du milieu français a été démasqué, mais plusieurs personnes soupçonnées d'être impliquées dans l'assassinat (le 21 octobre 1981) du juge Pierre Michel sont identifiées et bientôt interpellées. Un crime directement lié à l'engagement « passionné » du magistrat contre les trafiquants, rappelle l'ancien inspecteur, pour qui le juge « était parti en guerre contre ces gens-là ». « Leur degré de connerie fait qu'ils ont pensé qu'en le tuant, ils allaient arranger leurs affaires, que la police allait se terrer dans ses bureaux et ne plus sortir parce qu'elle aurait peur. Au contraire, ça nous a donné encore plus de punch. J'ai eu une chance énorme de tomber sur Wiesgrill. Un truand classique m'aurait juste donné l'heure, son nom et sa date de naissance. En Suisse, j'ai également discuté d'homme à homme avec François Scapula. Assez brillant sur le plan intellectuel lui aussi, je suis certain qu'il aurait réussi dans n'importe quelle branche. Il n'était pas vraiment du milieu. Il s'était lancé dans la drogue parce que c'était très payant. Je n'ai pas joué au policier, j'ai encore une fois misé sur la sympathie. Comme avec Wiesgrill, il fallait lui trouver une porte de sortie acceptable. Il a fini par proposer de tout nous dire, presque par gentillesse, à condition qu'on arrange sa sauce. Je lui ai promis qu'on ne le lâcherait pas dans la nature pour qu'il se fasse flinguer. On a négocié, il a tout dit et on a fait en sorte qu'il soit récompensé. »

De là à traumatiser le milieu du grand banditisme, Jean-Marie Flori reste modeste, même si son père était le plus grand chasseur de sangliers de son village. La peur du gendarme, de toute sa carrière, il ne l'a jamais rencontrée chez un voyou. La peur de la prison non plus, le risque est connu et assumé. Peut-être parce que les voyous connaissaient l'état réel des forces de police, une faiblesse que l'ancien inspecteur assume parfaitement, lui qui a vu le regard ébahi des collègues américains découvrant les moyens dérisoires des Français. « On avait une main devant, une main derrière, résume-t-il. On était peut-être marioles, mais le patron, François Le Mouël, nous inculquait la passion. On avait tout notre temps, à la différence de ceux que l'on chassait, qui mangeaient très vite l'argent, mais on ne pouvait pas être partout. On ne pouvait pas surveiller tout le monde. On parait les coups, comme le boxeur sur le ring. On ignorait totalement ce qui nous passait sous le nez. Aucun policier ne peut d'ailleurs dire qu'il maîtrise la situation. À la différence des braqueurs, qui s'exposent et multiplient les repérages, le trafiquant n'a même pas besoin d'être au contact de la came pour toucher ses sous. Une fois en place, ça fonctionne tout seul. Moralement, c'est décevant, mais sans vouloir être pessimiste, je pense qu'on ne les arrêtera jamais. Et ne croyez pas qu'ils pleurent, ils savent que des jeunes vont se shooter, se planter en voiture, se pendre ou sauter du cinquième étage, mais ils s'en battent les roubignoles. Ils ne se sentaient pas responsables. Je n'en ai jamais vu un se taper la tête par terre parce qu'il regrettait. Mais attention, je n'ai jamais eu de haine à leur égard. »

*

Avec les années 1980, de nouveaux venus frappent à la porte, prêts à prendre la relève des pionniers. Une filière pakistanaise se fait remarquer, puis celle, plus politique, des Tigres tamouls, qui se battent pour la partition d'une partie du Sri Lanka et misent sur l'héroïne pour se financer. Mais la « plus agressive » est une filière « chinoise » faite de réseaux basés à Hong Kong, en Chine ou en Thaïlande, qui traitent le pavot depuis de longues années. Leur héroïne est bon marché, granuleuse et plus ou moins rose orangé. Elle n'est plus cette fois destinée aux consommateurs américains, mais à la France, où les amateurs de cette drogue « dure » sont de plus en plus nombreux. Originalité : ils sous-traitent la distribution dans la région parisienne à un réseau tunisien implanté dans le haut de Belleville. Le nouveau milieu est déjà en germe.

« On ne connaissait rien de ces Asiatiques, on ne parlait pas leur langue et on était un peu désemparés, se souvient le commissaire Bernard Petit, qui faisait ses gammes à l'Office des stups. Très fortement implantées aux Pays-Bas, ces filières étaient apparentées aux triades, c'est-à-dire à la mafia chinoise, notamment à la fameuse 14K (mafia chinoise la plus puissante). Elles étaient très hiérarchisées. Cela a été le début d'une nouvelle vie pour les unités antidrogue dans toute la France. »

Les passeurs de la French avaient-ils louvoyé pour atteindre le marché américain ? Ces réseaux évitent les vols directs pour Paris. Le produit transite par des aéroports de province, mais aussi par les pays d'Europe du Nord, Suède, Norvège ou Danemark. « Le trafic maritime nous échappait complètement, se souvient le commissaire, on était très mal armés de ce côté-là. Le prix de l'héroïne baissait, mais les écoutes et les auditions étaient très dures à cause de la barrière de la langue. Cela nous mettait en situation de faiblesse. Jusqu'au jour où des analyses ont montré la présence d'un composant spécifique à l'héroïne asiatique : la caféine. On s'est interrogés sur sa provenance et sur son utilité, et je me suis retrouvé à la coopérative pharmaceutique, où on m'a expliqué qu'une pharmacie utilisait en moyenne un à deux kilos de caféine par an pour ses préparations "magistrales". On nous a donné la liste de quelques pharmacies parisiennes qui avaient commandé entre soixante et deux cent cinquante kilos, dont l'une se trouvait à Belleville, le quartier général de la mafia chinoise. Il y avait un fil à tirer. On a introduit un policier à la coopérative, qui s'est occupé des livraisons. On a suivi les Asiatiques qui achetaient cette caféine jusque dans les laboratoires où ils coupaient les pains d'héroïne base qui arrivaient en bagage cabine par avion ou dans des containers livrés au Havre, à Anvers ou à Rotterdam, dissimulée dans des boîtes de conserve de litchis ou de ramboutans. On a localisé les salles de jeux clandestines où ils claquaient jusqu'à 50 000 francs dans la soirée, chaînes en or autour du cou et voitures de sport devant la porte. On a surveillé la gargote qu'ils fréquentaient dans le IIIe arrondissement parisien, rue au Maire, autre fief de la communauté. Et pendant deux ans, les affaires se sont enchaînées. On a démantelé cinq ou six laboratoires à Paris et en banlieue, mis en prison près de deux cents personnes, jusqu'à ce que les trafiquants comprennent et décident d'importer la caféine de l'étranger ».

Les flics français lorgnent la législation américaine lorsque la loi française les freine. Ils recrutent des « tontons » à la pelle et n'hésitent pas à se lancer dans des « coups d'achat », une manière d'attirer les trafiquants et de les piéger au moment où ils vous vendent la marchandise. Un policier montre l'argent pour éblouir le fournisseur et clac, le voilà menotté, comme cela se fait de Dallas à Chicago. Le tout « à côté de la loi, mais pas contre », suggère Bernard Petit, pourquoi se priver quand on a face à soi des Libanais, des Chinois, des Colombiens ou des Palestiniens peu au fait des méthodes locales ? Le garagiste qui loue des voitures de luxe à ces malfrats venus d'ailleurs lorsqu'ils sont en France renseigne la PJ, quoi de plus naturel ? Pour le reste, on laisse vivre les petits pour attraper les gros, un principe qui a prévalu jusqu'à ces dernières années sans qu'il y ait jamais de débat sur le sujet : le « tonton » trafique, c'est bien pour cela qu'on le recrute.

Au contact de cette matière, « on perd vite sa virginité », admet le commissaire. Quand on enquête sur des individus proches de l'autorité palestinienne impliqués dans un trafic d'héroïne, ou sur un diplomate thaïlandais que l'on fait sortir de son véhicule diplomatique en provoquant un petit accident, seule façon de l'arrêter, on oscille en marge des lois. On sonorise les véhicules bien avant qu'un texte n'encadre cette pratique. Le tout sous le parrainage même pas discret des collègues américains de la DEA, qui ont leurs bureaux rue La Boétie, non loin du siège des offices centraux de la PJ, facile de se retrouver à l'heure du déjeuner au *Griffon*, un repère de flics mitoyen de la Place Beauvau ; l'un de ces collègues américains, marié à une Thaïe, parle couramment plusieurs langues asiatiques, il peut identifier à tout moment un numéro de téléphone à Bangkok ou à Hong Kong, où loge le top 50 des triades chinoises. Ce sont encore eux, Américains ou Canadiens, qui alignent les billets pour rémunérer convenablement un informateur quand les Français ne parviennent pas à s'arranger. Quelques entorses procédurales sont nécessaires à l'heure de « noyer le poisson », autrement dit d'habiller les faits de façon à couvrir celui qui a accepté de collaborer avec les services de l'État, mais tant que les avocats ne s'en mêlent pas, ça passe.

Bernard Petit s'en souvient comme si c'était hier : « Au début, ceux qui avaient traité les réseaux de la French nous disaient : "Vous trouverez quatre grammes avec vos Chinois." À la fin, jaloux, ils disaient : "Vous prenez n'importe quel Chinois, vous le pendez par les pieds et il tombe des kilos." On s'attaquait à des réseaux planétaires capables de vous dépanner dans l'instant de dix kilos d'héroïne. Tout reposait sur la créativité et le dynamisme des enquêteurs de l'Office des stups (à l'époque une trentaine de fonctionnaires), souvent avec les moyens et les méthodes de nos collègues nord-américains, seule façon pour nous de s'attaquer aux réseaux les plus puissants. C'était les prémices de la police moderne, un laboratoire du savoir-faire policier. Les Américains étaient surpris par notre côté artisanal, mais admiratifs de nous voir nous mobiliser une partie de la nuit ou le dimanche pour loger un bandit. C'était avant l'arrivée massive de la technologie ! »

*

Au téléphone, bien avant les portables cryptés, les voyous recouraient volontiers à un langage codé. Un kilo d'héroïne, ça pouvait être un « pantalon ». Ou une « voiture ». Mais quand cet épicier syrien, après avoir pris livraison de plusieurs « voitures » en provenance du Liban, explique à son interlocuteur que la « voiture », de mauvaise qualité, ne change pas de couleur quand on la trempe dans l'eau, quelque chose cloche. Comme le jour où cet autre trafiquant annonce à son commanditaire que « la voiture sera dans la voiture », déclenchant un fou rire chez le policier chargé de retranscrire l'écoute.

« Si les voyous étaient toujours malins, on ne les attraperait pas ! » commente Jean-François Barbieri, un inspecteur qui a fait sa carrière à Marseille, à la police judiciaire. Il leur arrive aussi de se tromper en transmettant des numéros de téléphone codés. Bien obligés de s'expliquer, ils donnent les clefs du codage en clair à leur interlocuteur ; il n'y a plus qu'à compléter. « Même les chefs commettent des erreurs, précise l'ancien policier. Heureusement, car les trafiquants ne manquent pas d'imagination, tandis que nous, services répressifs, avons toujours deux gares de retard. Si on n'a pas le renseignement, comment savoir que des pierres de taille ont été vidées, remplies de drogue et rebouchées ? Comment détecter le bon container alors qu'il en circule des milliers tous les jours ? Comment repérer ce chef d'entreprise d'une cinquantaine d'années, sans antécédents judiciaires, qui pour faire face à ses difficultés financières se met à cacher des centaines de kilos de haschich dans ses camions-citernes, censés ramener du vin et de l'huile d'olive d'Espagne ? »

Les trafiquants commettent des erreurs, mais durant plus de vingt ans, des années 1980 aux années 2000, ils ont largement abusé de ce maillon faible, l'Espagne, « qui avait d'autres chats à fouetter que de lutter contre la criminalité », rappelle Barbieri. Entièrement focalisé sur les attentats des séparatistes basques de l'ETA, l'appareil répressif ibère a laissé s'installer en Andalousie « le nid de toutes les voyoucraties et de toutes les mafias d'Europe », avec en guise de levure une corruption « très importante » au sein de la police et de la magistrature. Ils ont ciblé d'autres pays réputés poreux, le Portugal, la Belgique et les Pays-Bas, l'ancien inspecteur en veut pour preuve cette conversation enregistrée dans un restaurant, entre deux voyous français ignorant bien sûr que leur table était piégée. Soucieux d'acheminer un container rempli de cocaïne du Brésil vers l'Europe, ils excluaient les ports français de leur liste, faute de pouvoir y corrompre un douanier. Après avoir hésité entre le Portugal, l'Espagne et les Pays-Bas, ils choisirent le port belge d'Anvers, « une passoire », laissant au policier une petite satisfaction, celle de voir « que les voyous nous craignaient un peu les flics français ».

« Je n'irai pas jusqu'à dire que ces pays étaient des narco-États, mais ils luttaient à leur rythme, suggère avec diplomatie l'ancien policier. Dans un pays comme les Pays-Bas, le commerce a toujours été plus important que le reste. Pendant des années, ils ont laissé des quartiers entiers aux mains des trafiquants. Ils faisaient semblant de nous épauler, alors que nos voyous français s'étaient délocalisés chez eux. On dit que la lutte contre la drogue a été un échec, mais c'est juste qu'on n'y a pas mis les moyens. On s'est contenté de discours politiques de bonnes intentions, mais rien n'a suivi. »

3

« On était parfois un peu dépassés face à des trafiquants qui agissaient en professionnels »

Il était une fois « Margarita », un dossier unique en son genre, ouvert en 1994 au sein de l'Office central de répression de la grande délinquance financière, créé quatre ans auparavant, où une poignée de flics se mirent en tête d'attaquer le trafic de stupéfiants par le biais de l'argent. La saisie des avoirs criminels n'existait qu'en rêve et les brigades des Stups, de Lille à Marseille, étaient entièrement focalisées sur un objectif : saisir le maximum de produit et le détruire, en pensant de bonne foi porter ainsi de grands coups aux organisations criminelles. Le patron du nouveau service, René Wack, commissaire divisionnaire de son état, a en mémoire la chute d'Al Capone, roi du whisky de contrebande, accroché pour fraude fiscale, là où la saisie d'un, deux, trois ou dix convois d'alcool frelaté l'égratignait à peine. À la tête d'une task-force composée de flics chevronnés, épaulés par quelques fonctionnaires détachés du ministère des Finances, il a décidé de tenter à son tour de se servir du biais financier, sans se soucier, pour une fois, de la quantité de drogue qui serait saisie. Meilleure façon à ses yeux de mettre en application les belles déclarations faites à l'occasion de la dernière réunion du G7 dans la toute nouvelle arche du quartier de la Défense, en 1989, sous l'égide du président François Mitterrand.

Le socialiste Pierre Joxe était ministre de l'Intérieur, le commissaire Jacques Genthial présidait aux destinées de la police judiciaire, René Wack, lui, avait fait ses classes à la Financière, où il avait débusqué quelques banqueroutes frauduleuses et autant d'escroqueries haut de gamme. Loin de la brigade criminelle, où l'on part d'un cadavre pour rechercher un auteur, il avait appris à éplucher comptabilité et documents bancaires, au sein d'un service parfois perçu par les collègues comme un ramassis de ronds-de-cuir ne sortant jamais de leur bureau. Une sorte de sous-police qui perd son temps et se noie dans la paperasse pour des résultats bien maigres devant la justice.

C'est au cours d'un apéro dans un bar de Miami Beach, après une journée de travail chargée en compagnie de leurs collègues de la DEA, que les flics français baptisent leur dossier « Margarita », comme le cocktail que l'on venait de leur servir. Ils cherchaient à voir comment reproduire les techniques utilisées outre-Atlantique en matière de lutte contre le blanchiment, l'occasion vient de leur être offerte sous la forme d'un tuyau des US Customs, les douanes américaines, dont l'un des agents est infiltré dans le cartel de Cali, l'un des deux plus gros pourvoyeurs de cocaïne de Colombie. Plus précisément au cœur de son système de blanchiment, raison pour laquelle les trafiquants colombiens lui ont demandé s'il n'avait pas un contact à Paris, susceptible de les aider à rapatrier les profits engrangés en Espagne, en Italie, aux Pays-Bas et en France. À Paris où le cartel dispose déjà d'un relais : un certain Mario.

« Pendant longtemps, on n'a pas su qui était Mario, se souvient le commissaire. C'est là qu'on a utilisé les mêmes techniques que nos amis américains. » L'infiltration vient d'être autorisée en matière de lutte contre le blanchiment en France, le service désigné donc l'un des siens pour endosser le costume de banquier véreux et se mettre sur la piste de Mario. « Un Français moyen », inspecteur divisionnaire au profil passe-partout, pardessus, silhouette trapue et parapluie, genre représentant de commerce de sous-préfecture. Ayant du bagout et parlant l'espagnol, parce qu'il n'était pas question de l'affubler d'un interprète. Bon vivant, ce qui ne serait pas négligeable à l'heure de nouer des relations. Prêt à renoncer ponctuellement à ses amis, ayant l'avantage d'être célibataire, et à endosser une identité d'emprunt, avant de s'installer dans des bureaux fictifs dans les étages de la tour Montparnasse, à Paris. Courageux et armé pour assumer une « légende », comme on dit dans les services de renseignement, et partir à la chasse au tuyau, parce qu'une saisie sèche d'argent ne rimerait à rien et qu'il a pour mission de mettre à jour les circuits financiers de l'organisation criminelle colombienne.

« Le plus dur, contrairement à ce que l'on voit dans les séries télévisées, c'est le silence, ces jours sans aucun contact, aucun appel, où l'on se demande à quoi on sert, et s'"ils" vont vraiment venir, confie le commissaire. Il faut entretenir la flamme, sachant que je ne pouvais le rencontrer que tard le soir, en changeant à chaque fois de restaurant, au cas où les Colombiens l'auraient mis sous surveillance… »

À l'infiltré rondouillard, devenu banquier véreux, de se déployer pour gagner la confiance de ses interlocuteurs, en démontrant qu'ils ont eu raison de lui confier leur argent. La preuve ? Quatre jours plus tard, les fonds arrivent dans un bureau de change de Bogotá, comme convenu, par le truchement d'une société-écran créée pour l'occasion et de plusieurs comptes dédiés. Contrat rempli et commission prélevée – travailler gratuitement aurait paru très suspect –, le pourcentage ayant été fixé entre 12 et 15 %, à partager avec les Américains, habitués à réinvestir ce type de gains dans de nouvelles opérations d'infiltration. Avec une première surprise : l'agent sous couverture a récupéré des dollars, des marks et des livres sterling, pas seulement des francs, une sorte d'opération de « prélavage », explique le commissaire, car personne ne ferait a priori le lien entre des livres sterling circulant à Paris et un trafic de stupéfiants à Londres. Une coupure supplémentaire particulièrement « astucieuse ». Quant à Mario – un pseudo –, il semble être le responsable du ramassage d'argent pour toute la France, mais également de la logistique, et ce fut la deuxième surprise. « Une partie de l'argent restait en France pour financer la location d'appartements, de voitures, de camions et de catamarans destinés à transporter la drogue, raconte René Wack. En se focalisant là-dessus, on était sûrs d'arriver un jour à la came. Si vous achetez un catamaran, ce n'est pas pour convoyer des cacahuètes ou du beurre, surtout si vous demandez au constructeur d'aménager une trappe au fond du catamaran, pour le cas où… il se retournerait en pleine mer ! »

Plus tard, les Américains et les Panaméens arraisonneront l'un de ces voiliers avec deux tonnes de cocaïne à bord, mais pour le moment, à l'ancienne, les relais français des Colombiens sont identifiés l'un après l'autre, cabine téléphonique après cabine téléphonique, avec un coup de pouce du sort : l'identification d'un numéro appelé au Mexique, depuis plusieurs cabines, par le fameux Mario, permet de sélectionner tous les numéros français composés juste avant et juste après. « Le jackpot », se souvient le commissaire, puisque ces informations débouchent, prouesse technique pour l'époque, sur une cartographie des contacts des Colombiens dans l'Hexagone, « pas le haut de gamme, pas des mecs du milieu, mais des chômeurs vivant de petits boulots qui ont découvert la belle vie, rien à voir avec les Assédic, et se sont laissé entraîner ». Avec à la clef des surveillances qui débouchent sur l'identification des responsables de la branche « blanchiment » du cartel de Cali, joli succès, même si, le commissaire l'admet : « Nous, dans la police française, avec notre scoubidou, on était parfois un peu dépassés face à des trafiquants qui agissaient en professionnels. »

L'infiltré se fait plus ou moins à sa nouvelle vie. Un des adjoints de René Wack, le commissaire Alain Marsat, est chargé d'animer son quotidien pour lui éviter de s'ennuyer, voire carrément de déprimer. Il lui trouve des occupations et déjeune le plus souvent possible avec lui, en prenant tellement de précautions que ses collègues sont persuadés qu'il a une maîtresse. La résistance de son collègue le surprend, surtout lorsque surviennent les inévitables « coups de chaud ». Comme ce jour où les Colombiens l'accusent d'être filé par la police et qu'il hausse le ton : « Attendez, si vous avez mal fait votre boulot, moi j'appelle là-bas ! » Sous-entendu les boss en Colombie, qu'il est censé connaître. « Ils sont rentrés dans le rang », se souvient Alain Marsat, qui admet une maladresse : ils avaient sollicité pour les surveillances leurs collègues du RAID, « des gaillards d'un mètre quatre-vingts, assez jeunes, avec des casques de walkman sur la tête, que les Colombiens ont tout de suite trouvé bizarres ».

L'infiltré, qui ressemble à tout sauf à un flic, récupère de « vulgaires sacs en plastique pas toujours opaques » remplis de billets, entre 100 000 et 250 000 francs à chaque fois, sur un quai de métro, qu'il faut ensuite compter et expédier à Atlanta, aux États-Unis, en passant par un directeur d'agence bancaire couvert par son directeur général, fiable et discret. Le tout sans véritable protection juridique, l'administration balbutie à l'époque dans un champ encore vierge. Avec les moyens de communication du siècle dernier, cet Alphapage envoyé depuis au musée par le téléphone portable, mais l'infiltration porte ses fruits. « Il y avait une telle pression, ils avaient tellement d'argent sur les bras que les Colombiens ont fini par relâcher leur vigilance, se souvient Alain Marsat. On s'est retrouvés dans le cœur du chaudron et on s'est rendu compte qu'ils agissaient comme une multinationale, une filiale pour le transport, une pour les achats. »

Chacun à sa place, tous très professionnels, aucun des membres de l'organisation n'a jamais proposé une java au « banquier » français, auquel ils ne se confiaient que du bout des lèvres, ayant visiblement une « trouille monstre » de leurs supérieurs – ce qui se comprend, les représailles pouvant s'abattre sur leur famille, au pays. Leurs chefs exigeaient un appartement bien situé ? Ils dénichaient un pied à terre avenue Matignon, à deux pas des Champs-Élysées, au-dessus d'une grande brasserie, que les enquêteurs s'empressaient de sonoriser à l'aide d'un magnétophone rudimentaire, et dont il fallait relever régulièrement les bandes. Sauf que nous étions au mois de mai et que les Colombiens, lors de leur réunion au sommet, ne s'étaient pas contentés pas d'ouvrir les fenêtres en grand : ils avaient allumé la télévision, qui diffusait un match de tennis à Roland-Garros, poussant le son à fond. Impossible de déchiffrer la bande, « on entendait que les balles ». Probablement avaient-ils anticipé une éventuelle écoute… C'est en revanche totalement involontairement qu'à Marseille, où ils investissaient également, l'appartement abritant leurs réunions était situé au-dessus d'une supérette au nom prédestiné : Cali. De quoi inspirer un trait d'humour facile au policier qui les surveillait, à l'heure d'appeler son chef : « Tu ne devines pas où je suis, en face de Cali ! »

Au terme de quinze mois d'enquête, l'opportunité de jeter les filets se précise avec l'arrivée en France de l'un des neveux du « banquier » du cartel ; ayant mis à l'abri le douanier infiltré en Colombie, les Américains donnent leur feu vert. Vexés d'avoir raté les « gros poissons » lors de leur passage dans la capitale faute de les avoir identifiés à temps, les enquêteurs lancent une cinquantaine de perquisitions simultanées. L'une d'elles marquera le commissaire Wack pour le restant de sa vie, il se souvient d'ailleurs parfaitement du nom du petit village où elle a eu lieu : Saint-Pardoux-Morterolles, dans la Creuse, pas un garde champêtre à l'horizon ; « un tout petit village totalement perdu » où les Colombiens occupaient une maison excentrée appartenant à… un marchand de meubles sans passé judiciaire ni envergure particulière, tombé un peu par hasard dans le fossé criminel. Saint-Pardoux-Morterolles promu « haut lieu du crime » avec la découverte, attendue celle-là, d'une bonne quantité d'argent, mais aussi, et les surveillances ne l'avaient pas détecté, de plus de quarante kilos de cocaïne, ce qui vaut au commissaire un appel excité à 6 h 30 ce matin-là.

La scission est tellement profonde entre les services dédiés à la lutte contre l'argent sale et ceux qui chassent les trafiquants de drogue que cette heureuse découverte attire immédiatement au commissaire quelques inimitiés dans sa propre maison. Les collègues des Stups exigent l'ouverture d'une procédure annexe autour de cette saisie, mais le juge d'instruction s'y oppose : la découverte tombe à point pour confirmer le lien entre argent et drogue. « Quand on saisit une cargaison de cocaïne, embraye René Wack, on voit rarement ce qu'il y a derrière. En partant de l'argent, on a découvert la logistique et dressé un organigramme du cartel de Cali, de la branche production à la branche distribution, en passant par la branche finances, elle-même scindée en deux, entre ceux qui rapatriaient l'argent et ceux qui investissaient dans le pays de consommation. » Plutôt convaincant, sauf que l'opération Margarita reste sans lendemain. Pourquoi ? Qui ces enquêtes financières risquaient-elles de gêner ? « On m'a reproché de m'occuper de la guerre sur Mars alors que j'aurais dû me concentrer sur les dealers de banlieue, se souvient le commissaire, mais la “guerre sur Mars” leur faisait beaucoup plus mal et permettait de casser des filières. » Le tout sans accident puisque l'infiltré a tellement bien joué son rôle de banquier véreux que les Colombiens l'ont protégé, décrivant dans leurs déclarations à la police un grand blond bien loin du brun trapu auquel ils avaient eu affaire.

Il faudra des années pour revoir la police financière repartir à l'assaut du magot des stupéfiants. Le temps d'épuiser la bonne vieille technique des « tontons », les indicateurs, et surtout d'en atteindre les limites, celles où le trafiquant roule le policier dans la farine, où il lui promet la lune et le dévoie peu à peu, fait sa carrière à coups de tonnes de marchandise saisie, lui apporte médailles et compliments, promotion et considération, avant de le laisser choir d'un coup, après qu'un juge a décidé que tout cela n'était pas très orthodoxe, et même carrément suspect…

« Le temps politique, ce sont des coups d'éclat et des coups de poing dans les quartiers chauds, philosophe le commissaire Wack un quart de siècle plus tard. La cocaïne, à l'époque, n'était pas le sujet *number one*, on considérait même que la France était moyennement concernée. On a pourtant acquis la certitude qu'il y avait eu jusqu'à une tonne entreposée à Saint-Pardoux-Morterolles ! »

4

« Les douanes ont fini par me proposer de transporter une tonne de cannabis »

« Pour acheter un cargo, il faut mettre un billet de 150 à 200 000 euros, puis autant pour réviser le réservoir, vérifier qu'il n'y a pas de fuite et mettre un peu de peinture pour qu'il soit présentable. Il faut payer un minimum d'assurance, le capitaine et au moins quatre ou cinq marins, ce qui donne un billet de 10, 15 000 euros de faux frais par mois. Le fuel, c'est encore un billet de 150 000. On arrive à un million d'euros et on n'est pas encore sorti du port. Il faut une boule satellite et l'abonnement qui va avec, donc une compagnie off-shore capable d'effectuer un virement mensuel. Même pour une opération pirate, il faut à la base une trésorerie phénoménale… »

Celui qui s'exprime ainsi s'appelle Marc Fievet. Ses mésaventures prennent racine au milieu des années 1980 et portent en elles toutes les limites de la guerre contre la drogue en version française. Marc Fievet vivote à l'époque avec son voilier dans une marina de Gibraltar, haut lieu de la contrebande en Méditerranée, lorsqu'un agent d'élite des douanes françaises, membre de la direction nationale des enquêtes douanières, lui annonce sa visite. Objectif : le recruter comme correspondant dans le secteur, pour vérifier les entrées et sorties du port et les noms des membres des équipages, sachant les autorités locales très avares en informations.

« Pendant un an, j'ai fait remonter les noms des bateaux, les noms et photos des équipages, raconte celui qui est brusquement devenu aviseur (nom donné par les douanes aux indics). Je ne ciblais pas les familles qui partaient faire le tour du monde, mais les gens qui venaient relâcher quelques jours en attente de marchandise ou d'une réparation. Gibraltar était une base idéale pour les gangsters. Tout se négociait, avec une apparence de contrôle. Je faisais partie du paysage de la marina. Je pouvais parler de mon passé de transporteur routier vers le Moyen-Orient ou de pilote, de mes séjours en Afrique aussi. Au bout d'un moment, j'ai commencé à faire savoir sur les quais que j'étais en bout de course, que je n'avais plus d'argent. Naturellement, on m'a proposé de faire le skipper et de ramener de la marchandise du Maroc. Je l'ai signalé aux douanes, qui ont été ravies… »

C'est ainsi que Marc Fievet convoie environ 800 kilos de cannabis destinés au marché anglais. Une livraison « surveillée » (encadrée par les services de l'État) qui en amènera bien d'autres, car l'homme passe bien, et pas seulement grâce à un casier judiciaire vierge : son look débonnaire le met à l'abri du délit de faciès. Le ministre (socialiste) des Finances Michel Charasse, grande gueule et cigare assumé, pilier de la mitterrandie au pouvoir, a donné son feu vert en personne à ce genre d'opérations. Les robinets sont ouverts, mais pas suffisamment : la douane ne dispose pas de fonds suffisants pour assurer le quotidien de son aviseur, réduit à faire de la cavalerie pour payer son emplacement dans la marina. Une somme importante est finalement débloquée par Paris, de quoi lui permettre de tenir trois mois.

« Les douanes ont fini par me proposer de transporter une tonne de cannabis jusqu'à Port-la-Nouvelle, avec mon bateau, en me promettant un million de francs (150 000 euros) au cul du camion[1]. Ils ont tout géré de bout en bout, l'achat du produit, son stockage et les acheteurs. Mais ils ne m'ont donné que la moitié de la somme promise... Sur leur conseil, je me suis ensuite installé sur la Costa del Sol, à Estepona, où j'ai acheté un restaurant en bord de mer, le *Saint-Georges*, propriété jusque-là d'un Marocain qui réceptionnait de la marchandise. La douane a avancé la moitié de l'investissement et on a transformé le lieu en restaurant français de standing. Cela m'a donné une façade à une quarantaine de kilomètres de Gibraltar, où j'ai gardé mon bateau et mes contacts avec les gens de la mer, qui me parlaient en confiance de leurs *chargements.* »

Sponsorisé par la Trésorerie générale avec l'aval du grand patron de Bercy, qui rêve de rivaliser avec son homologue de l'Intérieur en faisant flamber les saisies de drogue, Fievet a de bons résultats. Ses tuyaux profitent aux Britanniques, aux Allemands, aux Suisses, aux Espagnols ou aux Néerlandais, avec

1. Les douanes rémunèrent traditionnellement leurs aviseurs au pourcentage.

à la clef l'interception de tonnes de produits, cannabis et héroïne, en attendant la cocaïne. Au point que Michel Charasse le reçoit cinq fois en deux ans pour le féliciter, et bientôt le présenter au nouveau directeur général des douanes, auquel il est heureux de proposer de passer au cap supérieur : fini le yacht de dix-sept mètres, des gangsters anglais, clients du *Saint-Georges*, le sollicitent pour acheminer une très grosse quantité de cannabis.

« J'ai proposé le deal aux autorités françaises, qui ont aligné l'argent pour participer à l'achat du *Larissa*, un cargo de soixante mètres qui deviendra le *Mélor*, l'autre moitié étant prise en charge par un Anglais, raconte Fievet. Le projet consistait à récupérer de la coke au large du Guyana avec la complicité de membres de l'IRA [l'armée révolutionnaire irlandaise]. » Des imprévus font finalement capoter l'opération : après soixante-douze jours en mer, le cargo revient s'ancrer à Gibraltar. Le rebondissement ne tarde pas. Au fil des rencontres, l'aviseur se voit présenter un certain « Mario », belle allure et beau parleur, qui voudrait utiliser le cargo pour transporter de la marchandise jusqu'à Brindisi, en Italie. Bon soldat, Marc Fievet se souvient avoir immédiatement communiqué les coordonnées et la photo du bonhomme à son officier traitant.

Voilà maintenant le Français attablé dans un restaurant de poissons avec son nouvel « ami », « Mario », flanqué de cinq personnages à la mine patibulaire, ongles propres, cravates criantes, âge mûr, représentant chacun une « famille » italienne, l'un la mafia des Pouilles, l'autre celle de Naples, un troisième la sicilienne, le quatrième la romaine. Nous sommes en février 1993. La conversation porte rapidement sur les transports maritimes et les tonnes de cannabis qu'il faudrait convoyer jusqu'en Italie, une scène de film qui intrigue un voisin de table, un commissaire de police prénommé Ricardo et connu de tous les malfrats du coin. Une fois le repas terminé, le policier se précipite à une autre table, où déjeune « le Grand », de son vrai nom Carlos Ferran, un voyou originaire de Bordeaux qui fait à l'époque la pluie et le beau temps autour de Marbella. Au demeurant propriétaire du restaurant, « le Grand » briefe volontiers son ami commissaire sur le profil de ces Italiens un peu trop voyants : il est le parrain de l'un de ses enfants.

« Mario » règle tout en cash. Sacoche bourrée d'espèces, il brasse « des montagnes » de billets. Plusieurs comptes en Suisse, il emploie au Liechtenstein un comptable qui recycle environ un million de dollars par semaine, moyennant 5 % de commission. Il blanchit des kilos de lires italiennes à Gibraltar et à Rotterdam, ignorant superbement frontières et paperasse. Et l'Espagne lui sourit, comme elle accueille tant de bandits en cavale, elle qui s'est montrée généreuse avec ceux qui ont accepté de jouer le jeu des escadrons de la mort, fleuron de la guerre sale lancée contre les commandos basques de l'ETA militaire. En échange de leurs services, ils ont eu l'autorisation de transformer les plages de la Costa del Sol en hub du cannabis et de la cocaïne, « transit garanti sur le territoire espagnol », rappelle Fievet, avec une anecdote inédite à l'appui de ses dires : un jour, les acolytes de Carlos Ferran, principal chef d'orchestre de ces escadrons, ont contrôlé sa propre identité comme s'ils étaient directement connectés aux fichiers du ministère de l'Intérieur espagnol.

Évadé de la prison de Grasse en 1989, « Mario » n'est autre que l'Italien Pasquale Claudio Locatelli, soupçonné d'être l'un des plus gros distributeurs de cocaïne et de cannabis en Europe, au demeurant bien introduit auprès des frères Orejuela, successeurs de Pablo Escobar sur le marché colombien, mais Marc Fievet l'ignore encore alors qu'il organise pour lui un premier convoyage[1]. La suite n'est qu'une folle escalade, au cours de laquelle l'aviseur prend de plus en plus de risques et se met en danger, notamment le jour où la police canadienne saisit sur le cargo, en même temps que cinquante tonnes de shit afghan, le Télex qu'il a lui-même acquis au nom de sa compagnie off-shore à Gibraltar, Rio Plata Ltd. – officiellement pour récupérer les numéros entrant et sortant et les transmettre à l'attaché des douanes françaises en Espagne. Comme il le raconte à son traitant, Fievet se voit bientôt confier par les Italiens une nouvelle mission : acquérir un yacht de soixante-quinze mètres afin de livrer une importante quantité de cocaïne en Corse, du côté de Propriano. Le fonctionnaire des Finances se montre évidemment intéressé. Et voilà l'aviseur parti pour charger de la marchandise au Maroc, la monter au Canada, charger au retour de la cocaïne dans les Caraïbes et la rapporter dans l'île de Beauté.

---

1. Finalement extradé en Italie en 2015, il a vu sa peine de vingt-six ans de prison annulée à la suite d'une erreur de procédure : en cavale en Espagne au moment de son jugement, il n'avait pas pu se défendre.

Les autorités britanniques sont de toute évidence sur le dos de Marc Fievet, mais cela ne semble pas inquiéter les enquêteurs des douanes, focalisés sur la magnifique affaire qui se profile, qui plus est au nez et à la barbe de leur principal concurrent, les flics de l'Office des stups, qui pistent eux aussi le sieur Locatelli. « Comme je le craignais, raconte Fievet, les Anglais ont saisi le bateau au beau milieu de l'Atlantique, avec destroyer et hélicoptère, boum, boum, boum. Locatelli s'en foutait. Il m'a envoyé à Gdańsk (Pologne) acheter un cargo de cent cinquante mètres, enregistré à Chypre. Le directeur de la direction nationale des enquêtes douanières, sans doute soucieux de décrocher une médaille, n'a formulé qu'un vœu : que la coke soit déchargée à Marseille plutôt qu'en Corse, si possible avant son départ à la retraite. » L'imprévu s'en mêle encore, puisque le *Pacifico* (le nom du nouveau cargo) est cette fois arraisonné par les Canadiens, avec 5,4 tonnes de cocaïne à son bord.

Marc Fievet n'en a pas terminé avec son « ami », puisque Locatelli l'embarque lors d'un déplacement en Colombie. Recevant ses visiteurs en grande pompe avec cinq autres producteurs de cocaïne, le mafieux Gilberto José Rodriguez Orejuela met les pieds dans le plat : « Vos bateaux sont plus connus que la Maison-Blanche, on ne peut plus continuer à les charger ! » L'aviseur repart cependant vivant de Cali, ayant toujours la confiance du parrain italien, qui vient de lui fournir un faux passeport français au nom de Charles Henri de Bossieu, mais les autorités françaises, qui balbutient dans ce domaine, n'ont fait les choses qu'à moitié : elles n'ont pas informé leurs alliés américains, pas plus que les Anglais, ni les Canadiens, de la présence d'un infiltré au cœur de l'organisation. La suite était écrite et la colère de Marc Fievet est intacte lorsqu'il raconte son arrestation, peine de prison purgée :

« Le 23 septembre 1994, à Fuengirola (Andalousie), je me suis fait serrer dans la rue et plaquer au sol comme un malpropre. Ils m'ont accusé d'être un narcotrafiquant international. J'ai sorti mes passeports, qu'ils savaient faux. Mon nom apparaissait partout. Deux mandats avaient été délivrés à mon égard. Le nouveau directeur des douanes a fait savoir qu'il n'avait pas à assumer les décisions de ses prédécesseurs, remettant en cause la continuité de l'État. Et je suis resté 3 888 jours en prison, en Espagne, en Angleterre, au Canada et en France. Onze ans ! » Avec quelques sérieuses alertes au passage, les détenus n'appréciant guère les « balances ».

Aux yeux de la justice, l'indicateur, redevenu conducteur de poids lourds au long cours, avait changé de camp. Au service du « bien », il avait été aspiré et contaminé par les forces du mal. Une trahison qu'il a toujours niée, convaincu que ses tuteurs français ont eu peur de tenir tête à la puissante DEA américaine, à l'origine du démantèlement de cette organisation mafieuse tentaculaire dont il aura servi à ses dépens d'agent révélateur. Michel Charasse, ministre du Budget, avait proposé la création d'une unité spéciale d'agents exfiltrés de l'administration pour une période maximale de deux ans, avec des faux papiers et un pactole avancé par la Caisse des Dépôts, avec mission d'infiltrer les organisations criminelles. Sauf que Marc Fievet n'était pas issu de l'administration et qu'on l'avait laissé dans la « lessiveuse » six ans et demi. Conformément aux consignes, il s'était mis à ressembler à ceux qu'il infiltrait. Il avait logé dans une maison financée par un mafieux, sous surveillance permanente de son employeur, qui connaissait son épouse et ses enfants. Il aurait été liquidé au moindre doute. Il a d'ailleurs cru son heure arrivée après la saisie de 1,2 tonne de shit par les douaniers français : quelques jours plus tard, deux Marocains avaient débarqué dans son restaurant et l'avaient invité à les suivre à Tanger. Une fois en territoire marocain, ils lui avaient confisqué son passeport et l'avaient conduit dans une villa en bord de mer, où l'attendaient sept à huit personnes, dont un Français qui avait pris sa défense : « S'il avait un rôle quelconque dans cette saisie, il ne vous aurait pas suivi ici », avait-il plaidé. Dans le ferry du retour, il s'était « liquéfié ».

Les voyous l'avaient épargné, les autorités l'ont envoyé au cachot.

5

Coup de chance

La police judiciaire ne mise pas que sur les informateurs, elle compte aussi parfois sur la chance. Ainsi de ces enquêteurs de la BRI de Nice qui surveillaient plusieurs cabines téléphoniques à la suite d'un braquage, à la fin de l'été 1996. Jusqu'au jour où un inconnu appelle un ami dans un hôtel de Caracas, au Venezuela, dont la voix et l'accent sont aussitôt reconnus par l'enquêtrice chargée de l'écoute : c'est celle de « L'Anguille », niçois d'adoption et pilier du banditisme azuréen. Caracas ? Cocaïne ? Le chef de l'antenne Stups de Marseille, passé par Nice, récupère le « bébé ». Les numéros appelés depuis la cabine sont listés, en même temps que ceux appelés depuis le numéro identifié au Venezuela, grâce à un système que peu de voyous connaissaient à l'époque, le Centre international d'appel. Et les enquêteurs finissent par donner un nom à l'utilisateur de la cabine : le Toulonnais Jean-Claude Kella – encore lui.

« Pendant des mois, on va galérer pour essayer de comprendre ce qu'il se passe, mais on ne voit rien d'autre que des projets, raconte l'un des enquêteurs chargés du dossier, Jean-François Barbieri. Ils ne parlaient jamais de came. Ils changeaient de puce téléphonique tous les quinze jours, ce qui nous obligeait à éplucher les fadettes[1] des cabines téléphoniques. Au bout de neuf mois, on a compris la façon dont ils codaient leurs numéros, ce qui nous a permis de ne plus les lâcher. On n'avait pas d'indic dans le dossier, mais on a acquis la certitude qu'ils avaient une taupe dans la police, qu'ils appelaient l'"assureur". On a commencé à se méfier de tout le monde. Le voisin de bureau n'était-il pas en train de balancer ? On ne donnait aucun nom aux collègues, c'était le black-out. »

Le policier véreux n'était pas à en poste à Marseille, il était à Toulon, mais les enquêteurs ne le sauront que bien plus tard. En attendant, le dossier s'épaissit. Les protagonistes s'appellent « Yeux bleus », « Tournesol » (le VRP de la bande), « l'Abbé » (un Lyonnais), « Tonton », « Jambe de laine » (un Corse soupçonné d'être le banquier de l'équipe), « Petit Vélo » et « Lucky Luke » (deux frères toulonnais), « Gilbert » (réputé pour avoir la gâchette facile), « le Blond », « Alain Delon » (un autre Lyonnais) ou « l'Inquiet » (toujours persuadé d'avoir la police à ses trousses). Une brochette comme la PJ marseillaise n'avait jamais rêvé rassembler dans un seul et même dossier. Une sorte de dream-team de la voyoucratie française. Le tout autour de celui que Barbieri décrit comme l'apporteur d'affaires, fort de ses contacts et sa notoriété : Jean-Claude Kella.

1. Listes de numéros appelés.

Comment étayer les soupçons ? Savoir que Tournesol est parti en voyage « au pays des chapeaux », le Mexique, est-il suffisant pour épingler tout ce beau monde ? Les enquêteurs comprennent que Kella a obtenu une livraison de marchandise à crédit, grâce à sa réputation, « deux et demi », un mélange de « pantalon blanc » et de « pantalon treillis » – de la cocaïne et de la marijuana ? Sauf que la livraison du container passe sous les radars et que la marchandise est livrée dans le dos des enquêteurs à un Corse installé « au pays des Blonds » (les Pays-Bas). Destination provisoire, puisque les « Blonds » n'arrivant pas à écouler le stock, le voilà transféré en février 1998 « au pays des Rosbifs », du moins les policiers le supposent-ils, car ils ne disposent d'aucune preuve matérielle susceptible d'étayer ces conversations codées. Pourquoi donc Kella envisage-t-il de monter une société d'importation de produits de la mer depuis Madagascar, qui utiliserait des containers frigorifiques ? Un mystère de plus.

Dépités de devoir s'en tenir à ces bribes souvent ambiguës, Barbieri et ses collègues décident d'expédier une équipe en territoire espagnol au début de l'année 1998. Petit avantage : l'écoute des portables est possible en Espagne, alors qu'elle ne l'est pas encore en France. La bande ciblée gravite autour de Benidorm, au sud de Valence, mais les policiers ne disposent d'aucune adresse. Les « Tontons » semblent d'ailleurs coincés en Angleterre, par des grèves et par les acheteurs qui tardent à payer, mais une information importante tombe : le « grand chapeau » (probablement un parrain mexicain) est attendu en Espagne, où il convoque une réunion au sommet dans un grand hôtel madrilène. Quelle option choisir ? Procéder aux interpellations au risque de faire chou blanc ? « A priori, l'opportunité était fantastique, puisqu'on allait avoir au même endroit nos deux "Tontons", un autre membre de l'équipe et le fournisseur mexicain, plus une forte somme d'argent, se souvient Barbieri. Il n'y aurait pas de came, on le savait, mais l'enquête durait depuis un an et demi. Les écoutes tiendraient-elles le choc face à un parterre de bons avocats ? Suffiraient-elles à emporter la conviction d'un tribunal ? Finalement, mon chef de service et le juge ont décidé d'intervenir. Je n'y étais pas favorable, mais je m'y suis plié. »

Un plan est échafaudé afin d'éviter les coups de feu dans la salle de restaurant de cet hôtel de luxe, mais comme souvent, rien ne se passe comme prévu. Au lieu de l'arrêter à l'aéroport, les Espagnols interpellent le narco mexicain devant la porte vitrée de l'établissement, il s'agit d'un colonel viré trois ans plus tôt du service de lutte contre le trafic de stupéfiants à cause de ses liens supposés avec le puissant cartel de Tijuana. Les flics français improvisent à l'arrache et déboulent dans la salle de restaurant, où les trois Français fument tranquillement le cigare, une mallette posée près d'eux.

« Coup de chance, se souvient Barbieri, ils n'ont pas d'arme. Et comme ils n'ont pas de came, peut-être qu'ils se sentent tranquilles et se laissent faire. »

Dans la mallette, trois millions de francs en devises étrangères et un document évoquant « 2 450 pièces » vendues en Grande-Bretagne et aux Pays-Bas, avec des prix en dollars. Comment traduire ? Comment les « deux et demi » du départ sont-ils devenus 2 450 kilos ? Parlaient-ils, pour un coup d'essai, de deux tonnes et demie ? Laissant libre cours à son imagination, l'inspecteur « tique », un peu surpris, mais les trois fumeurs de cigare ne confirment leur identité qu'une fois confondus par leurs empreintes – l'un des trois, le surnommé Tournesol, est recherché en France pour des braquages. Ils ignorent encore qu'une quinzaine de leurs complices ont été arrêtés concomitamment sur la Côte d'Azur et à Marseille, dont l'inépuisable Jean-Claude Kella. « La crème du grand banditisme », se réjouit l'inspecteur, encore ému d'avoir passé les pinces à des bandits de cette stature. Pour trafic de « pantalons », jusqu'à preuve du contraire, même si Tournesol a raconté au téléphone avoir négocié avec des types équipés de calibres avec crosse en or et ornés d'entailles pour comptabiliser le nombre de personnes qu'ils avaient « charclées », comme on dit dans le Midi. Et s'il avait mentionné la mort d'un de leurs interlocuteurs – un homme censé « construire des villas, et même de grands immeubles » –, décédé lors d'une opération de chirurgie esthétique. La presse colombienne avait bien évoqué la mort sur le billard du chef d'un cartel local, surnommé le Seigneur des Cieux, alors qu'il se faisait refaire le visage pour échapper à la police, mais un simple article ne pèserait rien à l'heure du jugement.

L'affaire n'est-elle pas trop belle ? Où l'on voit la voyoucratie française servir d'intermédiaire entre les cartels sud-américains et plusieurs pays européens ?

L'absence de toute trace de produit ne risque-t-elle pas de fragiliser l'accusation ? Les deux tonnes et demie de cocaïne se sont brusquement transformées en 2 500 kilos d'herbe (le Mexique en produisait à l'époque sept mille tonnes par an), parce que les prix figurant sur le document ne collaient plus. Même la société d'importation de produits de la mer par containers frigorifiques était restée à l'état de projet. Et comme le reconnaît lui-même l'inspecteur Barbieri, « quand on n'a pas d'éléments, on ne va pas les inventer »...

Plus de vingt ans plus tard, les protagonistes de l'affaire ne digèrent toujours pas les peines de prison (à deux chiffres) prononcées en première instance. « L'Anguille » n'en démord pas : lui et ses amis ont été condamnés à cause de leur seul pedigree, de manière « déloyale ». « Nous étions en train de déjeuner avec un Mexicain, tranquilles, et tout à coup la police nous a sauté dessus, se souvient ce voyou qui a grandi dans le quartier de la Belle de Mai, à Marseille. Les condés (flics) espagnols ont annoncé à nos avocats qu'ils allaient rapidement nous relâcher, la justice n'ayant rien contre nous. Le juge français a fait tout un cinéma en racontant qu'on était recherchés pour meurtre. Au moment où les Espagnols allaient nous remettre dehors, la France nous a échangés avec des terroristes basques. Ils ont débarqué à 2 heures du matin dans ma cellule, m'ont mis une cagoule sur la tête et m'ont embarqué... C'était l'affaire du siècle ! L'histoire de meurtre était bidon, tout était bidon. On était la mafia française ! On a pris plus de trente ans de prison alors qu'il n'y avait que du bla-bla, des écoutes téléphoniques qui voulaient tout et rien dire ! »

En cassation, maigre consolation, « l'Anguille » a vu sa peine tomber de trente-six ans à dix-huit ans de prison. Les policiers qui ont fait tomber l'équipe, eux, ont inscrit les noms de ces grands voyous sur la crosse de leur arme de service, convaincus qu'ils venaient de réussir avec l'aide du sort le dossier de leur vie : la neutralisation des survivants du milieu traditionnel, à commencer par Jean-Claude Kella, digne héritier des pionniers de la French Connection.

6

« La France n'a pas le renseignement dans les veines »

Le renseignement criminel, Samir D.[1] y a cru. Quelle autre option pour marquer des points dans la bataille contre la drogue ? Les dealers, il les avait vus à l'œuvre dans la cité où il avait grandi ; ils avaient même tenté de le gâter, au sens propre, pour l'entraîner dans leur ronde infernale. Éduqué par sa mère, il avait flairé le danger. À l'école de police, implantée au cœur d'un quartier dit sensible de Marseille, il avait encore eu le loisir de les observer depuis la fenêtre de sa chambre, et même de leur parler, avant de devenir flic. Pour lui, pas de zone grise, pas de compromis. La drogue, les camés, les « piquouses », c'était – et c'est toujours – le mal à combattre.

Les premiers stages, au milieu des années 1990, lui font toucher du doigt les limites de l'exercice. Les « vieux briscards » que côtoie Samir dans les commissariats de Marseille n'ont plus vraiment la foi. Ils profitent des tournées en car police secours pour déménager un pote, faire leurs courses ou déposer

1. S'agissant d'un fonctionnaire en exercice, son nom sera occulté.

un vélo chez le réparateur, sans jamais sortir un billet de leur poche. Ils ne mettent jamais les pieds dans une cité, « pour ne pas prendre de coups », disent-ils au petit nouveau. La police judiciaire phocéenne fait d'ailleurs peu appel à ces collègues en uniforme, essentiellement par crainte des fuites en direction des malfrats. « Chaque fois qu'un flic verbalisait quelqu'un, un autre intervenait pour faire sauter l'amende... » se souvient Samir. De quoi pousser le novice à postuler pour la Seine-Saint-Denis, où il atterrit dans l'un des commissariats les plus difficiles du département, de surcroît en brigade de nuit. Ses collègues, des « bosseurs » qui sont là pour « faire du bandit », ont tous dix ans de plus que lui. Tous les soirs, la même chanson : quelqu'un appelle la police parce que « des mecs mettent le bordel dans un hall d'immeuble, tu interviens, ça part en vrille et tu interpelles... » « Tu les connais vite par cœur », ponctue Samir, qui se passionne pour cette matière.

À la fin des années 1990, les jeunes dealers lorgnaient encore du côté des braquages, fascinés par quelques grosses pointures du néo-banditisme, à l'instar d'un Sofiane Hamli[1], un exemple dans le département, lui qui aligne à son palmarès plusieurs attaques de fourgons blindés. Ils n'en réinvestissaient pas moins leurs gains dans les stupéfiants, pour le faire fructifier. Les points de deal se sont multipliés

1. Impliqué dans des affaires de braquages de fourgons blindés, ce voyou originaire d'Aulnay-sous-Bois (à ne pas confondre avec Sofiane Hambli) faisait la liaison entre milieu des cités, milieu corse et milieu juif. Il a été victime d'un règlement de comptes le 7 octobre 2018.

comme les moutons à la surface de la mer par gros temps et la chaîne économique s'est peu à peu transformée sous les yeux du policier, aux premières loges de cette émancipation historique. « Les jeunes d'origine marocaine se sont souvenus opportunément qu'ils avaient des connaissances ou de la famille dans le Rif [lieu de production du cannabis], auprès desquels ils ont commencé à s'approvisionner directement, tournant le dos aux grossistes issus du milieu traditionnel, poursuit Samir. Incarcérés en Espagne, terre de rebond, ils ont rencontré des Colombiens et des Vénézuéliens ; ils se sont mis à l'espagnol et à la cocaïne. Doués pour le commerce, ils ont grandi avec la technologie et achètent aujourd'hui leurs puces téléphoniques en Israël. » Prêts à prendre le relais, ils ont chaussé les patins de Jean-Claude Kella, qui bientôt ferait figure d'artisan au regard du commerce qui se met en place.

La filière se renforce avec l'implantation d'un milieu marocain dans les ports de Rotterdam (Pays-Bas) et d'Anvers (Belgique), mais le 93 s'impose bel et bien comme le territoire de prédilection de cette « mafia des cités ». Les émeutes de novembre 2005, une flambée nationale, offrent à cette génération une occasion en or d'asseoir son emprise sur les « terrains » où s'opère la vente au détail. La police se retranche dans ses bunkers, délaissant toute proximité au nom de la sécurité de ses effectifs ; ils s'emparent de l'espace public et imposent leurs propres lois, obligeant les habitants à composer en silence avec eux.

« Le trafic touche désormais beaucoup plus de familles, assure Samir, qui n'a pas raté une seule miette de la professionnalisation de ces jeunes qu'il bousculait vingt ans plus tôt dans les halls d'immeuble, nourrissant ses fiches afin de rester à niveau. Ils ont tous grandi ensemble, comme dans les villages corses. Passés de l'artisanat à l'industrie, ils ont les moyens d'acheter les gens, et les politiques n'y échappent pas. Les policiers ont longtemps résisté, jusqu'au moment où la drogue est devenue populaire, y compris parmi eux. Les lignes entre le bien et le mal se sont brouillées, au point qu'on a vu des collègues craquer et se dire : "Maintenant ça suffit, on va mettre les dealers à l'amende et prendre notre part de l'oseille." »

Comment reprendre la main quand une poignée de flics adoptent les réflexes et les valeurs de ceux qu'ils sont censés combattre, avec une petite probabilité tout de même de finir devant la police des polices ? Ce serait plus une question de méthode que d'effectifs, à entendre Samir. La France, déplore notre interlocuteur, n'a pas le renseignement dans les veines, à la différence de pays comme Israël, les États-Unis, l'Angleterre ou le Maroc. « Si tu veux le combattre, il faut comprendre le mal qui te ronge, martèle le policier. Le renseignement ne doit plus être considéré comme un mal nécessaire. Le recrutement de sources est essentiel, malgré la part d'ombre qui subsistera toujours quand un policier demande un service à un voyou. Il faut juste s'imposer des règles, par exemple ne pas couvrir les plus gros dealers pour attraper les petits. L'informateur reste le seul capable de te donner le numéro de téléphone du gros en te fournissant de quoi décoder son langage : la "pièce de carrosserie" est un lance-roquettes, une "grande roue", c'est une tonne de produit. Comprendre ce qu'ils disent est la première étape. Si tu ne connais pas leurs lieux de rendez-vous, tu es perdu car tu ne peux matérialiser les rencontres et les échanges. Les prisons sont un vivier, pleines de gars qui cherchent à aménager leur peine. Il faut aller les voir, et s'ils mordent, les inscrire au fichier des sources. Mais le renseignement ne se limite pas aux informateurs. C'est tout ce qui n'est pas exploité dans les plaintes. Ce sont les fadettes qu'on archive localement sans les exploiter au niveau national. Ce sont toutes ces fiches que policiers et gendarmes ne mutualisent pas, préférant travailler chacun de son côté ! »

Comment identifier les nouveaux millionnaires de la drogue, fans de Chanel et Fauchon, alors que leur nombre explose dans le pays ? Comment déterminer la place de chacun au sein d'un réseau, sachant qu'il y en a des centaines et que beaucoup sont à peine connus de la justice ? Comment s'y retrouver, entre les Franco-Maghrébins, le milieu chinois, le milieu arménien, les filières turques et les Kurdes du PKK, qui brassent l'héroïne, les Pakistanais et les Sri Lankais, chacun disposant de sa propre filière de blanchiment et de ses entrées à Dubaï ou Hong Kong ? Comment y voir clair, comme les anciens policiers étaient autrefois capables de dresser l'organigramme du grand banditisme dans chaque ville, sans se donner les moyens d'observer et de filocher les gars, afin de nourrir une documentation opérationnelle ? Comment démasquer les collusions entre les liquidités issues des stupéfiants et l'économie licite, les dealers, bourrés d'ambition et prêts à se dévorer entre eux, ayant souvent un irrépressible besoin de sortir de la pure clandestinité ? Ce défi, Samir et quelques-uns de ses collègues affectés en Seine-Saint-Denis ont tenté de le relever à partir de 2005. Avec les moyens du bord, car les politiques de l'époque restaient focalisés sur un sujet unique : les violences urbaines, celles qui font la une du journal de 20 heures et abîment la réputation des politiques en place. Une mission chronophage qui ne résiste pas longtemps à la politique du résultat voulu par le ministre de l'Intérieur de l'époque, Nicolas Sarkozy, le fruit de ces patientes observations étant par nature peu palpable et son exploitation rarement immédiate. La vague terroriste qui surgit au tournant de l'année 2015 achève de détricoter cet embryon de service de renseignement criminel : la traque aux barbus fichés « S » prend le pas sur tout le reste. De quoi augurer de beaux jours pour le crime et son énergie sans frontières, la preuve, s'il en fallait une, par ce dealer de Saint-Ouen qui s'est fait construire à Alger une réplique de la villa… de l'acteur Al Pacino.

Depuis, la drogue et ses millions ont continué à gagner du terrain dans ce département difficile à contrôler. Dans certaines municipalités, on a glissé du clientélisme classique – « Tu fais voter les mecs de la cité pour moi et je te donnerai un logement, un poste à la mairie, une place de gardien d'immeuble ou la gestion des HLM » – vers une corruption de moins en moins honteuse. Une dérive qui apporte du grain au moulin des dealers, sollicités pour partager un magot qu'on leur avait pourtant dit illégal.

Sans compter ceux qui jouent sur tous les tableaux et légitiment leur trafic en expliquant qu'il « niquent les mécréants ». Leur façon personnelle de passer de l'état de voyou à celui de serviteur de Dieu… sans renoncer pour autant à ses revenus.

7

« Tu vas te refaire, on ne te touche plus »

« La cité, ce n'est plus le territoire de l'État. Les caïds sont chez eux et te le disent. Ils contrôlent ce qui entre et ce qui sort. Nos informateurs ont du mal à passer. À chaque fois, ils subissent un interrogatoire : "Tu vas chez qui ? Tu es qui ?" Ils savent que la police emploie des gens de toutes origines. Ils ont la surface financière suffisante pour acheter des détecteurs de balises ou poser des caméras. Quand on en installe, ils les confisquent et reprennent la vente avec des cagoules. S'ils ont un doute, ils vont voir le gardien de la cité et le secouent pour avoir la liste des appartements inoccupés, d'où on pourrait opérer. S'ils parviennent à avoir leur nom, les voyous passent aux menaces nominatives. Le jour où ils localisent leur domicile, ils explosent leur boîte aux lettres et rayent leur voiture. Ceux qui bossent en tenue ne savent jamais s'ils vont rentrer le soir à la maison après leur service. »

Le moins que l'on puisse dire est que ce fonctionnaire, membre de la brigade des stupéfiants de Paris, ne sous-estime pas l'adversaire. Aux malfrats en costume et à l'accent du Midi, dont les noms tenaient sur une quarantaine de pages, a succédé un nombre difficile à quantifier de petites mains convaincues de leur impunité et de barons de la drogue invisibles.

« La dégradation se poursuit sous nos yeux, analyse notre interlocuteur. Est-il trop tard ? Il y a dans le trafic des professionnels qu'on n'atteindra probablement plus, faute de pouvoir rassembler les preuves suffisantes. Tu n'arrives plus à les suivre. Tu ne peux plus les écouter, ils ont un téléphone pour la famille, le reste se fait au taxiphone. Ils ont noué de nouvelles connexions en prison et pris de l'assurance. On tape surtout les demi-sels, d'autant que notre hiérarchie veut du rendement, des saisies, de l'apparence, du chiffre. Les hauts fonctionnaires raisonnent budget et ne nous donnent pas forcément les moyens techniques ni humains. En face, ils sont de plus en plus nombreux à avoir compris que deux kilos de shit allaient leur rapporter plus que l'attaque du casino d'Uriage. Pour eux, nous sommes l'ennemi, mais tous les policiers n'ont pas envie d'aller à la "guerre", surtout quand ils ont famille et enfants, avec le risque d'être lâchés le jour où le parquet change d'avis sur un informateur et l'envoie en prison. Qui bosse pour le drapeau, aujourd'hui ? »

Pour les juges, l'informateur n'est bien souvent qu'un numéro, alors qu'il y a forcément sur le terrain une dimension humaine : l'informateur est susceptible d'appeler celui qui le traite à n'importe quel moment, sur n'importe quel sujet, privé compris. Les « tauliers » (patrons) ne sont pas non plus tous derrière leurs hommes, pour preuve cette phrase lancée un jour par un commissaire à l'un de ses officiers : « Si ton informateur se fait tuer, tu en trouveras un autre. » Sauf que le policier qui ne se ment pas sait pertinemment que c'est lui, la plupart du temps, qui a démarché ce voyou et lui a proposé de travailler pour lui. Il n'ignore pas non plus qu'en cas de problème, il y a un gros risque pour qu'il se retrouve seul face à ses juges.

La bataille contre les stups n'épargne pas ses « soldats », et pas seulement ceux qui travaillent au sein des brigades spécialisées, concentrés sur le haut du spectre. Elle secoue tous les flics engagés dans les quartiers où circule le produit, comme ici, dans l'Essonne, où Quechua, son nom de guerre, flic de la brigade anticriminalité locale, est une nouvelle fois aux prises avec le petit Jack, 15 ans, « une boule de nerfs ». À 12 ans, la police avait surpris ce garçon en train de casser le carreau d'une voiture avant de partir au volant. Un nombre indéterminé de fois, ce fils de militaire est parvenu à se débarrasser de ses barrettes de shit à la vue de la patrouille en criant : « C'est pas à moi ! » À chaque fois, il est passé à travers. Aujourd'hui, il a couru moins vite que les autres et Quechua lui a mis la main dessus. Le gamin a 160 euros sur lui, mais pas un gramme de shit. Le flic, motivé pour deux, s'apprête à rentrer bredouille, au moment où un téléphone sonne dans sa poche : un informateur plein de bonne volonté l'envoie vers un camion ventouse où sont stockées les barrettes de la petite bande.

Le petit Jack est énervé de s'être fait prendre, lui et pas les autres, pour la plupart des gamins issus de familles subsahariennes. Il passe la nuit au commissariat. Quechua, la trentaine, explique à son collègue officier de police judiciaire que le jeune est coutumier des faits. Les barrettes de shit planquées dans son slip, ou dissimulées derrière le lecteur de CD de cette vieille Clio, il se poste journellement sous les arches, au pied des tours, face aux commerces ; du même pas, le client peut prendre sa baguette de pain et une barrette, de la « beuh » (herbe), ou de la coke. En langage technique, Jack est un multirécidiviste. Lui taper sur les doigts suffira-t-il ? Le policier aurait préféré la « gifle paternelle » et quelques mois de prison ferme, mais ce n'est pas lui qui décide. À défaut d'être suivi par la justice, le policier recourt parfois à des méthodes plus basiques, histoire de se sentir utile. Par exemple, il lui est arrivé de prendre un de ces « merdeux » par les cheveux et de le promener dans la cité pour faire réagir les mères de famille. Une humiliation à l'ancienne, en croisant les doigts pour que les plus grands lui collent une toise dans la foulée, parce qu'il a commis l'erreur de se faire attraper. Les jeunes dealers du secteur, à défaut de le respecter, le craignent. Quand lui et ses collègues mettent pied à terre, ils lui donnent du « oui monsieur ». Une forme de reconnaissance propre à compenser, au moins provisoirement, l'impression de travailler dans le vide.

« Pour obtenir ce résultat, il ne faut pas montrer la moindre faille, observe Quechua. Je ne fais pas ça pour la République. J'ai toujours voulu protéger les gens. Et puis j'ai l'esprit chasseur. » Il est aussi rancunier. Ainsi n'a-t-il pas lâché ce dealer qui livrait gratuitement de la cocaïne dans la boîte aux lettres de clients qui avaient décroché, pour qu'ils reviennent vers lui. Ni ce gamin surpris un jour en train de découper des barrettes de shit au couteau dans la cour de son collège. À chaque fois qu'il le croisait, une baffe. Et la marchandise confisquée

Les indics, Quechua le confirme, ne manquent heureusement pas. Pour les amadouer, une solution simple : leur « mettre la misère » jusqu'au moment où, couverts de dettes, malmenés à la maison par les plus grands, ils craquent. Quechua leur offre « l'assurance d'une tranquillité ». « Tu vas te refaire, on ne te touche plus », glisse-t-il alors. Le procédé permet de ramener au poste autre chose que de simples consommateurs. Des filles, des mamans se portent également volontaires et dérangent le policier sur son téléphone pour dénoncer un dealer qui pourrait être leur frère ou leur fils. « Si tu n'es pas un peu tordu, tu n'as pas de résultat », lui avait dit un ancien. « Vous êtes sûr que ça s'est passé comme ça ? » l'interroge souvent l'officier, dubitatif sur le récit qu'il produit du déroulement de son interpellation. « Si tu ne nous crois pas, viens voir sur le terrain comment ça se passe », réplique-t-il volontiers, agacé par les donneurs de leçons qui ne sortent jamais. Le classement sans suite n'est jamais loin. Le jeune ressort du commissariat avec le sourire avant même que Quechua ait changé de tenue pour rentrer chez lui. Le produit matérialise l'infraction, encore faut-il le trouver quand il est dissimulé dans les couches du bébé, dans un faux plâtre, entre les doigts de pied dans la chaussure, dans le pot d'échappement d'une voiture ou dans une cannette de coca négligemment abandonnée par terre. Le tout entre les mains de gamins, les plus grands restant soigneusement à l'écart et rémunérant cette petite troupe à coup de kebabs, de cannettes, plus une quarantaine d'euros par jour et la cagoule fournie.

« C'est usant moralement et physiquement, avoue ce policier de terrain comme tant d'autres au bord du renoncement. On est toujours sur la corde raide pour leur mettre la pression. On doit jouer avec la vérité et prendre des risques. Il suffit que le gars proteste devant le juge sur le mode "ce produit n'est pas à moi, il traînait par terre", pour qu'on se retrouve à devoir se justifier au cours d'une confrontation. Nos actes juridiques n'ont pas de poids aux yeux des magistrats, qui donnent autant de crédit au multirécidiviste qui nous fait face. C'est limite humiliant. C'est comme si on engueulait un pompier parce qu'il a arrosé la maison voisine en éteignant l'incendie. Il faut une bonne dose d'autodérision pour garder la foi. On a choisi le camp de l'ordre, on est là pour les niquer, mais on en est réduit à sauver les meubles et l'État ne nous remercie même plus. Les petits dealers n'ont peur de rien. Ils sont fascinés par le pognon. Ils considèrent la police, comme une puissance étrangère. Ils te provoquent, te filment et te disent : "Je vais aller voir l'IGPN." Ils polluent leur environnement, font du bruit, forcément je finis par les détester. »

Il le dit en toute franchise, Quechua aurait parfois envie d'en étrangler un, mais il est probable que son commandant ne laisserait pas passer, surtout si la scène était filmée. D'ailleurs, à quoi bon ?

« On le faisait il y a quinze ans, mais je ne vais pas mettre en péril mon salaire pour une baffe, même si c'est la meilleure chose qui pourrait leur arriver, lâche notre interlocuteur. Les acteurs de cinéma rêvent tous d'un rôle de flic qui met des baffes, mais dès qu'un flic met des baffes, ils twittent pour dégommer la police. »

8

Quand la BAC perd le contrôle

Lorsque la réponse étatique à la submersion stupéfiante patine au niveau national, ça se voit. C'est plus discret quand les services du ministère de l'Intérieur se fissurent dans un recoin du territoire, mais pas forcément moins nocif. En particulier quand les faits se produisent en Seine-Saint-Denis, département champion en matière d'économie souterraine – ou plutôt parallèle, tant cette dernière colonise l'espace public au vu et au su de tous. En l'occurrence entre les murs du commissariat de Stains, planté au cœur d'un territoire encore plus misérable que les autres.

À quel moment la petite équipe de la BAC (brigade anticriminalité) a-t-elle commencé à perdre le contrôle ? D'aucuns font remonter le déclic à l'arrivée d'un commissaire plein d'allant. Passé par la brigade des stupéfiants de la préfecture de police, l'homme avait du charisme et de l'expérience. Rompu à la lutte contre les réseaux sophistiqués et aux méthodes d'infiltration du milieu criminel, donne-t-il le sentiment aux plus aventuriers de ses hommes qu'ils sont plus « beaux » qu'ils ne le sont ? Excités à l'idée de signer des affaires d'un niveau que l'on n'atteint généralement pas en sécurité publique, les quatre larrons, dont l'un tout juste sorti de l'école de police, disposent d'une aire de jeu propice : les cités engrainées par le deal sont à portée de main. Avec une marge de manœuvre supérieure à la moyenne, c'est le propre de la « brigade du patron » dans tous les commissariats où il en existe une. Chacun a envie de briller, quoi de plus naturel : la course aux félicitations est ouverte.

Plus tard, à l'heure de rendre des comptes devant la police des polices, ces fonctionnaires se présenteront comme les victimes d'un « système ». À l'ancienne, ils vont dans les bars écouter les conversations de ceux qui picolent. Le commissaire leur a dispensé ses trucs pour glaner du renseignement. Il ne leur a certainement pas conseillé de confisquer des barrettes de shit pour leur consommation personnelle, ni de tester la cocaïne, ni de cesser de répondre sur les ondes de la police pendant un temps indéterminé. Mais les succès sont là et réjouissent jusqu'au sommet de la hiérarchie départementale, qui trinque avec l'équipe plus que de raison, au point qu'on les voit parfois rentrer notoirement bourrés au commissariat, avec le patron. Chaque saisie de produits stupéfiants est saluée par le directeur départemental, et même par le préfet du département, Christian Lambert, une belle carrière de flic de terrain derrière lui et une énergie à faire pâlir n'importe lequel de ses pairs. Ces autorités applaudissent les résultats de la BAC de Stains, portée aux nues dans les bulletins d'information de la préfecture de police de

Paris. Un membre du parquet laisse entendre, au gré d'une conversation, qu'une petite Kalachnikov ferait bien dans le tableau ? Les « bacqueux » se font fort d'en obtenir une auprès d'un tonton heureux de rendre service et font croire qu'ils l'ont saisie par hasard…

Officialisent-ils tous leurs informateurs, selon les règles en vigueur ? La fine équipe n'en est apparemment plus là. Certains soirs, on voit même entrer des filles au commissariat. Le patron, fier de ses hommes, a laissé pour eux une bouteille de whisky… dont ils se permettent le lendemain de critiquer la qualité. On les soupçonnera également d'avoir remplacé de l'herbe saisie par du thé vert, mais pour l'heure, leurs succès suscitent d'intenses jalousies dans le département, jusque dans les rangs de la brigade des stupéfiants. On découvrira qu'ils planquaient des produits saisis dans un local technique du commissariat, drogue dont ils se servaient, grand classique, pour récompenser les « tontons ». En attendant, la rumeur monte des cités, où l'on sait comment salir les flics trop encombrants. Elle parvient aux oreilles des membres des brigades anticriminalité limitrophes, dont celle de Saint-Denis, appelée un jour à la rescousse par les dealers d'une cité située sur leur territoire, soucieux de… faire fuir la brigade de Stifler, surnom donné à l'un des bacqueux de Stains, venue les « racketter », assurent-ils. Vraie dérive ou manifestation supplémentaire de l'opportunisme des dealers, difficile de savoir dans ce monde où règne l'arnaque et la trahison, certains étant capables de « balancer toute la Colombie » pour ne pas faire un jour de prison.

Les audacieux de Stains sont couverts, du moins pour le moment. On leur balance l'adresse d'un appartement où serait stockée de la cocaïne ? Ils brodent une histoire, vont chez le gars et tapent à la porte sans autre formalité. Sauf que leur véhicule de service a été sonorisé par la police des polices depuis qu'un témoin les a dénoncés, sous X, devant la justice. Témoin qui n'est autre qu'un collègue en bisbille avec eux… Un trafiquant s'est aussi confié à la brigade des stupéfiants, allant jusqu'à fournir une clef USB où l'on voit une voiture de la BAC intervenir dans une cour où l'on consomme et vend du crack, sans main courante ni procès-verbal à la clef ; de quoi motiver la saisie de l'IGPN, la police des polices. Les jaloux s'en mêlent et se souviennent à propos du jour où l'un des flics suspects a garé devant le commissariat un 4 × 4 avec sa remorque chargée d'un Jet-Ski – du matériel en léger décalage avec les salaires en vigueur dans la maison (2 500 euros pour un brigadier).

Le dossier s'épaissit de jour en jour. Pourquoi celui que les caïds de Stains surnomment Stifler a-t-il un jour fait le ménage dans la Porsche Cayenne de l'un de ses « tontons », saisie par un autre groupe ? Pas n'importe quel ménage d'ailleurs, puisqu'un collègue affirme qu'il a sorti une arme pour la nettoyer avec un torchon. Difficile d'interroger le voyou en question, dans la mesure où il a entretemps été victime d'un règlement de comptes, mais la suspicion monte autour de la fine équipe.

Le jour où la police des polices débarque au commissariat pour les perquisitions, le directeur départemental accourt sur place pour calmer les troupes en ébullition. Il est accueilli par une sorte de piquet de grève, avant de réunir tout le monde dans la salle de commandement et de lâcher le mot propre à ramener le silence : ripou. Le commissaire n'a rien vu, la commandante, quinze ans de « boutique » derrière elle, non plus. Pas davantage que l'officier de police judiciaire du SAIP[1], qu'ils appelaient entre eux « Maman ». Le capitaine qui supervisait la tenue n'avait visiblement aucune prise sur les gars de la BAC, qui n'en référaient qu'au « taulier », le commissaire. Dans la cible, les meilleurs éléments, des « super-flics », comme on dit. Mais ceux qui dérapent – l'histoire récente l'a montré – sont souvent ceux qui passent pour des leaders et de grands malins.

Le conseil de discipline promet d'être plus long que d'habitude, à l'heure de les traduire devant la justice administrative. Le chef des affaires disciplinaires a laissé entrevoir une révocation, celle de Stifler, et une suspension de vingt-quatre mois fermes pour les deux autres. En échange de quoi le syndicaliste présent, délégué Unité SGP, est prié d'épargner le patron – un deal assez classique. « Stifler » campe sur sa position, sûr de lui, ayant à peu près réponse à tout. Jusqu'au bout, il a cru que le commissaire soutiendrait ses ouailles, mais il n'en est rien. L'ancien patron, remplacé depuis, même pas convoqué, a juste fait savoir qu'il n'était au courant de rien. La donne change brusquement lorsque sont annoncées, après délibéré, trois révocations. Le syndicaliste sort

1. Système d'alerte et d'informations aux populations.

l'artillerie lourde, mais ne parvient pas à inverser la tendance.

Incarcéré et placé à l'isolement, Stifler a du mal à supporter. Un jour, après sept mois de détention, il jette les photos de sa femme et de son fils au visage de la juge d'instruction en s'écriant : « Vous leur expliquerez la suite ! » Puis il simule une tentative de suicide, avant d'être finalement remis en liberté. S'est-il enrichi en combattant le trafic de stupéfiants ? Cela n'a pas été prouvé, mais l'affaire ajoute du chaos dans des zones qui avaient juste besoin de retrouver le chemin du droit. Et encore une fois profite à ceux qui font commerce de produits illégaux, prompts à réparer la voiture d'un flic à prix d'ami, à en prêter une un week-end à un autre, pour un mariage, à trouver un camion-benne pour évacuer des gravats, à envoyer quelqu'un pour le repassage ou à payer le VTC le jour où il doit se rendre à l'aéroport ; petits gestes anodins dont ils garderont trace – rien n'est gratuit –, afin de faire pression sur le fonctionnaire le jour venu.

9

« Ils ont plus peur de leurs concurrents que de nous »

« On va au-devant de gros problèmes si on doit se passer de sources humaines. La téléphonie, c'est mort. Ça fonctionnait dans les années 2000, mais les jeunes sont de vrais geeks. Ils achètent des téléphones cryptés et roulent avec des véhicules de location pour éviter nos balises. Si on n'est pas derrière eux, à l'ancienne, physiquement, on ne sait pas qu'ils sont partis chercher du produit à Gérone ou en Catalogne, de l'autre côté de la frontière, à 2 h 30 de la place du Capitole. »

Bienvenue à Toulouse, un « petit Marseille », comme le suggère cet enquêteur de la police judiciaire départementale. Toulouse, quatrième ville de France, où les dealers ont la sale réputation de « carotter » les « étrangers », où les copains d'enfance, qui ont grandi au Mirail ou à Purpan, après avoir volé de concert, s'entretuent pour le contrôle de halls devenus des machines à cash grâce à une clientèle fidèle, jeune et solvable, merci à l'industrie aéronautique et aux universités. Toulouse où des jeunes éloignés par la justice des quartiers nord de Marseille ont exporté leurs méthodes expéditives au gré des établissements pénitentiaires pour mineurs, popularisant auprès de leurs camarades de cellule les bienfaits du 7,65, du 6,35 et du 11,43 mm[1].

« Les premiers règlements de comptes, en 2011, les ont mis en confiance, parce qu'on ne les a pas résolus », déplore notre interlocuteur. Leurs familles venaient de Mostaganem, d'Oran, en Algérie, ou du Rif marocain, les fils ont commencé, comme à Marseille, à se distribuer des bastos en pleine rue. Bagatelle contre les Izards. Le Mirail contre la Reynerie. Chacun veut sa place au soleil, quitte à prendre le concurrent en filature pour localiser sa « nourrice » et faire main basse dans la foulée sur son stock de produit. Il suffit qu'un revendeur change de fournisseur pour s'attirer les foudres de celui qui se sent lésé. On se menace, on se séquestre, on se rançonne, et à la fin on se flingue. Pas de match aller sans match retour. Tous les coups sont permis. On a même vu un tueur avancer vers sa cible en poussant un landau, déguisé en femme, une Kalachnikov en guise de bébé. Ceux qui se croient invincibles y passent tôt ou tard. Le tout dans une opacité que les proches des victimes aident rarement à dissiper, allant jusqu'à faire disparaître leurs téléphones avant l'arrivée des enquêteurs.

« Ils ont plus peur de leurs concurrents que de nous, regrette le policier du cru. Ils ne dorment pas à l'hôtel pour nous échapper, mais pour fuir leurs poursuivants. Dans leur monde, celui qui ne se venge

1. Calibres en usage dans la voyoucratie.

pas est hors du coup. Certains essaient d'acheter la paix en payant une forte somme, mais ça n'éteint pas toujours la vendetta. Ils sont vindicatifs. Avant, ils s'expliquaient les yeux dans les yeux, aujourd'hui ils sortent les armes. La mort est pour eux d'une incroyable banalité. On voit même les assassins participer parfois aux veillées mortuaires. »

Par quelle alchimie en est-on arrivé là ? Au début du XXIe siècle, les jeunes des quartiers périphériques cassaient les magasins pour voler des polos Lacoste ; aujourd'hui, ils dévalisent les magasins de luxe en passant par la caisse et font les beaux en boîte à la table VIP. Au début des années 2000, les quartiers de Toulouse s'étaient fait remarquer par une flambée de violences urbaines qui a épargné Marseille ; la poudrière s'était assagie pour ne pas effrayer la clientèle. Mohamed Merah avait 17 ans, il donnait dans le home-jacking (les attaques à domicile) et le vol de voitures de luxe avec son meilleur ami, Mehdi El-Assouad. Jusqu'au jour où, pris en chasse par un hélicoptère, ils ont fini dans le décor avec leur voiture. Merah échappe à la police et mettra sa cavale à profit pour s'inventer une vie de djihadiste à Ray-Ban, avant de s'en prendre à des militaires français et aux enfants d'une école juive, caméra GoPro allumée pour graver l'ignoble ; voyou, il n'en avait probablement pas les capacités ni l'étoffe. Son copain Mehdi, lui, passe onze mois dans l'établissement pour mineurs de Lavaur (Tarn), en 2009 ; plus hystérique que la moyenne des détenus, il devient le caïd des lieux. Remis dehors à 18 ans, il sera le premier à sortir les « outils » (les armes) pour braquer le patron du « porche », un point de deal du quartier des Izards qui lui rapporte bientôt autour de 50 000 euros par jour : « Tu dégages, maintenant c'est chez moi ici. »

À chaque nouvelle copine, Mehdi offre une Mini Cooper ; le jour où ses lieutenants l'ont trahi, il leur a fait subir quelques supplices de son cru. Les gamins à qui les surveillants mettaient des trempes pour les ramener au calme sont devenus des « sanguinaires ». Des têtes brûlées n'ayant que ces slogans à la bouche : « Nique la France » et « Nique la justice ». Avec un graffiti récurrent dans les cellules de la prison pour mineurs : « Je vais baiser la France jusqu'à ce qu'elle m'aime ».

« Ils avaient l'air de tenir à la vie, mais se voyaient tous en haut de l'affiche, à la place du grossiste qui fait tomber le fric sans bouger de chez lui », se souvient un surveillant qui les a contenus tant bien que mal à Lavaur.

Retranché dans sa salle de bains, Mohamed Merah sera abattu par le RAID avant de devenir l'idole d'une génération déboussolée. Mehdi finira par prendre une rafale au Milano, une pizzeria fast-food, en 2014 ; la veille, il aurait commandité l'assassinat de Walid Larbi-Bey, dont il avait piqué le point de vente et qui venait de sortir de prison. Les petites frappes de Marseille emprisonnées avec lui, « capables de mettre quarante Toulousains à l'amende », se souvient le surveillant, lui avaient montré le chemin : « Nous, on tire. » Il a fait mieux, puisqu'il a réussi à mourir dans des conditions similaires à celles de son héros, Tony Montana, alias Scarface.

La police ne se contente pas de compter les points avec un boulier ; elle est contrainte à l'éternel recommencement. Durant l'été 2015, un renseignement attire à nouveau l'attention de la sécurité publique sur un trafic de cocaïne, de cannabis et d'herbe dans ce même quartier des Izards. En moins de deux semaines, après l'interpellation d'un acheteur de cocaïne en flagrant délit, l'affaire est dans le panier : si le présumé « directeur » du point de vente, âgé de 28 ans, échappe à son interpellation, 1,2 kilo de cocaïne sont saisis à son domicile, avec le matériel de coupe et de conditionnement, près de 20 000 euros et des feuilles de comptes… Un nouveau renseignement tombe le lendemain, ciblant toujours le même quartier et présentant deux garçons, Ouicem A. (douze condamnations à son casier dont une pour vol avec arme quand il était mineur) et Sabri Z. (douze condamnations lui aussi), comme le boss et son principal associé. Les passages répétés de Ouicem aux abords du point, au volant de sa Golf, laissent à croire qu'il supervise l'activité. Indice : ses rondes incitent les acteurs du trafic à « plus de rigueur quant à la gestion des clients et la détection des services de police », le dilettantisme reprenant le dessus dès que le « leader naturel » s'éloigne ; la terreur qu'il exerce sur ses ouvriers de l'ombre a ses limites.

« Ce trafic est établi comme une entreprise, avec une hiérarchie structurée, ne laissant que peu de place au hasard et aux imprévus venant altérer ce business très lucratif, écrivent les enquêteurs le 17 janvier 2016. La demande était importante, venant confirmer ce marché historique de cocaïne sur la région toulousaine, dans une cité éduquée à ce business. » Conclusion : « Cette fine équipe se remplissait les poches d'argent et n'occultait pas cette odeur de sang qui persistait autour du principal bénéficiaire du trafic, le roi Ouicem A. »

Événement rare, une « nourrice » décide de se rebeller. De son prénom Mohamed, il n'a pas digéré l'intrusion à son domicile d'un sbire, « bras armé et gestionnaire de cette structure », qui lui a ordonné, sous la menace d'un pistolet automatique, de conserver chez lui un sac contenant 854 grammes de cannabis – pesage effectué par les policiers à qui il a choisi de le remettre. Déterminé à quitter définitivement le quartier, il balance jusqu'aux tarifs (très compétitifs) auquel ce réseau touche la marchandise : 20 à 30 000 euros le kilo de cocaïne et environ 2 000 euros le kilo de cannabis.

La BRI de Toulouse est appelée à la rescousse pour un mois de filatures et de surveillances, sans oublier la sonorisation de la BMW de location utilisée par Ouicem et la pose de quelques balises de géolocalisation sur les autres véhicules. Le dénouement est proche : le 14 janvier 2016, à 5 h 30, les enquêteurs coincent deux voitures au péage de Montauban, de retour du Val-d'Oise, plus précisément d'un quartier d'Argenteuil, le Val d'Argent. Dans la BMW conduite par Sabri, au pied de son passager, une sacoche Louis Vuitton contenant un peu plus de quatre kilos de cocaïne. Malgré cinquante et un SMS échangés, la voiture ouvreuse, où se trouvait Ouicem, n'a pas vu venir le coup. La perquisition opérée dans l'appartement occupé par la petite bande est fructueuse :

peu d'argent, mais un brassard de police et un gyrophare, un pistolet automatique, un revolver six coups, plus d'une centaine de cartouches et de quoi approvisionner le point de deal (700 grammes de cocaïne et 350 grammes d'herbe).

La police tente de reprendre la main en accélérant les saisies de produits stupéfiants à partir de 2017. L'année suivante, elle comptabilise 1 100 affaires ayant trait à la vente de drogue, soit trois par jour. Comme à Marseille, cette déstabilisation a pour effet collatéral de multiplier les tentatives d'homicide (19 en 2017, 31 en 2018). Une cellule de coordination du renseignement opérationnel est mise en place, à l'instar de celle qui existait à Marseille ou à Lille, à laquelle la gendarmerie refuse cependant de s'associer – antagonisme récurrent dans la région. Les prisons de la région sont pleines, mais les trafiquants semblent réussir à poursuivre la gestion de leur business depuis leur cellule. Les raisons de cet échec ? « L'inconscient collectif considérait Toulouse comme une petite ville de province sympa, qui mangeait du cassoulet, entourée de petits villages paisibles, tranche un commissaire du cru. C'est une forme de déni d'urbanisme, comme on parle de déni de grossesse, qui a fait prendre dix ans de retard au service public. Pour les voyous, c'était pain béni. »

Les acteurs locaux du marché des stups ont joui de la faiblesse des effectifs de police, moins importants qu'à Marseille, bien sûr, mais aussi qu'à Bordeaux, deux villes qui ont compté parmi leurs maires des ministres de poids. Ils ont adroitement surfé sur l'absence de continuité entre la zone « police », qui se limite à la ville, et la vaste zone « gendarmerie » qui l'entoure, englobant près de la moitié des 900 000 habitants de la métropole. Pour ne rien arranger à cette situation « ubuesque » (dixit un cadre de la police), la juridiction spécialisée (JIRS) la plus proche est au tribunal de Bordeaux, soit 230 km. De quoi rendre ce Far West très attractif pour les dealers, particulièrement bons pour détecter ces angles morts de la République.

10

Une guerre dans la guerre

La bataille est très codifiée, non pour les trafiquants, qui n'ont de codes que les leurs, mais pour ceux qui incarnent la loi. Une escouade d'avocats pénalistes, les plus performants, est là pour rappeler à l'ordre celui qui s'oublie. Le greffier a tardé à rédiger l'acte censé prolonger la garde à vue d'un justiciable interpellé avec 1,2 tonne de cannabis dans son pavillon ? Le gars est remis en liberté, avec un strict contrôle judiciaire sur le dos. Le procureur concerné par le dossier, celui d'Orléans en l'occurrence, se montre sincèrement désolé, mais les flics vont devoir se décarcasser à nouveau, cette fois pour prouver, s'ils le peuvent, que l'individu ne respecte pas ses obligations. Tout ça pour rattraper une erreur qu'ils n'ont pas commise, avec une petite inquiétude en prime : s'il comparait libre le jour de son procès, le présumé trafiquant aura tout le loisir de se mettre en cavale en cas de vent mauvais à la veille du jugement.

« Souvent retranchés dans le Maghreb, d'où ils donnent leurs instructions aux logisticiens par messages cryptés, les gros importateurs de cannabis font remonter des tonnes de produit vers l'Europe, mais sont juridiquement difficiles à attraper », explique un « chasseur » expérimenté : « Notre réactivité est limitée. Avant de “taper” un camion, il faut monter tout un château de cartes juridique. Le plus simple est d'envoyer un tonton au contact, qui nous aide à cibler le bon véhicule, mais la loi est stricte : on ne doit pas inciter une source, ni le favoriser, ni le pousser à commettre une infraction, même pour ramener des renseignements. Les douaniers ont plus de liberté que nous. Ils laissent passer la voiture ouvreuse, où se trouve leur tonton, et bloquent le véhicule chargé de stups. Si on fait ça, nous, on se fait taper dessus. »

Ce policier, rattaché à une brigade de recherche et d'intervention (BRI), souffre de voir les services d'investigation à la fois submergés et entravés, alors que les moyens technologiques ont montré leurs limites. « Participer à une remontée de produit, c'est prendre un risque, poursuit-il. Il suffit de dire à l'informateur que le champ est libre et que le convoi peut passer, pour se retrouver en porte-à-faux. On est très vite borderline. »

Avec le risque de voir l'échafaudage s'écrouler et quelques « collaborateurs » inutilement mis en danger, comme c'est arrivé en 2014 à un groupe de l'Office central pour la répression du trafic illicite de stupéfiants (rebaptisé depuis, on le verra plus loin), marquant le début de la détérioration des liens entre la police judiciaire et les magistrats du tribunal de Paris. Comme à l'accoutumée, l'affaire a débuté par un renseignement, en l'occurrence réceptionné par l'antenne du service dans les Caraïbes. Cible de l'informateur :

des trafiquants implantés dans le Val-de-Marne, qui exporteraient du cannabis vers les Antilles, payé par les acheteurs en cocaïne (1 kilo de cocaïne contre 1,5 kilo de cannabis, calcul au demeurant contesté par l'une des parties, qui aurait préféré 1 kilo pour 2 kilos, surtout après l'expédition d'un cannabis de mauvaise qualité difficile à vendre en Martinique). Un juge d'instruction du tribunal de Créteil ouvre une information et les suspects, tous déjà dûment référencés, sont interpellés un mois plus tard, le 26 février 2014, alors que l'un d'eux vient de récupérer à l'aéroport d'Orly cinq malles contenant 132 kilos de cocaïne. Affaire bouclée, donneur d'ordre identifié, le champagne peut couler, sauf que le magistrat se voit dessaisir au profit de la juridiction interrégionale spécialisée (JIRS) de Paris, trafic international oblige.

C'est le moment que choisissent les avocats des deux principaux suspects, Mes Yves Leberquier et Caroline Apiou, de conseiller à leurs clients de dire toute la vérité. Sous la menace d'une lourde peine, Christophe Marinkovitch, 36 ans, et Boubacar Aidara, 30 ans, ne se font pas prier pour expliquer aux magistrats qu'ils ont été « provoqués » par un type venu leur vendre une « sortie ». Pas un inconnu, puisqu'il avait un temps partagé une cellule avec l'un d'eux, le « Portugais » leur a assuré que son propre oncle, directeur du fret chez Air France Cargo, était en mesure de favoriser le transit d'une « marchandise » illicite. Comment faire la fine bouche devant ce plan presque parfait ? L'oncle, en place à l'aéroport d'Orly, s'est avéré plus que convaincant. Aussi ont-ils marché dans la combine. À quel moment ont-ils compris que quelque chose ne tournait pas rond ? Les deux trafiquants auraient découvert, après coup, qu'ils s'étaient fait « piéger ». Ils affirment avoir vu le « Portugais » monter à bord de la camionnette dans laquelle avaient été empilés les 132 kilos de cocaïne (échangés ce jour-là contre 180 kilos de shit), à la sortie de l'aéroport, et en ressortir avec un sac à dos bien rempli. Ce détournement expliquerait la différence de poids de la palette entre son départ de Fort-de-France et son arrivée : huit kilos en moins. La prime du « tonton » ?

Les deux nouveaux juges n'en croient pas leurs oreilles, mais les incongruités ne s'arrêtent pas là. La retranscription des écoutes pèche par quelques omissions, affirment les deux trafiquants, loin du droit au silence habituellement revendiqué par leurs « collègues ». Manqueraient justement au dossier les conversations ayant trait aux difficultés survenues lors du passage de la douane, finalement aplanies à la suite d'une mystérieuse intervention supérieure.

Les suspects ont pris le risque d'avouer les faits dans l'espoir d'éclater l'enquête façon puzzle. Sans doute soucieux de montrer qu'ils ne sont pas nés de la dernière pluie, les magistrats ordonnent l'interpellation du « Portugais », dont tout laisse à croire qu'il est l'informateur des policiers. Facilement retrouvé, l'homme livre sa version : il lui arrive de collaborer avec les policiers de l'Office des stups, de concert avec un autre indic, et il est effectivement monté à bord de la camionnette ce jour-là, mais pour prendre de l'argent, pas de la cocaïne.

Coup de sang des magistrats, qui dessaisissent aussitôt les policiers de l'Office au profit des... gendarmes, et ordonnent l'incarcération des deux indics. Non sans une audition en forme d'explication de gravure au cours de laquelle le patron de l'Office des stups, le commissaire François Thierry, sous les yeux réjouis des avocats de la défense, se voit jeter à la figure par l'un des juges :

« Finalement, c'est vous qui faites entrer la cocaïne dans le pays !

– Non, réplique le policier, c'est Air France Cargo.

– Vous avez demandé aux douaniers de ne pas contrôler le chargement ? insiste le magistrat.

– Oui, c'est le principe même de la livraison surveillée, tente le commissaire, sentant bien qu'il touche aux limites de l'exercice[1]. On s'est juste assuré que le produit ne serait pas intercepté. C'est l'une des façons d'objectiver le trafic. L'idée n'est pas d'interpeller le gars qui conduit le Fenwick sur la piste, mais les importateurs. »

Au-delà du dialogue de sourds entre deux maisons qui devraient se serrer les coudes pour traquer les trafiquants, l'épisode est difficile à digérer. Une « guerre » dans la « guerre » dont les enquêteurs se seraient bien passés, eux qui frôlent au passage la mise en examen et doivent encaisser la requête en nullité déposée par les avocats devant la chambre de l'instruction de la cour d'appel de Paris pour « provocation à la commission de l'infraction ». Requête

---

1. La livraison surveillée est alors encadrée par l'article 706-80/81 du Code de procédure pénale.

validée, tandis qu'à l'affront s'ajoute la gifle, avec la remise en liberté des deux présumés dealers. Motif : il n'a pas été démontré qu'ils trafiquaient avant qu'on ne leur offre sur un plateau ce point de passage « sécurisé ». En clair, s'ils ont importé de la cocaïne, c'est que la police, indirectement, le leur a proposé.

Qui a dit que les « tontons » rendaient la police heureuse ? Est-ce la fin des livraisons dites surveillées ? Les trafiquants en rêvaient ; ceux qui les traquent, eux, pestent à haute voix en clamant que dans ces conditions, ils iront plus souvent jouer au golf, ou faire des longueurs dans le grand bassin, la meilleure solution à leurs yeux étant donné le climat de suspicion qui s'est installé.

La chambre de l'instruction de Paris donne raison aux avocats des trafiquants et ordonne bientôt l'annulation de la procédure, dans un arrêt du 2 juillet 2015. La chambre criminelle casse cette décision cinq mois plus tard, le dernier mot revenant à la cour d'appel, où Me Yves Leberquier adresse un mot assassin en direction de l'indicateur : « Le comédien était si compétent que manifestement il réussissait l'impossible, à savoir que les malles passent les contrôles douaniers sans aucune difficulté en plein plan Vigipirate, et réussissait même l'exploit de résoudre les difficultés lorsqu'elles survenaient. Ses "déclarations" ont manifestement été dictées par les policiers de l'OCRTIS (de manière très maladroite d'ailleurs) pour tenter une ultime fois de masquer la provocation à la commission de l'infraction qu'ils ont mise en place avec ce premier. »

La cour d'appel sauve sur le tard le travail de l'Office des stups[1], assurant que les policiers « n'ont pas mis en œuvre de stratagème déloyal ayant déterminé l'activation du trafic, mais ont fait preuve d'une stratégie d'investigations par l'intermédiaire d'informateurs qui a permis de révéler la preuve d'un trafic de stupéfiants structuré, préexistant ». « Le fait que l'informateur ait été identifié par les mis en examen révèle que toutes les précautions n'ont pas été prises pour éviter cette identification, mais ne saurait suffire à caractériser une provocation policière », ajoutent-ils.

Trop tard ? Les policiers en veulent aux magistrats, qu'ils accusent d'avoir changé leur fusil d'épaule au milieu du guet, mais aussi à leurs collègues de l'IGPN, la police des polices, « ces mecs qui veulent laver plus blanc que blanc, mais ne savent pas de quoi ils parlent, un peu comme si le pape t'expliquait la vie sexuelle », tranche un enquêteur visiblement en colère. « Jamais les écoutes téléphoniques, les balises, les interceptions satellitaires, les logiciels de prévision d'infractions, jamais ces technologies ne remplaceront un tuyau humain, avertit notre interlocuteur, un commissaire immergé dans la lutte contre la drogue. La technologie conforte le travail de la police, elle est utile dans l'administration de la preuve, mais le renseignement reste vital. Il n'y a pas un renseignement "propre" parce qu'on travaille sur le terrorisme et un renseignement "sale" parce qu'on enquête sur le banditisme et les stups. Le renseignement criminel n'est pas moins noble qu'un autre ! »

1. Dans un arrêt du 2 décembre 2016.

11

Tout ne va pas se passer comme prévu

« Quand on est en service, dans son tunnel, et qu'on est confronté au problème, on veut toujours plus de moyens, admet Bernard Petit, pilier, à l'époque, de la lutte contre le crime organisé en France. Mais nous savons très bien que certaines organisations criminelles ont les moyens d'un État. Elles ont la flotte nécessaire et les capacités de récupérer leur produit en haute mer. Un moteur tombe en panne ? Ils le changent ! Leurs hommes s'entraînent comme des commandos marine. Autant on parvient à appréhender des bateaux rapides qui traversent le détroit de Gibraltar, autant le fret maritime est très compliqué à contrôler. Il faut percer le mystère d'une cargaison illégale dans un bateau vraquier qui transporte cent, deux cents tonnes de produit ! Les trafiquants, parfois grâce aux réseaux familiaux, jouent sur l'humain et nouent des attaches dans les ports. Ils misent aussi sur l'inertie du système et les volumes, sur la nécessité pour les autorités de ne pas freiner le flux commercial. On se sent petit, parfois... »

Comment immobiliser et vider un container sans risquer de gâcher toute la marchandise, avec les conséquences juridiques et économiques à assumer si le renseignement se révélait mauvais, ou si les trafiquants faisaient juste, ce jour-là, un test ? Jusqu'à quel point dépenser l'argent du contribuable pour démasquer les produits stupéfiants ? Le commissaire a tout cela à l'esprit lorsque germe au milieu des années 2000, au siège de la police judiciaire, l'idée de lancer le programme « Myrmidon ». Considérés dans la mythologie grecque comme de puissants soldats, les myrmidons (du grec *mýrmex* qui veut dire « fourmi »), descendants de Zeus, savaient renverser le cours d'une bataille ; les policiers français en feront-ils autant ? L'idée, ambitieuse, est de développer une stratégie qui ne place pas la police en réaction face aux trafiquants, de renverser la vapeur pour les contraindre, eux, à s'adapter à l'action de la police, tout en développant une coopération internationale parfois atone, voire factice lorsqu'il s'agit des collègues marocains, peu enclins à l'échange. De travailler sur les personnes et les réseaux là où les douaniers visent la marchandise, d'un intérêt policier relatif – les saisies font du bien à l'ego des ministres, la presse se délecte en affichant des sommes en euros colossales, mais « elles n'ont aucun sens, parce que le produit n'a pour les trafiquants aucune valeur », lâche le commissaire Petit.

L'année 2005 voit la mise en place de la première équipe commune d'investigation réunissant Français, Espagnols et Britanniques. L'idée est simple : les trafiquants d'envergure s'affichant avec moins de précautions en Espagne, il faut se donner les moyens de les détecter sur place. Néerlandais et Italiens sont laissés de côté, mais l'Europe sponsorise l'opération, en même temps que l'installation, à Lisbonne, du Centre de coordination de la lutte antidrogue en Méditerranée (CECLAD), ayant vocation à associer des pays du Maghreb, mais aussi Interpol, Europol et l'office des Nations unies contre la drogue et le crime[1].

Ils sont six agents, le premier jour, à se positionner à Malaga, avec l'aval des autorités espagnoles. Les difficultés se font sentir très vite. Les trois pays impliqués n'ont pas les mêmes objectifs. « Les Anglais ont envoyé des analystes criminels et sont focalisés sur la cocaïne, résume un participant. Les Français ont dépêché un gars des Stups et un autre issu du renseignement et se concentrent sur le cannabis. Et les Espagnols s'offusquent qu'on les critique. » Le bilan est si mitigé que l'équipe commune d'investigation est rebaptisée « équipe permanente de renseignement ». Mission : identifier les dealers qui flambent sans complexe sur la Costa del Sol.

« Il fallait que l'on voie ces gens, qu'on les identifie, se souvient le commissaire Bernard Petit. Cela s'est avéré très vite productif. On est tombé sur des noms qu'on connaissait, des trafiquants recherchés. Ils étaient très imprudents, roulaient à bord de voitures de luxe, s'affichaient dans les boîtes. La police

1. En 2018, ayant atteint son rythme de croisière, le Centre de coordination aura permis l'interception de soixante-quatre navires et la saisie de deux cent quarante tonnes de cannabis et de 1,4 tonne de cocaïne.

espagnole avait une attitude un peu tranquille face au cannabis, qui a commencé à changer quand les règlements de comptes se sont enchaînés sur la Costa del Sol. Pour la population locale, il n'était pas question que des étrangers s'entretuent dans des galeries commerciales en risquant de toucher des passants. Une alliance s'est scellée, comme celle qui avait été mise en place vingt ans plus tôt entre services français et espagnols pour lutter contre les indépendantistes basques de l'ETA planqués en France. Cela a été pour nous un gisement. »

Les notes de renseignement remontent vers les services territoriaux concernés dans tout l'Hexagone. En 2010, Nicolas Sarkozy, ministre de l'Intérieur, formalise avec le gouvernement espagnol la création d'équipes communes de police judiciaire, reconduites par Manuel Valls sous François Hollande. Sans les Anglais, mais avec des fonds et l'agrément des plus hautes autorités, se mettent en place les premières livraisons « surveillées » de produits stupéfiants. Le parquet espagnol rechigne et se montre tatillon, soucieux de saisir le produit sur son territoire, alors que les Français veulent voir le produit remonter pour démanteler l'organisation criminelle importatrice. Le but n'est toujours pas de battre des records de saisie pour nourrir les statistiques, mais de travailler sur les suspects repérés, le tout sous la houlette de François Thierry, qui vient de succéder à Bernard Petit à la tête de l'Office central pour la répression du trafic illicite des stupéfiants. Ce commissaire est du genre à mettre la main à la pâte. En 2009, alors qu'il dirigeait le service interministériel d'assistance technique

(SIAT), il s'est rendu en Espagne pour approcher en prison un certain Sofiane Hambli, tout juste interpellé en marge d'une énorme opération policière espagnole, nom de code « Ballena Blanca » (baleine blanche). Seul, les yeux dans les yeux, il est parvenu à recruter ce jeune homme ambitieux originaire de l'est de la France, dont le savoir-faire en matière de transport de cannabis semblait admiré de tous. François Thierry, qui a la confiance de ses supérieurs, a promis à son interlocuteur d'intervenir pour écourter la durée de sa peine. Un lien s'est créé, même si le commissaire se défend de tout affect et préfère parler de « contrat » sur le mode : « on t'aide, tu nous aides ». Commerçant dans l'âme, l'indic y trouve forcément son compte, lui voudrait en l'occurrence pouvoir jouir d'une fortune accumulée depuis vingt-cinq ans dans le trafic. Ses premiers tuyaux sont exploités alors qu'Hambli est sous les verrous en France, où il a été rapatrié, cela facilite évidemment les remises de peine ; libéré au bout de six ans (sur treize), il devient pleinement opérationnel en 2015. Sa mission : s'imposer sur le marché convoité de la logistique.

Un ancien magistrat dans son équipe, en liaison régulière avec une procureure de la JIRS (juridiction spécialisée dans la lutte contre le crime organisé) de Paris, le commissaire François Thierry est d'autant plus sûr de son choix qu'il a lui-même contribué à rédiger le protocole encadrant la manipulation des sources. Grâce à son indic en or, il est au courant d'un bon nombre de livraisons au départ de la côte andalouse. Facile, dans ces conditions, de poser des balises sous les véhicules et de suivre leur progression à distance, avec la double bénédiction du parquet espagnol et de celui de Perpignan, ou de Paris.

Voici venu le temps des « myrmidons ». Myrmidon 1, 2, 3, 4, on ne les compte bientôt plus, ces livraisons « surveillées » qui permettent d'identifier les réseaux de revente de cannabis sur tout le territoire français. L'occasion de découvrir, entre autres, que le couloir rhodanien, axe privilégié des voitures et camions chargés, est truffé de zones de stockage jusque-là inconnues. Et peu à peu, se souvient Bernard Petit, de compléter la liste des trafiquants issus du « milieu des cités ». Pour doubler la mise et diminuer, à terme, cette dépendance à l'égard des trafiquants, François Thierry émet l'idée d'infiltrer des policiers dans la boucle. Un premier fonctionnaire est en cours de formatage et devrait entrer prochainement en piste à Lyon, avec l'assistance de l'indicateur. Un autre aspire à être placé dans une banque pour travailler directement sur le blanchiment. Nom de code de l'opération : « Janissaire ». Sauf que tout ne va pas se passer comme prévu.

*

Plusieurs de ses proches ont alerté François Thierry sur la rancœur à peine masquée que nourrissent envers lui les douanes, dont il a critiqué, dans un rapport écrit au cabinet du ministre et devant une commission parlementaire, les résultats chiffrés en matière de lutte contre le trafic de stupéfiants, expliquant qu'étaient intégrées dans leurs statistiques des saisies effectuées à l'extérieur du territoire français.

Le commissaire sait qu'il a « flingué » ses concurrents de Bercy dans plusieurs dossiers, dont l'un a fait scandale, puisque de la cocaïne a été découverte dans le coffre-fort d'une équipe des douanes, mais il n'a pas le sentiment d'avoir pris quiconque en traître. Il n'a caché à personne l'existence de son « tonton », Sofiane Hambli, ni aux douaniers, ni à ses collègues de la PJ parisienne, ni au directeur de cabinet du ministre de la Justice, même si beaucoup feront bientôt semblant de ne pas savoir. Aux alertes, il a répondu par l'indifférence, sans imaginer un instant le coup de bambou qui se préparait, lui qui se targuait d'avoir identifié plus de cent quatre-vingts équipes de trafiquants dans les cités, dont une centaine ont été démantelées, avec à la clef l'incarcération de deux cent cinquante personnes et la saisie de près de cent dix tonnes de cannabis et de trois à quatre tonnes de cocaïne. Un bilan évidemment impossible à atteindre si son service s'était appuyé sur un simple dealer de barrettes, et applaudi des deux mains par les magistrats de la juridiction spécialisée de Paris – le commissaire s'est même déplacé à Madrid avec une procureure pour une séance d'autocongratulation avec les magistrats de l'audience nationale.

Les équipes de choc de la DNRED (direction nationale de recherches et d'enquêtes douanières) consultent-elles le fichier national des objectifs des services de stupéfiants ? Si elles l'avaient fait, elles auraient trouvé trace de la grosse opération en cours. Une nouvelle livraison « surveillée ». Géante. Combien de tonnes exactement ? Le chef de l'Office des stups est-il en train de se faire rouler par Sofiane

Hambli, à qui il a pourtant fait gagner trois ans de prison, cadeau suffisant pour se sentir redevable, et pourquoi pas honnête ? Le commissaire s'est-il laissé déborder ? Aurait-il dû refuser de rencontrer la famille de ce précieux indicateur en contact avec la moitié de la planète cannabis, pour leur signifier combien ses proches pouvaient être fiers de lui ? Aurait-il dû renoncer à en faire son principal conseiller occulte, un expert flatté d'en savoir plus que la crème de la police judiciaire sur les routes de la drogue et sur les circuits de blanchiment, ravi par ailleurs de pouvoir coacher les futurs agents infiltrés afin qu'ils évitent des erreurs de débutant ?

Ce ne sont pas les seules questions qui se posent après la « découverte » de sept tonnes de cannabis dans des camionnettes stationnées boulevard Exelmans, à Paris (XVIe) non loin du domicile parisien de Sofiane Hambli, par les agents de la douane. Lesquels expliquent, dans un premier temps, avoir été alertés par un voisin, à moins que ce ne fût le flair d'un chien antidrogue, avant d'admettre qu'ils entretenaient une taupe dans l'entourage de l'indic préféré de leurs concurrents de la PJ. Non pour les épauler, mais pour les mettre à mal, les policiers n'en doutent pas un instant, eux qui croient savoir que la taupe aurait empoché en échange de ses services la somme de 100 000 euros. Mais ces querelles échappent de toute évidence aux conseillers du président de la République, François Hollande, photographié devant les pains de cannabis en train de fanfaronner sur ce « coup porté au crime organisé ». Un coup majeur, en effet, mais pas forcément celui que l'on croit, puisqu'il va complètement déstabiliser la lutte contre le trafic de stupéfiants et ouvrir une fenêtre béante, du moins provisoirement, aux trafiquants. Ses conseillers ont par ailleurs omis d'expliquer au président de la République que sept tonnes, c'était à peu près la quantité qui entrait tous les jours sur le territoire français.

L'opération Janissaire est déprogrammée en catastrophe ; le policier censé prendre le relais de Sofiane Hambli dans le rôle de logisticien est prestement exfiltré, pour le plus grand bonheur du grossiste en cannabis qu'il visait, un certain Moufide B. L'homme, dont les juges vont se désintéresser pour se concentrer sur la police, ferait partie du top 10 des importateurs de cannabis sur le territoire français. « Originaire de l'Essonne, il a fait ses premiers pas dans la résine de cannabis en 1996 en région parisienne, avant de rejoindre le réseau de Sofiane Hambli, trafiquant d'envergure, au début des années 2000, a écrit dans une note le chef de l'Office central. Figure montante du trafic international de résine, croit savoir le policier, il a connu une ascension remarquable à compter de 2002, profitant des ennuis judiciaires d'Hambli pour s'émanciper. Faisant de fréquents séjours au Maroc, de plus en plus durables, pour rencontrer des fournisseurs de résine, il a étendu son entreprise de manière spectaculaire. S'appuyant sur des lieutenants dévoués originaires de la région parisienne, d'Alsace et de la région lyonnaise, il finit par renforcer l'implantation logistique de son organisation en Espagne sur la Costa del Sol, à Madrid et en Catalogne, où il dispose d'un choix très large de villas et de garages pour stocker le cannabis dont il assure l'écoulement et abrite les flottes de véhicules nécessaires au transport de la marchandise. L'envergure de cette logistique lui permet de mobiliser simultanément plusieurs convois, lesquels, depuis l'Espagne, acheminent le cannabis vers la France, la Belgique et l'Italie. En 2013, la force de frappe de son organisation était telle que Moufide B. était devenu le principal fournisseur de résine de cannabis du marché français, talonné de près par l'un de ses ex-associés. »

La police prête à ce parrain du shit un patrimoine immobilier considérable au Maroc : villa à Kénitra, appartements à Agadir, Casablanca, Tanger ou Marrakech, sans compter une maison et un hôtel en Algérie. Mais l'homme a pris des coups. Les services français ont neutralisé plusieurs de ses logisticiens, parmi lesquels « Ice Tea », « le Chinois », « T-Max » ou « Ronaldo ». Les autorités marocaines, pour leur part, n'ont pas caché leur colère après une vague de règlements de comptes sur leur territoire, fin 2013, dont ils ont jugé Moufide B. en partie responsable[1]. Des déboires qui l'ont poussé à se retrancher dans son pays d'origine, l'Algérie, d'où il recherche de nouveaux prestataires pour écouler son produit…

1. En octobre 2009, Moufide B. a été enlevé à Casablanca par un commando composé de trafiquants franco-marocains et de policiers, pour une dette non honorée de 650 000 euros. Torturé, il aurait versé 270 000 euros à ses geôliers. Les représailles surviennent quatre ans plus tard, avec l'enlèvement d'un certain Nabil, dit « le Boxeur », trafiquant nantais, qui décède des suites de ses blessures. Trois semaines plus tard, toujours à Casablanca, Mourad, trafiquant originaire des Mureaux (78), est blessé par deux projectiles de 9 mm.

En attendant de répondre aux questions des juges, les policiers font miroiter le cursus de celui qu'ils voulaient épingler à leur palmarès. Alors que l'affaire s'emballe, ils tentent tant bien que mal de défendre la méthode déployée pour l'attraper, à l'instar de ce pilier de l'Office des stups :

« Il y a effectivement un côté un peu schizo dans le fait de laisser passer la marchandise alors qu'on est censé lutter contre le trafic, mais c'est le meilleur moyen de neutraliser les réseaux de revente, en l'occurrence des équipes françaises, italiennes et russes inconnues du logisticien lui-même. Notre seule erreur, c'est de ne pas avoir prévenu le parquet de Paris de ce stockage temporaire de cannabis dans la capitale. Le bon usage aurait voulu qu'on le fasse, mais juridiquement, la livraison surveillée tient la route. Elle a d'ailleurs permis de démanteler un gang à Perpignan, avec la saisie de huit cents kilos, un autre était en passe de l'être à Nantes, une équipe d'islamistes radicalisés sauvés sur la ligne par l'intervention “fortuite” des douanes alors qu'elle allait réceptionner 1,3 tonne. »

« Les douanes savaient évidemment qu'il s'agissait de la came de Sofiane Hambli, enfonce un commissaire du même service, mais une petite équipe [dissoute depuis] voulait la peau de François Thierry, qui les obsédait depuis que son service avait enquêté sur leurs pratiques à la limite de la corruption. En Italie ou en Grande-Bretagne, on aurait été médaillé. En France, les juges sont tétanisés. Ils craignent la drogue, mais si on n'est pas offensif, il ne se passe rien. On a traité avec ce tonton [Hambli] pour la cause et on nous parle de morale, mais si on n'avait pas identifié ce logisticien, il aurait quand même fait son business et on n'aurait mis aucune équipe au trou ! »

Une défense pour l'heure à peine audible, tant s'installe sur la place publique l'idée que le commissaire Thierry « organisait » le trafic, voire qu'il était le complice des dealers. D'autant moins audible que les magistrats qui appuyaient jusque-là la stratégie de la police judiciaire regardent le bout de leurs pieds en déclarant qu'on ne leur a rien dit, pire, qu'on leur a dissimulé ces (noirs) desseins, profitant du grand flou des textes encadrant l'infiltration en France, pratiquement « inapplicables » selon un policier[1]. Les querelles de clocher à la française, de personnes aussi, les jalousies, alourdissent l'addition, salée à souhait en coulisses par quelques indicateurs ravis de semer le chaos derrière eux parce qu'ils n'ont pas été pris au sérieux ; « tous des ripoux », l'idée fait son chemin.

Deux réunions au sommet entre les responsables de la police judiciaire et le procureur de la République de Paris, François Mollins, dépité d'apprendre que ses collaborateurs ont validé les opérations Myrmidon les yeux fermés, ne parviennent pas à aplanir le

1. L'article 706-81 du Code de procédure pénale contraint à l'époque l'enquêteur de mentionner dans la procédure le fait qu'il y a eu une infiltration dans le dossier. Le jour du procès, tous les protagonistes sont au courant. Et l'infiltré démasqué, de même que sont connus tous ses faits et gestes. Le nom de Sofiane Hambli serait apparu au grand jour après l'opération menée sous le contrôle d'un juge d'instruction lyonnais, mais l'Alsacien s'en moquait : il comptait disparaître de la circulation une fois l'affaire bouclée.

différend : le haut magistrat a beau jeu de s'offusquer que l'on ait pu faire confiance à un bandit comme Sofiane Hambli (dont le prénom, en arabe, veut dire « celui qui marche rapidement »). Est-ce bien moral, déontologique, raisonnable, alors que d'éminents avocats guettent, Code de procédure pénale à la main, la moindre faille pour démonter les dossiers ? La fracture est actée entre ceux qui fréquentent des « tontons » tous les jours (les policiers) et ceux qui n'en ont jamais rencontré un de leur vie (les juges).

Le pire est à venir.

12

« Est-ce qu'on se donne les moyens d'agir ? »

Ce 24 août 2017, les juges Baudoin Thouvenot et Marc Sommerer, co-saisis de l'enquête ouverte après la découverte du boulevard Exelmans, à Paris, ont soigneusement préparé leur interrogatoire, et pour cause : ils s'apprêtent à « cuisiner » pendant de longues heures le patron en exercice de l'Office central pour la répression du trafic illicite des stupéfiants. Le commissaire divisionnaire François Thierry, 59 ans à l'époque, planche lui aussi depuis des mois sur cette audition capitale pour son avenir, celui de ses hommes et de son service.

Les deux juges entrent immédiatement dans le vif du sujet : le transport de cent dix ballots de cannabis, par un bateau de pêche, le *Zaidi*, le 7 février 2015, jusqu'au port d'Adra (région d'Alméria, en Espagne), puis le chargement de cette marchandise à bord d'un camion immatriculé aux Pays-Bas, qui a franchi la frontière française à La Jonquera le lendemain. « Sachant qu'un ballot pèse entre trente et quarante kilos, cela représenterait entre trois et quatre tonnes de résine de cannabis. Qu'avez-vous à dire sur cette opération ? » interroge l'un des magistrats. Le commissaire assume cette livraison « surveillée » destinée, selon lui, à « tester » les capacités de Sofiane Hambli, dont la presse a désormais révélé le nom :

« Il venait de sortir de prison et nous avions déjà en projet une infiltration judiciaire qui reposait sur sa capacité à pouvoir présenter les agents infiltrés comme une logistique de transport. On n'est pas du tout certain que ça va être possible, qu'il a encore la crédibilité suffisante pour approcher les trafiquants qu'on cible. »

En l'occurrence Moufide B., dit « Karim », « Poto », « le Parisien » ou « Mouf », dont l'Office des stups a fait sa cible privilégiée, jusque-là sans succès. « Cette infiltration visait à nous permettre de le mettre en cause de manière indubitable, ce que nous avions tenté l'année précédente. Le dossier s'y prêtait particulièrement, puisque Moufide B. venait de perdre plusieurs lieutenants [interpellés par l'Office]. On a imaginé lui présenter des personnes en qui il aurait confiance, des policiers infiltrés. On était pris par le temps. Il allait recruter du monde pour remplacer les manquants et essayer de comprendre comment on avait eu nos informations. Vu l'ampleur de l'opération qu'on projetait, il fallait impérativement que la personne soit crédible. »

Voilà pour la cible, mais la préoccupation des juges est aujourd'hui ailleurs : savoir avec quels magistrats l'Office des stups a pris attache, et si toutes les cartes ont été remises entre leurs mains à l'heure de monter cette première livraison. François Thierry cite un substitut de Perpignan, trois magistrats de Lyon et deux membres de la juridiction spécialisée de Paris, qui suivaient à distance et avec gourmandise, selon lui, ce projet ambitieux. « Il était difficile de mettre tous les détails par écrits, mais ils étaient donnés oralement », poursuit le policier, poussé dans les cordes, avant de rappeler que la justice espagnole était elle aussi dans la boucle et que l'idée germait de monter à Paris un parquet national antidrogue, comme il y en avait un pour le terrorisme et un pour les affaires financières, afin de mieux chapeauter ces dossiers.

La drogue a atterri dans un lieu de stockage censé appartenir à Moufide B., dans la banlieue de Rouen, avant de disparaître en grande partie, absorbée par le marché. Seuls 230 kilos auraient été saisis à la suite d'une information judiciaire ouverte à Lille, mettant en cause un frère de la cible prioritaire.

« Qu'est devenu le reste de la résine ? interroge un magistrat.

– C'est l'éternelle logique de la lutte contre les stupéfiants, où on est amené à ne pas faire de saute-dessus et de saisie sèche si on veut pouvoir remonter les filières et avoir les éléments qui mettent en cause les gens, tente le commissaire. [...] Le trafic ne s'arrête pas, ce type de volume passe régulièrement. [...] Le premier objectif de cette livraison surveillée est de s'assurer qu'Hambli soit bien crédible dans son rôle, sachant que son nom circule dès cette époque comme étant possiblement notre informateur et qu'il est en danger. Il nous dit après coup qu'il a loué des véhicules et réussi à traiter l'acheminement entre l'entrepôt et les clients de Moufide B. À ce moment il nous dit : “C'est bon, je suis dans la place.” Le deuxième objectif, rempli lui aussi, était d'identifier une cache, un lieu de stockage. Hambli a par ailleurs attiré notre attention sur une nouvelle route du trafic, maritime, par cargos qui partent du nord du Maroc vers l'est. Depuis, on sait que ces cargos déchargent en Égypte, au Liban, à Malte. Le bateau de pêche affrété par Moufide B. allait récupérer la drogue en mer au même point GPS que l'endroit où ces fameux cargos étaient chargés. Les marines espagnole et italienne ont pu ainsi saisir soixante tonnes de résine de cannabis.

– Des membres de l'OCRTIS sont-ils présents lors de la prise en charge de la résine sur une plage espagnole ?

– Ils sont en surveillance, mais pas directement sur la plage », répond le commissaire, qui se raccroche à l'opération Janissaire, inédite en Europe, au terme de laquelle, c'était entendu, Sofiane Hambli allait être « carbonisé », au point que contact avait été pris avec un service étranger afin qu'il quitte le territoire et cesse son activité, une fois l'affaire bouclée…

Voilà près de quatre heures que l'interrogatoire a commencé lorsque les magistrats en viennent à la saisie du boulevard Exelmans. Deux cadres de l'Office des stups sont à Tanger, au Maroc, lorsque le camion, censé transporter des céramiques marocaines, embarque pour l'Espagne. Le parquet de Perpignan a été avisé, mais la logique des opérations Myrmidon veut que les procédures judiciaires soient ouvertes sur les lieux de destination, par les parquets locaux, se défend le commissaire. « Pourquoi ne pas appliquer la circulaire du 2 septembre 2004 qui encadre les livraisons surveillées ? questionne un des juges.

– Si on le fait, on n'attrape personne, assure François Thierry. C'est ce qu'on a expliqué à la Chancellerie qui a depuis changé de politique, même si elle n'a pas rédigé de nouvelle circulaire. La Chancellerie et les parquets ont validé la mise en œuvre d'opérations de livraisons surveillées sans procédure préalable, en comprenant l'avantage de cette stratégie.

– Quelles sont les informations dont vous disposez sur la quantité de cannabis contenue dans le camion immatriculé en Espagne ?

– Hambli nous disait que ce serait de l'ordre de douze tonnes et qu'il ne savait pas quelle part concernait Moufide B. Il nous dit pendant le trajet que s'il demeure chargé du premier dispatching à Vénissieux, il pourra nous donner le détail.

– L'exploitation de la "comptabilité" de Sofiane Hambli amène à penser que ce sont près de vingt-neuf tonnes de résine de cannabis qui auraient pu être importées depuis le Maroc vers l'Espagne. Qu'en pensez-vous ?

– Cela ne me paraît techniquement pas possible.

– Sofiane Hambli ne vous aurait-il pas menti sur la véritable quantité transportée ?

– Il peut m'avoir menti sur la quantité. Après, j'ai du mal à concevoir l'utilité pour lui de nous mentir là-dessus parce qu'il est très exposé. Les seuls sur qui il peut compter, c'est nous, et si on s'aperçoit qu'il nous a doublés ou menti, on va le faire tomber. On connaît ses ennemis. On peut lui causer des torts considérables. Il a pu le faire, mais ce n'est pas un idiot. Depuis qu'il est sorti, on s'est toujours assuré de ne pas tout lui dire, de lui faire penser que nous le surveillions alors que ce n'était pas le cas.

– Quel était le contenu de votre accord avec Hambli à sa sortie de prison ?

– La réussite de l'infiltration concernant Moufide B., car on savait qu'à l'issue, il ne pourrait plus exister dans le panorama des trafiquants à ce niveau-là. Évidemment, on ne le lâche pas. Il y a une collaboration déjà ancienne avec lui qui a été fructueuse et on lui demande une espèce de "baroud d'honneur".

– Quelle était la contrepartie pour Sofiane Hambli ?

– Il y avait déjà eu une bonne partie avec la remise de peine exceptionnelle. Il avait également d'autres mobiles, sans doute l'argent qu'il gagnait au passage, car il facturait ses activités de logisticien aux trafiquants et il nous l'a dit très clairement. Il avait enfin gardé une rancœur certaine pour Moufide B.

– En Espagne, huit policiers locaux ont escorté le camion, accompagnés de fonctionnaires de votre service. Pourquoi après le passage par Vénissieux, lors du trajet vers Aulnay-sous-Bois, aucune surveillance n'est assurée ?

– On sait qu'on va avoir de longues séquences à surveiller par la suite, on est exsangue sur le plan des effectifs, et on pense qu'il ne va rien se passer lors du transit vers Aulnay. Ce qui importait était les séquences de livraison, raison pour laquelle on faisait tout ça. Par ailleurs, je ne voulais pas qu'une éventuelle surveillance de notre part puisse être interprétée comme le fait que l'on protège son activité, et je le lui ai dit explicitement. »

Les magistrats ne cachent pas leur surprise devant le fait que le parquet de Perpignan n'ait pas été avisé de la quantité de produit en transit, pas plus que le parquet de Lyon ne l'a été de l'arrivée du cannabis dans son ressort, pas davantage que le parquet de Paris. « Il est vrai que j'aurais passé plus de coups de fil si j'avais été là, admet François Thierry, mais nous étions par monts et par vaux à ce moment-là. » Quant à la drogue, elle était « sous surveillance par personne interposée, c'est-à-dire par Sofiane Hambli, qui ne savait pas, lui, qu'on ne le surveillait pas, et qui orchestre des livraisons à tour de bras dans le dos de ses officiers traitants ». Un magistrat relance : « Si vous n'êtes informé qu'a posteriori de la livraison de Nantes, cela signifie que M. Hambli vous a doublé et que le “contrat moral” qui vous lie est rompu. Pourquoi ne mettez-vous pas l'autorité judiciaire à même de l'arrêter et de faire cesser le trafic en cours ?

– On est certains qu'il a pris ces initiatives par mesure de précaution parce qu'il avait peur de ses commanditaires. On est dans cette logique lorsqu'intervient la saisie du boulevard Exelmans.

– Là encore, Sofiane Hambli vous met devant le fait accompli. Il semble donc qu'à ce moment-là, vous avez un gros problème avec votre informateur dans les mains duquel vous avez laissé un énorme stock de drogue sans surveillance. Pourquoi ne faites-vous rien ?

– Moi je suis en Colombie. [...] On s'est dit qu'on allait devoir resserrer la surveillance sur lui, mais on n'a pas eu le temps de la mettre en œuvre. »

La veille de l'intervention des douanes, le commissaire, de retour de mission, a averti Hambli sur le fait que le délai acceptable d'une livraison surveillée était dépassé, et qu'ils envisageaient d'alerter la justice et de procéder à une saisie sèche ; l'indic a une dernière fois temporisé. Au lendemain de la descente des douanes, il n'y a plus eu qu'à lui annoncer la « fin de l'histoire » et de toute collaboration. Il a « dépassé le cadre maximal de ce qui était possible et il le [savait] très bien ». D'informateur, Hambli est devenu un « objectif ».

« Est-ce envisageable pour un policier d'arrêter son indic pour une affaire qu'il a traitée avec lui ?

– Oui, c'est envisageable et ça nous est déjà arrivé », tranche le commissaire, qui ne peut esquiver la question suivante, où il se retrouve soupçonné d'avoir « délibérément caché à l'autorité judiciaire des informations essentielles qui auraient permis de juguler le trafic ». Il devient plus offensif :

« Toute la gestion d'Hambli s'est faite avec l'autorité judiciaire. Alors après, il nous a peut-être roulés, on s'y est peut-être pris comme des pieds, mais on a des bilans, des résultats. Tout le monde ne peut pas en dire autant ! Ça ne fait pas de nous des trafiquants. Ça fait des années que je demande à l'autorité judiciaire une politique sur le traitement des informateurs, une doctrine sur les livraisons surveillées, je n'ai jamais eu de réponse. Alors soit on continue de regarder quatre cent cinquante tonnes de cannabis rentrer chaque année en France, en faisant des saisies de temps en temps et fortuitement, soit on essaie de prendre les choses autrement. [...] Est-ce qu'on se donne les moyens d'agir sur des livraisons qui de toute façon ont lieu, ou est-ce que pour des raisons théoriques et dogmatiques, on s'interdit d'essayer d'avoir un minimum de prise sur les choses ? »

L'intervention de son avocat, Me Francis Szpiner, qui défend pour le commissaire le statut de témoin assisté, n'y change rien : il n'est pas loin de minuit, ce soir-là, lorsque François Thierry se voit notifier sa mise en examen pour « complicité de détention, transport, acquisition, offre ou cession de stupéfiants » et « complicité d'exportation en bande organisée ». Un comble pour celui qui dirigeait la lutte contre la drogue.

*

Interrogé à son tour par les magistrats, Sofiane Hambli, dit « Sof » ou « la Hyène », n'est guère prolixe sur son passé. Tout juste lâche-t-il que son père, restaurateur, a été assassiné dans le cadre d'un règlement de comptes en 1982, alors que lui-même avait 7 ans. Sa mère, qui travaillait au service des sports de la ville de Mulhouse, a été obligée de déménager après les articles publiés dans la presse sur son arrestation, s'offusque-t-il, avant de répliquer à celui qui le questionne sur sa vie professionnelle :

« Je pense que vous connaissez mes employeurs et que le tribunal de Paris les connaît aussi, et sans doute bien d'autres juridictions. Ils connaissent les missions que j'ai effectuées pour leur compte et qui ont été sacrifiées de façon scandaleuse.

– Qui sont vos employeurs ? relance l'un des magistrats.

– Quand je serai sûr que ma sécurité et celle des miens est assurée, je vous établirai une liste des noms et fonctions de mes employeurs et celles de mes collègues de travail.

– Vous parlez comme si on était dans une entreprise avec un contrat de travail et des collègues. Vous pouvez préciser ?

– Je trouve qu'il y a beaucoup d'hypocrisie dans ce dossier. Le parquet de Paris, c'est la justice, non ? Je ne m'expliquerai pas pour protéger ma famille, sachant que la justice française m'a mis en danger. Je ne devrais même pas être en prison ! Les faits qu'on me reproche, je ne les ai pas commis en tant que trafiquant !

– Quel était votre rôle ?

– L'OCRTIS m'a demandé de gérer le transport, la société d'importation, les fourgons, rôle que j'ai joué et pour lequel je me retrouve en prison. Mon rôle était de faire passer les agents infiltrés pour mes amis, pour mon équipe, et de les mettre en contact avec les propriétaires de la marchandise. »

Jusqu'à ses ennuis en 2002, Hambli avait gagné en Alsace, avec son principal associé, le surnom « d'Édouard Leclerc du shit ». Lui incarcéré, son complice, surnommé « James Dean » ou « Tête carrée », avait repris la structure à son compte et connu une ascension exponentielle, flirtant avec les tonnes de résine, au point d'être enlevé à Casablanca à l'été 2012 et libéré moyennant une rançon de 2 millions d'euros ; présumé propriétaire de vingt-cinq appartements à Dubaï, de quelques autres à Londres et de plusieurs terrains au Maroc, lui aussi a dû tomber de sa chaise en apprenant que son ami, incarcéré à Séville en 2009, avait choisi de se faire enregistrer au bureau central des sources en échange d'un allègement de peine. Un choix qu'il assume : s'il a durant cette période accru son patrimoine, c'est « grâce à l'argent de l'État ». Pour sa dernière opération, le « repenti » devait empocher 50 000 euros. Un an de salaire de cadre supérieur, somme probablement à la hauteur de ses résultats : à lui seul, il aura permis la saisie de soixante tonnes de résine, l'élucidation d'une douzaine de règlements de comptes, sans compter les arrestations. Nul besoin de faire un dessin pour faire comprendre aux juges qu'il a aussi fait dégringoler des réseaux spécialisés dans la cocaïne, puisque l'un de ceux qui lui font face a instruit une affaire déclenchée grâce à sa contribution, ponctuée par la saisie de 1,2 tonne de cocaïne.

L'indicateur revendique sans complexe « son » projet d'infiltration, avant de demander soudain au juge d'éteindre la caméra. « Vous croyez que j'ai planqué combien d'oseille ? Je vous ai donné votre plus belle affaire de cocaïne. J'ai fait fermer un aéroport à Caracas. Je peux gagner autant d'argent avec une affaire de coke qu'en un an avec le shit. » Une liberté de ton proportionnelle à son espoir de voir le dossier purement et simplement annulé, lui qui s'imaginait dans la peau d'un agent de l'État, en poche une sorte de carte tricolore lui permettant de franchir tous les check-points.

13

« La meilleure façon de se sortir le cul des ronces »

Le rempart dressé face à l'afflux de drogues a momentanément cédé au niveau le plus solide, celui des services de pointe, tandis qu'un éclat de rire général retentissait dans les prisons comme dans les villages du Rif marocain. « Se priver de François Thierry est pour l'État une énorme connerie, résume à l'époque un trafiquant. C'est comme enlever le vigile à l'entrée du supermarché. »

Le commissaire aurait-il deux visages, celui qui pour tout signe extérieur de richesse ne présente qu'une vieille Traction Avant et une Ford Mustang à retaper, et celui qui dissimulerait des comptes à l'étranger, comme le veut la rumeur alimentée par les indics éconduits et les trafiquants, prompts à le décrire comme une sorte de chef d'orchestre du trafic, distribuant son blanc-seing à ses protégés pour mieux abattre les « seconds couteaux » ? Ceux qui ont côtoyé François Thierry dans le cadre professionnel refusent de croire à la seconde option. Au pic de l'affaire, les membres de l'Office des stups se sont d'ailleurs donné le mot pour déposer symboliquement leur arme de service sur le bureau du patron, en signe de solidarité, ce qui n'a pas empêché l'administration de l'expédier vers une voie de garage, ses classeurs sous le bras, bourrés de procès-verbaux censés étayer ses dires.

Il faudra deux bonnes années et un changement de gouvernement pour mettre un frein à ce processus d'autodestruction et commencer à rebâtir une nouvelle digue. Pour tourner la page de cette séquence calamiteuse, qui laisse des traces profondes dans le décor, la Place Beauvau a décidé de faire table rase. Muri à la veille de l'été 2019, le plan antidrogue du quinquennat en cours a été mis en application à l'automne 2020, avec la disparition pure et simple d'un service à la réputation entachée, et son remplacement – ne ratez pas le clin d'œil – par l'« OFAST », pour Office antistupéfiants[1]. En attendant les suites judiciaires et un possible procès auquel personne n'aurait vraiment intérêt, ni du côté des magistrats, qui ont révélé leurs propres faiblesses, ni du côté de la police, qui n'a jamais aimé voir ses indics et ses méthodes étalés sur la place publique, le nouveau service a été confié à une contrôleuse générale de 42 ans Stéphanie Cherbonnier, « pur produit de la PJ », comme elle se définit elle-même, passée notamment par l'Office central de répression de la grande délinquance financière à l'époque où ce dernier redécouvrait l'argent de la drogue. Flanquée d'un magistrat en guise de numéro 2, avec sous ses ordres cent vingt policiers,

1. Acronyme préféré par le ministre de l'Intérieur de l'époque, Christophe Castaner, à OCAD (Office central antidrogue).

une vingtaine de gendarmes et sept douaniers, elle s'est vu confier pour mission principale le décloisonnement des services engagés dans la lutte contre les stupéfiants et la généralisation des cellules de renseignement opérationnel, sur le modèle de celle expérimentée (avec un certain succès) à Marseille. Avec au passage une nouvelle règle édictée par la direction centrale de la PJ, passablement échaudée par plusieurs scandales : les patrons n'ont désormais plus le droit de traiter des sources en direct.

Mutualiser les bons tuyaux, comme le professait encore Christophe Castaner en 2019, le pari est plus osé qu'on ne le croit quand les services de l'État, morcelés, se rendent coup pour coup. Il suffit pour s'en convaincre de se pencher sur l'interminable bras de fer qui a retardé la création du nouvel office. Le débat envenimé qui agitait les alcôves de la Place Beauvau ne portait pas sur les méthodes à mettre en œuvre pour tenter d'intercepter plus que les 5 à 10 % de produits stupéfiants qui pénètrent sur le territoire français. Non, il s'agissait pour la police de contrer les velléités des cousins gendarmes, qui lorgnaient l'opportunité historique de prendre la tête d'un office central de tout temps confié à la police judiciaire et de le remodeler entièrement – de le « détruire », disaient les policiers. Se voyant refuser le poste de numéro 1, puis celui de numéro 2 du nouveau service, les gendarmes n'ont pas caché leur mécontentement, mais la nouvelle patronne du service l'assure : il est temps de dépasser les anciens clivages, car la drogue n'est plus depuis longtemps la seule affaire des centres urbains, zone d'ancrage de la police. L'explosion de la culture de cannabis indoor[1], à l'intérieur de nos frontières, par exemple, concerne au premier chef le territoire sous contrôle des gendarmes, mais pas seulement : la consommation de drogue n'est plus depuis longtemps l'apanage des seuls citadins. Sans compter sur le savoir-faire de la gendarmerie en matière de technologie et de pénétration des réseaux cryptés, une source inépuisable d'affaires susceptibles d'atteindre les trafiquants sans l'appui des indics.

La mort par KO d'un service créé en 1953 permettra-t-elle de renouer avec une lutte contre les stupéfiants digne de son histoire ? « C'était la meilleure façon de se sortir le cul des ronces », selon l'expression d'un commissaire impliqué de près dans cette tentative de renaissance. L'OFAST, ovni administratif directement rattaché à la direction centrale de la PJ, manière de lui conférer la plus haute importance, s'est depuis remis au boulot. Tout juste entré en piste dans les pas de Christophe Castaner, Gérald Darmanin a fait de la lutte contre la drogue un sujet majeur, imposant deux réunions par mois où n'aurait pas sa place, a-t-il insisté, un discours « fumeux » sur les grandes orientations. L'approche financière, indispensable pour sortir de la course au kilo et traiter du recyclage de l'argent sale, a été intégrée au service, où l'on est désormais en liaison quotidienne avec l'Office de répression de la grande délinquance financière. Du concret, donc, mais il faudra du temps pour renouer avec une vraie fluidité avec le partenaire

1. 180 000 pieds ont été saisis en 2019.

judiciaire, et ce malgré la présence d'un magistrat au sein même du carré de tête de l'OFAST, dont les effectifs sont passés d'une centaine à près de cent cinquante fin 2020. La plupart des magistrats impliqués dans les dossiers Myrmidon, voire mis en cause dans l'affaire qui a suivi, ont été promus sous d'autres cieux, mais notre interlocuteur est sévère. « La plupart des juges n'y connaissent rien, lâche-t-il. Leur niveau est pitoyable. Ils officient deux ans dans une juridiction spécialisée et passent à autre chose. En plus, ils ne se parlent pas entre eux, ceux de Montpellier ignorent ceux de Marseille, qui tournent le dos à ceux de Lyon et de Paris. » Tandis qu'à la Chancellerie, on n'était pas loin, au pic de l'affaire, de considérer l'Office des stups comme d'un « panier de voyous », sans pour autant accepter de travailler sur la question cruciale, mais réputée « sale », des informateurs… Des « voyous » qui tentent – mais on entre là dans le psychologique – de relever la tête afin de faire de nouveau envie et d'attirer des talents au sein de la police. Un vrai défi pour la nouvelle patronne, qui outre l'administratif et l'opérationnel ne peut pas sous-estimer l'état moral des troupes. Avec un handicap supplémentaire, l'affaiblissement inexorable d'une police judiciaire mise à mal par quelques-uns de ses éléments, pour qui l'intérêt personnel a apparemment pris le dessus sur le bien collectif, on l'a encore vu en Corse à l'automne 2020, où la justice a décidé de confier l'intégralité des dossiers touchant au crime organisé à la… gendarmerie. Motif : un policier de l'Office central de lutte contre le crime organisé avait prêté son téléphone à un grand voyou en garde à vue, lequel avait appelé sa maîtresse pour lui donner l'ordre de faire le ménage chez elle… conversation enregistrée par un autre service de police.

*

Les obstacles persistent sur un autre front, tout aussi crucial : celui de la diplomatie. Le nouvel office des stups a ouvert une liaison directe avec le ministère des Affaires étrangères, où officie désormais un « ambassadeur crime organisé ». Beau programme, tant la lutte contre la drogue n'a qu'un sens relatif quand elle est pensée à l'échelle nationale, dont on voit cependant vite les limites. Les Espagnols, échaudés par le scandale déclenché autour d'Hambli, ont accepté de reprendre le cours des affaires, d'autant plus facilement que l'adjoint de la nouvelle patronne a été officier de liaison à Madrid. L'amitié franco-marocaine reste cependant intouchable de septennat en quinquennat, inutile de secouer le royaume chérifien : retranchés entre Tanger et Marrakech, les barons de la drogue sont réputés hors d'atteinte. Patrimoine immobilier insaisissable, extradition même pas envisageable, collaboration policière minimale, difficile de végéter davantage, alors que près de 80 % du cannabis consommé en Europe vient des montagnes du Rif.

« Les Marocains font semblant de collaborer, assène un commissaire qui tient à son grade, et donc à son anonymat. Ils en vivent. Ils ne vont pas se couper un bras pour nous faire plaisir. Tout le monde sait où sont les plantations, mais personne ne bouge.

Les douaniers locaux sont corruptibles. Quand on échange avec nos interlocuteurs locaux, on a l'impression de s'adresser à des murs. Leur balancer le nom d'une personne recherchée, c'est peine perdue. »

« J'ai employé l'expression de "narco-État" quand j'étais jeune fonctionnaire, mais ce genre de situation appelle beaucoup de finesse, poursuit Bernard Petit. La France était-elle un narco-État lorsqu'en plein essor de la French Connection, dans les années 1960, l'administration Nixon a tapé sur la table et déclaré que Marseille était le centre mondial du trafic d'héroïne ? On pouvait nous reprocher de ne pas être assez actifs et dynamiques contre ces réseaux, voire laxistes, mais la mafia corse, qui produisait cette héroïne, ne bénéficiait pas du soutien de l'État. »

Un jour, un ami marocain qu'il interrogeait sur le sujet a renvoyé le commissaire Bernard Petit à son propre pays : « Tu vas m'expliquer comment faire, toi qui gères si bien la Corse ! » Il aurait pu ajouter que la politique des livraisons surveillées orchestrée par la France, en facilitant le flux de la marchandise, a tellement bien fonctionné que le kilo de cannabis, au prix de gros, était tombé en région parisienne de 3 000 à 1 300 euros, une baisse due à la surabondance de l'offre. Jusqu'à l'arrestation de l'indic n° 1, Sofiane Hambli, qui pour sa part touchait le kilo à 500 euros, logistique comprise, tout juste si la police chérifienne n'était pas priée d'escorter sa marchandise jusqu'à la côte…

Le criminologue Jean-François Gayraud n'est pas moins prudent. Si l'on considère qu'une entité territoriale qui tire au moins un tiers de son budget de la drogue s'apparente à un narco-État, le Maroc ne l'est peut-être pas en tant que pays, mais la région du Rif en offre toutes les apparences, elle qui produit entre trois mille cinq cents et quatre mille tonnes de cannabis par an. « C'est pour cette raison qu'une partie des Rifains rêve d'indépendance, rappelle-t-il. Comme la Catalogne, ils voudraient proclamer la république du Rif. Ils ont tenté par trois fois, une fois avec les Français, et il y a eu deux cent mille morts, une fois avec les Espagnols, et il y a eu deux cent mille morts et quelques, une autre fois avec Hassan II, et il y a eu encore presque deux cent mille morts. Chaque fois qu'ils bougent, c'est comme ça. »

Des faits survenus le 2 novembre 2017 à Marrakech, la ville de toutes les débauches, haut lieu touristique, auraient pu changer la donne. Ce soir-là, vers 20 h 30, deux individus encagoulés ont ouvert le feu à l'intérieur d'un café plutôt chic, *La Crème*, avant de s'enfuir à moto. La cible, touchée à la tête, est morte sur le coup. Étudiant en médecine, fils de magistrat, 26 ans, il avait déjà fait l'objet de menaces. La police marocaine a déclaré avoir retrouvé le scooter et l'arme du crime, avant de cibler un suspect : un homme recherché pour blanchiment d'argent, trafic international de stupéfiants et extorsion. La piste d'un règlement de comptes en lien avec le trafic international se précise. Un événement au Maroc, où les homicides par balles restent rares, le régime chérifien ne badinant pas avec le sujet sécuritaire. Tant que le sang coule à Rotterdam, Anvers ou Marseille, pas de problème. Mais pas sur le territoire national. Tant que les barons du crime viennent s'encanailler l'été à Marrakech ou investir dans l'immobilier, rien à redire, les représentants de la police française se voient d'ailleurs opposer une fin de non-recevoir à leurs demandes d'entraide. Ce qui revient à accorder aux millionnaires des stups une forme d'impunité à vie. À condition qu'ils se tiennent tranquilles. Sinon ? Dans un pays aussi policier que le Maroc, les dizaines de tonnes de produit ne peuvent descendre des montagnes vers les zones côtières sans l'accord, au moins tacite, des autorités centrales et de l'armée.

De quoi ramener à une forme de modestie, d'autant que l'Europe n'est pas complètement exemplaire en la matière. « Il est difficile de mobiliser un collègue néerlandais pour une affaire de cannabis, sauf à lui parler de camions qui transporteraient des tonnes et des tonnes, rappelle un policier qui a plusieurs fois buté sur l'obstacle. Or bien souvent il faut commencer avec une affaire moyenne pour tirer les fils et remonter jusqu'aux barons... » Montrés du doigt par plusieurs ministres de l'Intérieur français à cause de leur tolérance à l'égard des produits stupéfiants, les Pays-Bas ont toujours fait le dos rond, convaincus que leur politique de tolérance était la bonne. La Belgique a laissé une mafia marocaine exercer son emprise sur le port d'Anvers, au risque de voir se multiplier les règlements de comptes, sans compter une corruption endémique, comme si l'on misait en haut lieu sur une régulation par le chaos.

Ce n'est pas la seule menace. Si le moindre écho radar est désormais détecté au large de l'Espagne – où le ménage a par ailleurs été fait parmi les douaniers et policiers corrompus –, le plus judicieux pour les trafiquants est en effet de développer une production à l'intérieur même des lignes de défense. Dans le dos de l'ennemi, en somme. Candidate pour le moment malheureuse à l'entrée au sein de la communauté européenne, l'Albanie produit déjà un cannabis tout à fait comparable à celui du Maroc. Des pans entiers de montagnes ont été plantés à trois heures de la capitale, Tirana. La tentation de la culture de la coca fait plus qu'affleurer, le tout avec la complicité présumée d'une partie de l'appareil d'État, contaminé par le cash. Sous-estimée par rapport à la mafia marocaine, la mafia albanaise est en plein essor, au point de prendre des parts de marché à la mafia italo-américaine jusque dans le Bronx, à New York, où elle a pris le contrôle des machines à sous au lendemain d'une exécution retentissante. Une puissance criminelle dont un de nos interlocuteurs, un ressortissant français, habitué à traiter avec ses représentants, loue la « rusticité » et le « sens de l'honneur » : « Ils sont très proches des Italiens et occupent tous les échelons, depuis le deal de rue jusqu'au sommet, avec une faible visibilité », ajoute-t-il.

Toujours dans les Balkans, la Serbie dispose de chimistes réputés capables de produire une cocaïne entièrement chimique, que les Turcs acheminent par camions. L'autre maillon faible se situe en Grèce, où la crise financière aurait accru la corruption. Une partie des criminels expulsés de Géorgie ont atterri autour d'Athènes, où ils ont investi le monde de la nuit et lorgnent les avantages du port. Une porte d'entrée vers l'Europe pour tous les produits illicites, y compris le cannabis marocain, qui parvient à sortir en direction de l'Algérie, avant de prendre le large jusqu'en Grèce. Mais aussi pour les containers en provenance de Barranquilla (Colombie) ou de Caracas (Venezuela). La Bulgarie voisine n'abrite-t-elle pas d'importants grossistes en bananes, le cache-sexe idéal pour la cocaïne[1] ? De quoi rivaliser avec le port d'Anvers, celui de Gênes, dans le nord de l'Italie, celui de Gioia Tauro, au sud de Naples, contrôlé par la Camorra et la 'Ndrangheta calabraise, ou celui du Havre, où aucun trafiquant ne tente sa chance sans complicités internes[2]. Sans oublier la route du Pacifique, qui relie la Colombie à Tahiti en quelques heures, le produit étant ensuite réorienté vers les voies normales du fret maritime.

La relève est là, dynamique ; la digue, elle, montre tous les jours de nouveaux points faibles.

1. Un container pouvant transporter jusqu'à vingt tonnes de fruits.
2. Sur 7 000 conteneurs déchargés au Havre chaque jour, une cinquantaine sont passés au scanner et moins de sept sont ouverts. En mai 2017, pas moins de treize dockers ont été placés en garde à vue après la saisie de 340 kilos de cocaïne. Trois ans plus tôt, en février 2014, les enquêteurs de l'OCRTIS avaient découvert 1,4 tonne de cocaïne dans les roues de secours d'un camion d'assistance du rallye Paris-Dakar, chargé dans le port de Valparaiso, au Chili.

Épilogue

« Ça peut arriver en bas de chez vous »

« Le pompon, c'est quand ils ont sorti les fauteuils et les pliants pour s'installer devant la maison de quartier » ; « Ils nous provoquent pour montrer qu'ils sont chez eux » ; « Ils plombent l'ambiance » ; « J'ai commencé à avoir peur quand il y a eu les coups de feu » ; « Maintenant, on prend la voiture pour faire trois cents mètres » ; « Les gens ont la trouille de témoigner devant un journaliste, ils ont peur des représailles »...

Pas de grande tour ni de barres grises en vue, mais des pavillons alignés et des immeubles sages de deux ou trois étages. Une dose de propriétaires, une autre de logements sociaux, nous sommes à la Bellangerais, dans la banlieue de Rennes, loin de la Seine-Saint-Denis comme des quartiers nord de Marseille. Un parc boisé, un canal, deux écoles primaires, une crèche, un cabinet médical, un centre commercial à taille humaine, un stade, une rocade, des bus pour le centre-ville, le quartier cochait toutes les cases pour séduire les familles. Pas d'émeutes, trop peu de voitures brûlées pour mobiliser l'attention, peu d'enfants issus de l'immigration, pas de mosquée, pas trop d'habitants sous le seuil de pauvreté, ce coin très ordinaire n'était pas voué à faire la une des médias. Et pourtant, affirme une maman de 37 ans, enseignante, « il suffit d'aller chercher son pain à la boulangerie pour voir que le climat a changé ».

Sortie de terre il y a une trentaine d'années, la Bellangerais porte un nom de conte de fées et ses habitants échappent à tous les radars, ceux de la police comme ceux des services sociaux, mobilisés sur des fronts plus lourds. Tout y semble normal, bien réglé, ni trop ni pas assez. Pas de décrochage scolaire massif, pas d'endettement excessif, un bon dosage entre les générations, le lieu semblait à l'abri des dérives contemporaines qui chiffonnent ailleurs ce « vivre-ensemble » aux allures de paradis perdu. Il suffit pourtant de tendre l'oreille pour comprendre que quelque chose s'est cassé. Un mal s'est répandu comme un poison lent, sans crier gare, au gré de petits dérapages commis à bas bruit par des petits délinquants sans passé judicaire, pas assez en tout cas pour intéresser vraiment la justice. Une farandole de signaux « faibles ». Les habitants se disaient « pénards », à l'abri de T3 à 700 euros de loyer par mois. Ils se sentaient « privilégiés », entre soi, retraités et familles de la classe moyenne, pas assez riches pour résider dans un quartier bourgeois, pas assez pauvres pour bénéficier des aides sociales. Jusqu'au jour où le sol a commencé à se dérober sous leurs pieds.

Comment ? Pourquoi ? Quand cela a-t-il commencé ? L'histoire qui se raconte de cage d'escalier en hall d'immeuble est celle d'une lente confiscation de l'espace public, ce bien commun, par une « bande ». Minuscule au début, elle n'a cessé de grandir, agglomérant au fil des étés des garçons et quelques filles, les plus jeunes n'ayant pas 15 ans, les plus anciens frisant désormais la trentaine. Elle fait du boucan, la bande, forcément, et chacun est à peu près sûr, parce qu'il l'a vu de ses propres yeux ou entendu dire, qu'elle se livre au « trafic de drogue ». Un deal minuscule, mais les riverains ne s'attendaient pas à ça sous leurs fenêtres. Ils pensaient que les joints, les pitbulls, les bagarres, les battes de base-ball, les vols et toutes les misères qui vont avec ne franchiraient jamais la frontière de leur petit paradis. Du côté des tours de Maurepas, à quelques centaines de mètres, oui, mais pas chez eux. Leur quartier avait trop bonne réputation pour qu'on y parle un jour « racailles » et « nourrices », ces personnes fragiles chez qui les vendeurs entreposent argent, shit, herbe ou cocaïne pour éviter de les conserver chez eux.

« Ils » ont commencé par squatter un banc, puis deux, d'où ils ont chassé les personnes âgées avant de faire brusquement main basse sur le petit parc de Sibiu durant l'été 2016. À l'abri des feuillages, rassurés par onze points d'accès, « ils » ont implanté l'une de ces « supérettes » du shit comme en ont éclos des milliers dans le pays, la consommation de stupéfiants touchant désormais toutes les couches sociales, du pêcheur à l'agriculteur, en passant par l'infirmière et le cadre moyen. « Vous seriez étonné de voir qui vient acheter, c'est souvent costard-cravate », observe une autre maman, secrétaire. Une banalisation qui fait le bonheur de ceux qui commercialisent le produit, petits commerçants à l'abri des crises.

« Je les ai vus de mes fenêtres. Ils allaient chercher des gens au bus » ; « Ils utilisaient les plus jeunes pour aller récupérer la drogue dans les bosquets, par petits paquets » ; « On les voyait la nuit chercher dans les fourrés à la lumière de leurs téléphones ». Chacun y va de sa petite anecdote, anonymement car ils « foutent la trouille ». « On les entendait siffler quand on approchait » ; « On les a vus se parler avec des talkies-walkies » ; « Un jour que j'allais à la bibliothèque avec mes enfants, je les ai croisés avec des machettes à la main. Ils roulaient des mécaniques sur le mode : c'est nous les rois » ; « Ils nous ont piqué le parc où on faisait les anniversaires des enfants, appuie un père de famille arrivé à la Bellangerais il y a une vingtaine d'années. Ils nous ont dit que le parc leur appartenait. Ils ont pris des barrières et fermé les allées. Ils étaient une quinzaine, et quand on approchait pour promener le chien, ils faisaient tout pour nous dissuader. Ils restaient jusqu'à minuit et laissaient le bordel partout ».

« Ils » ? Les plus anciens les ont vus grandir, les connaissent par leurs prénoms, savent quelle famille a été ravagée par l'alcoolisme, quelle maman « a pris trop de coups dans la gueule », quelle autre « a peur de ses enfants ». C'est une bande de proximité qu'ils ont vue s'enkyster sous leurs fenêtres, avec son lot de nuisances sonores et de détritus, cannettes, bouteilles, papiers gras, boîtes de médicaments et autres abandonnés sur place, comme le chien marque son territoire en urinant contre le poteau. « On peut faire ce qu'on veut, on est mineurs ! » chantent-ils à ceux qui osent grimacer. « Un jour je vais baiser ta mère », s'entend dire cette jeune fille qui insistait pour promener en laisse son élégant border collie.

Des vols ont été signalés. Pas des braquages retentissants, juste des caves fracturées et des vélos emportés. Ou des chaises de camping. « On n'a pas racheté car on n'a pas les moyens », déplore une victime, honteuse d'avoir dû baisser les yeux quelques jours plus tard alors que sa fille lui tirait la manche en lui montrant un gamin sur une bicyclette : « Mais Maman, c'est mon vélo quand même ! » Puis il y a eu Halloween. Une nuit cauchemardesque dont se souvient encore ce papa sorti avec ses filles de sept et huit ans pour célébrer l'événement. « Je suis tombé sur une trentaine de jeunes cagoulés, la capuche sur la tête. On s'est cachés dans les broussailles. Ils insultaient les filles qui passaient. On a réussi à se réfugier chez des amis. On est ressorti quand on a entendu les sirènes. Il y avait des voitures en feu et des pare-brise cassés. Depuis, les enfants ne veulent plus entendre parler d'Halloween. »

Au lendemain de la tornade, des habitants ont monté un petit collectif, histoire de ne pas rester dans leur coin. « On nous répondait qu'on était les seuls à appeler la police, sauf qu'ils répondaient ça à tout le monde », confie l'un des fondateurs. La bonne nouvelle est venue sous la forme d'un flic pas comme les autres qui a prêté l'oreille et leur a dit qu'il allait les « protéger ». Des photos des dealers ont été prises par des riverains à l'abri de leurs rideaux – facile quand le « commercial de la semaine » se balade dans la rue avec un sweat-shirt jaune poussin. Mais le fonctionnaire attentif et rare a eu des soucis de santé et chacun s'est retrouvé avec ses peurs, ses enfants, son chien à abriter des ballons sciemment lancés dans sa direction. La « bande » a organisé une fiesta mémorable pour célébrer la disparition du « keuf » qui prétendait les déranger. Avec à l'appui quelques actes de vandalisme ciblant délibérément ceux qui s'étaient affichés dans les réunions du petit collectif citoyen...

Les autorités ont cependant fini par se manifester. Pas à cause de ces nuisances miniatures, mais le jour où les riverains ont entendu des coups de feu dans le parc. De vrais coups de feu, ceux qui ont vu les douilles en attestent. Des plots ont été disposés pour empêcher les voitures d'entrer dans les allées. La police a patrouillé plusieurs soirs et les riverains ont eu le sentiment de « regagner » ce morceau de territoire confisqué. Enfin presque, car le matériel où ils organisaient autrefois les BBQ avait brûlé et qu'il y avait trop de débris de verre pour laisser les petits approcher des aires de jeu.

La pression a continué. Du parc, la « bande » a migré vers la dalle. Une place de village en version ville nouvelle, bordée par un marchand de journaux et de tickets du loto, un Carrefour Market, un caviste, un coiffeur, une pharmacie, un fleuriste, une boulangerie et quelques autres commerces. Un bar aussi, le *Daily*, mais il a rapidement fermé. Le patron a abandonné après avoir pris des coups parce qu'il refusait de laisser les jeunes entrer avec leur boisson, dit-on, et son départ a laissé comme un vide. On ne vient plus boire son café sur la dalle, mais les amateurs de joints savent qu'ils sont servis à toute heure, ou presque, sans trop de crainte car la dalle est piétonne et qu'on peut voir arriver une voiture de police de très loin. Une privatisation rampante d'un espace où l'on aimait s'attarder, et pas seulement les jours d'élection.

« Il y a moins la queue à la boulangerie, observe un ancien » ; « C'était le centre de notre petite ville, embraye une dame. Les gens ne traînent plus. Les pensionnaires de la maison de retraite ne veulent plus aller au distributeur de billets. On est tous sur nos gardes et c'est usant… »

La maison de quartier donne elle aussi sur la dalle. On y dispense des cours de danse, de musique ou de yoga pour les enfants et les adultes, mais une maman, commerçante, explique qu'elle ne laisse plus sa fille y aller seule « comme avant ». La « bande » y a en effet ses habitudes, au point de composer certains jours « une forme de haie d'honneur » devant laquelle les gamins passent en accélérant le pas, au milieu des effluves de cannabis. La dalle n'est « plus fréquentable », tranche un ancien. D'autant que la « bande » semble grossir encore, aimantant les plus jeunes, les plus délaissés surtout, « ceux dont les parents ont lâché prise », selon les termes d'un professeur. « C'est pour eux comme une grande famille », poursuit-il, cherchant à mettre un nom sur ce qui s'énonce facilement dans les quartiers chauds dûment répertoriés, ceux où les caïds sont issus de familles débarquées d'Algérie, du Maroc, d'Afrique sub-saharienne ou de Tchétchénie, et pas « des petits Bretons d'ici ».

La mairie de Rennes, une ville modèle où l'on organise deux cérémonies par an pour accueillir les nouveaux Rennais, a fini par tendre l'oreille à ces sourdes inquiétudes, à ces protestations qui n'étaient pas des cris, à ce chagrin sans larme ni coloration politique. Une petite délégation a été reçue, mais la première réponse, tombée quelques mois plus tard, n'a pas satisfait grand monde. La Ville a en effet décidé d'organiser une « médiation » entre les habitants et les jeunes, manière de mettre les uns et les autres au même niveau, comme si un afflux de bons sentiments allait rabibocher les deux mondes. D'absoudre aussi les jeunes, comme si on voulait souligner qu'ils « ne font pas des choses si terribles ». Le tout assorti d'une proposition qui en a choqué plus d'un, la construction d'un city-stade, « un terrain de jeux de ballons extérieur clôturé », pour la somme de 200 000 euros, dont personne ne veut devant chez lui. Il y aura des « filets pare-balles », rassurent les promoteurs du projet, mais les riverains demandent s'ils n'auront pas plutôt besoin de « gilets pare-balles », signe que l'incompréhension grimpe.

« Ils ne nous prennent pas au sérieux, reprend un membre du collectif, pointant du doigt la municipalité, mais aussi la police. Ils nous traitent comme si on était une bande de gamins qui se chamaillent avec d'autres gamins. Ils nous disent que c'est pire ailleurs, mais ce discours ne tient pas. À la dalle Kennedy (dans un autre quartier de Rennes), ça fait vingt ans que ça dure. Ici, ça ne fait que deux ans. Il y a encore quelque chose à faire ! »

Ceux qui ont connu pire ailleurs se réjouissent d'avoir trouvé refuge à la Bellangerais. Les autres subissent et contournent l'obstacle, redoutant l'arrivée promise de familles plus « dures » au nom de la mixité sociale. « On se faisait des bouffes entre voisins, maintenant c'est chacun chez soi et la porte fermée à double tour, maugrée une maman. Ils ont cassé le vivre-ensemble. » L'autre jour, cette dame s'est surprise à élever la voix contre une gamine de dix ans qui bloquait la porte de son immeuble avec sa trottinette. « Je suis pas ta fille ! » a pesté la gamine. « Encore heureux ! » a laissé échapper la maman. Le gardien de l'une des écoles du quartier, lui, trouve de plus en plus « flippantes » les intrusions nocturnes répétées dans ses locaux. Neuf fois qu'« ils » découpent la grille pour s'approprier les lieux, casser « gratuitement », salir, enflammer une poubelle. Il dit craindre que cela ne finisse un jour par un « drame », un blessé ou un mort, lui ou un gosse. Ce qui ferait tache dans un quartier qu'on appelait encore il n'y a pas si longtemps le « petit Neuilly ».

Qui délogera des dealers apparemment indéboulonnables, eux qui peuvent compter sur une clientèle aisée et régulière, dans une ville universitaire connue pour l'intensité de sa vie nocturne ? Dans un autre quartier de Rennes, les autorités ont fermé un jardin, puis un parking transformé en carrefour de la prostitution le midi et en salle de shoot sauvage le soir. La dalle de la Bellangerais, elle, continue à vivre avec ce petit commerce illicite à peine visible, sauf des riverains. Il y a bien eu de nouveaux coups de feu tirés sur des jeunes assis sur un banc juste devant la crèche, ce 16 juillet, mais les balles n'ont tué personne, juste blessé un jeune qui en a été quitte pour une bonne rééducation. Pas assez méchant pour mobiliser la grande police, occupée par d'autres causes plus préoccupantes, comme l'arrivage régulier à Rennes de mineurs cambrioleurs en provenance d'Oujda, au Maroc, ou cette ultragauche activiste qui s'en prend facilement aux flics, accusés de tous les maux. Une police qui reconnaît volontiers son échec, faute d'effectifs, face à un trafic qui a cessé d'être pyramidal, avec un grossiste au sommet, pour devenir « latéral », selon les mots d'un hiérarque. « On fait au mieux mais quand on calme d'un côté, ça repart de l'autre », déplore ce gradé.

C'était il y a trois ans, en 2018. Depuis, Rennes s'est mise à ressembler à Marseille, à Grenoble, à Lyon ou à Toulouse. Avec ses coups de feu réguliers, ses accès de violence pour asseoir sa suprématie sur un territoire, ses riverains terrorisés qui hésitent à appeler la police de peur qu'elle ne tombe dans un guet-apens, ce sentiment d'impunité que peinent à mettre à mal des policiers qui se sentent souvent seuls au monde, usés à force de voir leur parole peser aussi peu face à celle du dealer qu'ils viennent d'arrêter pour la dixième fois.

Combien de quartiers dépossédés de leur âme faudra-t-il avant de sortir de l'enfer de la drogue ? Les économistes l'ont vérifié sur le terrain, les périodes de crise rendent plus attractive encore l'option criminelle. Plus l'argent propre se raréfie, plus l'argent sale a ses chances de se glisser entre les mailles. Plus le tissu économique officiel souffre, plus les activités informelles se développent, parfois sur fond de survie de familles entières. Les consommateurs sont là – en nombre de plus en plus important, pas même découragés par les périodes de confinement imposées par la pandémie –, il ne reste plus qu'à les livrer ! Quant au modèle du caïd qui réussit et accède à tous les biens dont il rêve, forcément griffés, il a été breveté depuis longtemps, au point de faire de l'ombre à celui de footballeur, un métier qui réclame une discipline de fer. De quoi conforter l'analyse de ce commissaire, qui dès les premières lignes de ce livre l'annonçait : contre la drogue, il n'y a pas de guerre à gagner, mais des batailles à mener. L'avenir du pacte républicain en dépend, si l'on s'en tient au bras de fer entre les citoyens de ces quartiers et les petites mains au service des trafiquants, avides de confisquer l'espace public à leur unique profit et d'imposer leur loi : celle de la drogue et de ses millions.

Remerciements

Je remercie ceux qui ont permis à cette enquête de progresser, Jean Labib et la Compagnie des Phares et Balises, Fanny Glissant, productrice, Julien Johan, réalisateur, mes amis colombiens, tous les policiers, en activité ou à la retraite, qui ont accepté de partager leurs expériences sur le terrain, les avocats et les magistrats qui m'ont accordé leur confiance, ces sources protégées sans lesquelles le journalisme ne serait pas, mais aussi Ousmane, Antoine, mes amis du 93 et tous ceux que je ne peux pas citer, le milieu de la drogue étant ce qu'il est.

Table

PARTIE 2

TRAFIC, MODE D'EMPLOI

PARTIE 3

LES STUPS PASSENT À TABLE

DU MÊME AUTEUR

La Haine dans les yeux, avec David Le Bars, Albin Michel, 2019.

C'était la PJ. Le temps béni des flics, Fayard, 2019.

La Peur a changé de camp. Les confessions incroyables des flics, Albin Michel, Coll. Sociétés, 2018.

Les Derniers Seigneurs de Paris. Quand la P.J. traque le clan Hornec, avec Michel Mary, Fayard, 2018.

Médecin du Raid. Vivre en état d'urgence, avec Matthieu Langlois, Albin Michel, 2017.

Mort d'une balance. L'histoire vraie d'une vengeance, Ring, coll. « Ring Noir », 2017.

Femmes hors-la-loi. Le banditisme au féminin, avec Maria Poblete, Fayard, 2017.

Les Gangsters et la République, Fayard, 2016.

Parrains et caïds, tome 4. Génération Kalashnikov : les nouveaux gangsters, Fayard, 2014.

Vol au-dessus d'un nid de ripoux, Fayard, 2013.

Secrets d'avocats, avec Éric Merlen, Fayard, 2012.

Ma vie avec Mesrine, avec Sylvia Jeanjacquot et Maria Poblete, Plon, 2011.

La Prison des caïds, Plon, 2011.

Yves Bertrand, ce que je n'ai pas dit dans mes carnets. Entretiens avec Frédéric Ploquin, Fayard, 2009.

Parrains et caïds, tome 3. Le sang des caïds. Les règlements de comptes dans l'œil de la PJ, Fayard, 2009.

Parrains et caïds, tome 2. Ils se sont fait la belle, Fayard, 2007.

Parrains et caïds, tome 1. La France du grand banditisme dans l'œil de la PJ, Fayard, 2005.

La colonie du docteur Schaefer. Une secte au pays de Pinochet, avec Maria Poblete, Fayard, 2004.

Trafic de drogue... Trafic d'États, avec Éric Merlen, Fayard 2002.

Une affaire sous François Mitterrand. La Française des Jeux, Fayard 2001.

Contribuables, vous êtes cernés, avec Éric Merlen, Seuil, 2000.

Ils ont tué Ben Barka, avec Jacques Derogy, Fayard, 1999.

La Commissaire et le Corbeau, avec Éric Merlen, Seuil, 1998.

Les Flics, avec Alain Léauthier, Flammarion, 1990.

Composition Nord Compo
Impression CPI Bussière en septembre 2022
Éditions Albin Michel
22, rue Huyghens, 75014 Paris
www.albin-michel.fr

ISBN : 978-2-226-45661-8
N° d'édition : 24232/05 – N° d'impression : 2067352
Dépôt légal : février 2021
Imprimé en France